高等职业教育轨道交通类校企合作系列教材
GAODENG ZHIYE JIAOYU GUIDAO JIAOTONGLEI XIAOQI HEZUO XILIE JIAOCAI

机车总体技术

主　编○陈友伟　董亚男
副主编○顾　贺　邱　林　王　宇
主　审○杨　勇

西南交通大学出版社
·成都·

内容简介

本书以 HXD_1、HXD_2、HXD_{3B}、韶山$_{4改}$、韶山$_9$ 型电力机车为例详细阐述了电力机车的总体组成、电力机车各组成部分的作用和结构、电力机车总体检修的工艺流程及具体检修程序。全书分为 6 个项目，共有 12 个任务，主要包括：机车总体认知、电力机车车体、机车牵引缓冲装置、机车走行部检查与维修、机车空气管路系统、机车牵引特性和机车制动能力分析等内容。

本书为高等职业教育铁道机车车辆专业教材，也可作为铁路机务系统各相关岗位职工的自主学习资料和新职工岗前培训的教材。

图书在版编目（CIP）数据

机车总体技术／陈友伟，董亚男主编. —成都：
西南交通大学出版社，2015.8
高等职业教育轨道交通类校企合作系列教材
ISBN 978-7-5643-3986-9

Ⅰ. ①机… Ⅱ. ①陈… ②董… Ⅲ. ①机车－高等职业教育－教材 Ⅳ. ①U26

中国版本图书馆 CIP 数据核字（2015）第 126048 号

高等职业教育轨道交通类校企合作系列教材

机车总体技术

主编　陈友伟　董亚男

责 任 编 辑	李 伟
封 面 设 计	何东琳设计工作室
出 版 发 行	西南交通大学出版社 （四川省成都市金牛区交大路 146 号）
发 行 部 电 话	028-87600564　028-87600533
邮 政 编 码	610031
网　　　　址	http://www.xnjdcbs.com
印　　　　刷	成都中铁二局永经堂印务有限责任公司
成 品 尺 寸	185 mm × 260 mm
印　　　　张	12.5
字　　　　数	309 千
版　　　　次	2015 年 8 月第 1 版
印　　　　次	2015 年 8 月第 1 次
书　　　　号	ISBN 978-7-5643-3986-9
定　　　　价	28.00 元

课件咨询电话：028-87600533
图书如有印装质量问题　本社负责退换
版权所有　盗版必究　举报电话：028-87600562

前　言

本书是为满足高等职业技术院校铁道机车车辆专业教学的需要，依据铁路高职教育铁道机车车辆专业"机车总体技术"课程教学大纲编写的。

在本书编写过程中，按照铁道机车车辆专业培养目标和岗位知识技能要求，贯彻全国职教会议精神，结合电力机车的发展和应用情况，选定教材内容；同时，引入铁路机务生产一线的操作规范和检修工艺，在注重专业知识的基础上，突出专业技能的训练，注重学生学习能力、思维能力等方面的培养。全书体现铁路机车近年来的飞速发展，以及机车总体技术的新知识、新装备、新工艺和新方法。

"机车总体技术"课程是高职铁道机车车辆专业的一门专业能力培养核心课程。教材内容侧重于实用性和实践性，理论知识为实践技能服务，以适用、够用为原则。

本书内容分为6个项目，以HXD_1、HXD_2、HXD_{3B}、韶山$_{4改}$、韶山$_9$型电力机车为例详细阐述了电力机车的总体组成、电力机车各组成部分的作用和结构、电力机车总体检修的工艺流程及具体检修程序。

本书由辽宁铁道职业技术学院陈友伟、董亚男担任主编，沈阳铁路局杨勇担任主审，邱林、顾贺、王宇担任副主编。其中，项目一由邱林编写；项目二、三由董亚男编写；项目四、五由陈友伟编写；项目六由顾贺、王宇编写。

编者在本书编写过程中查阅了大量资料，并多次到南车集团和北车集团下属公司和铁路机务现场调研学习，得到了中国北车集团大连机车车辆有限公司、中国南车集团戚墅堰机车有限公司、中国南车集团株洲电力机车有限公司等单位的支持和帮助，在此表示衷心感谢。

本书虽经编写人员多次讨论、修改，但限于作者水平，难免存在疏漏之处，恳请广大读者批评指正。

编　者

2015年4月

目 录

项目一 机车总体认知 ··· 1
    任务　机车总体认知 ··· 1
    复习思考题 ·· 12

项目二 电力机车车体 ··· 13
    任务一　电力机车车体结构认知 ··· 13
    任务二　机车车体检查与维修 ·· 42
    任务三　电力机车通风系统分析 ··· 48
    复习思考题 ·· 64

项目三 牵引缓冲装置检修及应急故障处理 ··· 65
    任务一　牵引缓冲装置认知 ·· 65
    任务二　牵引缓冲装置日常检查和维修 ·· 76
    任务三　车钩摘挂及制动软管摘接 ··· 80
    复习思考题 ·· 83

项目四 机车走行部检查与维修 ·· 84
    任务一　机车转向架结构认知 ·· 84
    任务二　机车转向架检查和维修 ··· 134
    复习思考题 ·· 151

项目五 机车空气管路系统 ·· 152
    任务　空气管路系统认知 ··· 152
    复习思考题 ·· 162

项目六 机车牵引特性和制动能力分析 ··· 163
    任务一　机车牵引特性分析 ·· 163
    任务二　机车制动能力分析 ·· 170
    复习思考题 ·· 191

参考文献 ··· 193

项目一　机车总体认知

【项目目标】

通过本项目的学习，应能够了解机车的发展历程；掌握机车的分类方法和机车的种类；了解机车的主要型号；掌握机车轴列式及其表示意义；掌握电力机车的主要技术参数。

【项目任务】

任务　机车总体认知

任务　机车总体认知

【学习目标】

（1）了解电力机车的发展历程；
（2）说明机车的分类；
（3）了解机车的主要型号；
（4）掌握机车轴列式及其表示意义；
（5）掌握电力机车的主要技术参数。

【知识准备】

一、机车的分类

作为铁路运输生产的牵引动力，机车的种类和型号很多，一般按照机车的动力来源、机车用途和电力机车的供电电流制及所采用的牵引电动机形式对机车进行分类。

（一）按照机车的动力来源分类

铁路机车按牵引动力来源可分为蒸汽机车、内燃机车、电力机车。

1. 蒸汽机车

蒸汽机车是以蒸汽作为动力来源，以蒸汽推动气缸活塞做功，驱动机车动轮的机车。

2. 内燃机车

内燃机车是以柴油机作为原动力，通过传动装置（电力传动或液力传动）驱动车轮的机车。

3. 电力机车

电力机车是一种由外部接触网供电，由牵引电动机（直流电机或交流电机）驱动车轮的机车。

（二）按照机车用途分类

1. 货运机车

机车具有较大的牵引力，用以牵引吨位较大的货物列车。

2. 客运机车

机车具有较高的运用速度和起动加速度，用以牵引速度较高的旅客列车。

3. 调车机车

用于列车的解体、编组、牵出、转线以及车辆的取送、转场、整理、出入段等工作。其特点是频繁地起动和停车。因此，这种机车要求瞭望方便，具有足够的黏着质量和必要的功率。

调车机车可分为站内调车和编组站调车两种，前者适用于客运站、货运站进行部分列车的摘挂与牵引作业，所需功率较小；后者适用于编组站进行全列车的解体与编组作业，所需功率较大。

4. 工矿机车

用于厂矿内部运输或地方铁路、森林铁路等牵引用。

（三）按照电力机车的供电电流制及所采用的牵引电动机形式来分类

1. 直流电力机车

机车牵引运行时，由电网获得直流电输送到直流牵引电动机，通过驱动装置驱动机车动轮，使机车实现牵引运行。

直流电力机车的优点是结构简单，控制方便，易于维修，运用也比较可靠，容易实现再生制动。其缺点是接触网电压较低（一般为 1 500～3 000 V），输电距离受到限制，接触网结构复杂，为保证接触网供电质量，需要设置的牵引变电所的数量较多。

2. 交流电力机车

按接触网的供电频率不同分为单相低频交流制和单相工频交流制两种。

（1）单相低频交流制电力机车的牵引电动机是单相整流子电机，机车直接从接触网获取单相低频（25 Hz）交流电使牵引电动机运转，机车牵引运行。这种供电系统的电压一般为 11～15 kV，有效地克服了直流制电力牵引的不足，而且单相整流子牵引电动机性能也符合铁路运输的要求。其缺点是供电频率与工业用电不同，因而需要建造专用的发电厂，或在工业电力系统与铁道供电系统之间设置复杂的变频设备。

（2）单相工频交流制采用的是单相工频（50 Hz）交流电，电力机车使用的是整流器，它由接触网受取单相交流电，经机车内的整流器整流后，供给直流（脉流）牵引电动机进行工作，接触网供电电压一般为 27.5～29 kV。

二、电力机车的发展历程

我国电力机车的研制和生产从 1958 年开始，其发展大致可分为以下 4 个阶段：

（一）起步阶段（20世纪50年代末至20世纪70年代末）

20 世纪 50 年代末，在仿制国外机车的基础上，生产出韶山型客货两用交-直传动电力机车。

1958 年底，湘潭电机制造有限公司在南车株洲电力机车有限公司等厂所协助下，试制出了中国第一台电力机车，即 6Y1 型干线电力机车。该机车为六轴电力机车，其功率为 3 900 kW，机车最高速度可达到 100 km/h。1959 年起，南车株洲电力机车有限公司和南车株洲电力机车研究所有限公司等厂所联合对 6Y1 型机车进行了多次试验，做了很多改进，到 1962 年共试制 5 台机车，并在宝凤线上试运行。但是由于引燃管、牵引电机、调压开关等仍存在问题，6Y1 型电力机车未能批量生产。1961 年，中国第一条电气化铁路宝鸡到凤州线建成，由于 6Y1 型机车性能不能满足运输生产需要，我国从法国阿尔斯通公司进口了部分六轴的 6Y2 型电力机车，6Y2 型电力机车持续功率为 4 740 kW，最高速度为 101 km/h。

韶山$_1$型电力机车是我国第一代采用有级调压的交-直传动的电力机车，是在我国 1958 年试制成功的第一台引燃管 6Y1 型电力机车的基础上研究试制成功的，先后经历了 3 次重大技术改造，1980 年从 221 号车定型。

韶山$_2$型电力机车是在吸收法国 6Y2 型机车大量先进技术的基础上，于 1969 年在南车株洲电力机车有限公司设计试制出的第一台机车。韶山$_2$型电力机车功率为 4 800 kW，最高速度为 100 km/h，机车采用高压侧调压开关 32 级调压、硅整流器整流，采用低压脉流牵引电动机，同时采用了大量其他先进技术。其后经两次技术改造，韶山$_2$型电力机车于 1978 年投入试运行，但由于个别技术不能配套，韶山$_2$型电力机车没有进行批量生产。

（二）发展阶段（20世纪70年代末至20世纪80年代末）

韶山$_3$型电力机车是我国第二代采用级间相控调压的交-直传动的客货两用电力机车。韶山$_3$型电力机车是在吸收了韶山$_1$和韶山$_2$型的成熟经验的基础上，由南车株洲电力机车有限公司和南车株洲电力机车研究所有限公司共同研制的，于 1978 年底试制出厂并投入使用。

韶山$_{3B}$型电力机车是大功率半导体整流、客货运两用干线电力机车。韶山$_{3B}$型电力机车采用工频单相交流电。机车牵引及制动功率大，起动平稳，加速快，工作可靠，司机室工作条件良好，污染少，维修简便。

韶山$_{3B}$型电力机车为大功率硅半导体桥式全波整流，采用调压开关与晶闸管相控结合的平滑调压，牵引特性为恒流控制特性，具备加馈电阻制动特性，比韶山₃型电力机车具有更优越的制动性能。机车采用脉流串励式牵引电动机，采用大面积立式百叶窗车体通风方式。车内设备按斜对称空间布置，采用成套组装。

韶山₄型电力机车是由各自独立且又互相联系的两节车组成，每节车均为一个完整的系统。主电路采用四段经济半控桥，相控调压。它具有恒压或恒流控制的牵引特性和恒速或恒励磁控制的电阻制动特性。空气制动采用DK-1型电空制动机。

（三）提高阶段（20世纪80年代末至21世纪初）

在消化、吸收、引进机车技术的基础上，对已开发的机车进行了技术改造，并结合我国传统的牵引电机并联的主电路形式，相继开发出韶山₅、韶山₆ᵦ、韶山₇、韶山₇ₑ、韶山₈、韶山₉等型号的电力机车。

韶山₆ᵦ型电力机车是由南车株洲电力机车有限公司和南车株洲电力机车研究所有限公司共同研制开发的六轴相控交-直传动干线电力机车。韶山₆ᵦ型电力机车的设计是以国内外交直传动相控电力机车成熟的技术和经验为基础，并根据原铁道部关于开展电力机车简统化、系列化的精神，吸收和采用了韶山₄和韶山₆型电力机车的技术，于1992年12月完成了样车的研究和试制。

韶山₇型电力机车是由中国北车集团大同电力机车有限责任公司、南车成都机车车辆有限公司和南车株洲电力机车研究所有限公司共同研制的交-直传动相控电力机车，为适用于山区小曲率半径线路，减小机车轮缘磨耗，并提高机车牵引能力，其采用 $3B_0$ 转向架。首台韶山₇型电力机车于1992年12月30日试制出厂。

韶山₈型电力机车是由南车株洲电力机车有限公司和南车株洲电力机车研究所有限公司共同研制的，主要用于准高速干线客运的交-直传动相控电力机车。韶山₈型电力机车于1998年6月24日在京广线的许昌至小商桥区间创造了240 km/h的当时中国铁路最高速。

韶山₉型电力机车是由南车株洲电力机车有限公司和南车株洲电力机车研究所有限公司联合研制的大功率六轴客运交-直传动相控电力机车，主要用于牵引160 km/h准高速旅客列车。研制的目的是通过提高机车功率，加大牵引力，以满足具有长大坡道线路的满编旅客车准高速运行的需要。该机车在研制过程中坚持了简统化、标准化、系列化的原则。

（四）交流传动大功率机车（21世纪初至今）

HXD_1 型电力机车是南车株洲电力机车有限公司、株洲南车时代电气股份有限公司和南车株洲电机有限公司等单位在引进、消化、吸收西门子 HXD_1 型交流传动电力机车先进技术的基础上，结合多年积累的电力机车设计制造经验，遵循先进、成熟、经济、适用、可靠的技术原则，按照模块化、标准化、系列化的要求，进行了自主研发牵引变流器和网络控制系统的等同替代工作，是一款具有完全自主知识产权的适应铁路重载运输需要的交流传动八轴9 600 kW大功率干线货运电力机车。机车单轴功率为1 200 kW，最高运行速度为120 km/h。

HXD_2 型电力机车是由法国阿尔斯通公司与中国北车集团合作设计生产，是在法国阿尔斯通公司 PRIMA 2U 型机车的基础上改造设计而成的，主要是为适应大秦线重载牵引运输，专门配属湖东电力机车机务段。HXD$_2$ 型电力机车的电气传动系统采用交-直-交电传动方式，牵引电动机采用轴控方式，运用了先进的 FIP 网络控制技术，系统具有很强的自检和故障识别诊断能力；关键部件具有冗余设计，发生故障时，能保留最大的牵引力和制动力，大大提高了机车运行的可靠性。考虑到大秦线隧道多，以及煤尘、雨雪的侵蚀，车体结构和空气过滤系统都做了较大改进。

  HXD$_3$ 型电力机车，最初曾定为 SSJ$_3$、DJ$_4$ 型电力机车，SSJ$_3$ 型电力机车是中国铁路干线货运电力机车车型之一，是 HXD$_3$ 型电力机车的原型。大连机车厂于 2001 年起开始研究大功率交流传动货运电力机车，通过与日本东芝合作来研制新型机车，由东芝提供机车的牵引逆变器及控制系统。这款机车使用了 C_0-C_0 转向架，即前后各一台三轴转向架、每轴装有一台 1 200 kW 交流牵引电动机，整车输出功率为 7 200 kW。首台原型车编号 SSJ$_3$-0001，后改名为 DJ$_3$，于 2003 年年底完成。编号由 30017 开始的机车为"国产化"机车，使用 YJ85A 型牵引电机，首辆机车出厂曾被改称为"神龙 1 型"（SL$_1$）电力机车，不久即改称为"和谐型"，编号改为 HXD$_3$0×××。首辆国产化机车于 2006 年 12 月 8 日出厂并交付使用。

三、电力机车的特点

1. 单机功率大

  由于电力机车上没有牵引用的原动机，使得同等机车功率下机车质量轻；同等机车质量下机车功率大。

2. 过载能力强

  牵引电动机过载能力强，对坡道、气温、气压、缺水、高原地带都有较强的适应性。下坡道可方便地使用电阻制动或再生制动，提高列车下坡的平均速度，从而提高了铁路线上困难区段的通过能力，提高了运能。

3. 能源宽广、效率高，经济效益显著

  由于电网的电能来自大型的火电厂或水电站，因此电力机车总效率高；另外电力机车内没有原动机，设备简单，检修周期长，维修工作量少，整备时间短，所以运营费用低。

4. 劳动条件好

  机车运行中振动、噪声小，不排出有害气体，不污染环境，改善了乘务员的劳动条件。

5. 一次性投资费用大

  电力机车和电气化铁路一次性投资费用大。

四、电力机车的型号

  根据《铁路技术管理规程》规定，机车应有包括类型在内的识别标记。我国习惯上采用

汉字表示国产机车的类型,如"韶山"(SS)、"和谐"(HXD)表示电力机车;"K"和"G"表示进口电力机车的类型。在汉字或汉字拼音字母的右下角标注数字,表示该型机车投入运用的序号,如 SS_{4G}、SS_8、SS_9、HXD_1、HXD_2、HXD_3 等。国产和进口电力机车型号如表1-1所示。

表1-1 国产和进口电力机车型号

机车类型	基本名称	基本代号	车型名称	车型代号
国产电力机车	韶山	SS	韶山$_1$	SS_1
			韶山$_3$、韶山$_{3B}$	SS_3、SS_{3B}
			韶山$_4$、韶山$_{4G}$	SS_4、SS_{4G}
			韶山$_5$	SS_5
			韶山$_6$	SS_6
			韶山$_7$、韶山$_{7E}$	SS_7、SS_{7E}
			韶山$_8$	SS_8
			韶山$_9$、韶山$_{9G}$	SS_9、SS_{9G}
	和谐	HXD		HXD_1
				HXD_2
				HXD_3
进口电力机车				6G(法国)
				6G1(罗马尼亚)
				8G(苏联)
				6K(日本)
				8K(法国)
				6Y2(法国)

五、机车的轴列式

机车轴列式就是用数字或字母表示机车走行部结构特点的一种简单方法。

规则:以英文字母表示动轴数,如A即1、B即2、C即3、D即4等。

注脚"0"表示每一动轴为单独驱动,无注脚表示动轴为成组驱动,如 C_0-C_0、B_0-B_0 等。

C_0-C_0 表示2个转向架,每个转向架上有3个单独驱动的动轴,如 HXD_3。

B_0-B_0 表示2个转向架,每个转向架上有2个单独驱动的动轴,如 SS_8、SS_9。

B_0-B_0-B_0 表示3个转向架,每个转向架上有2个单独驱动的动轴,如 SS_7、6K。

2(B_0-B_0)表示2节车重联,每节车2个转向架,每个转向架上有2个单独驱动的动轴,如 SS_4、8K。

六、电力机车的基本构造

电力机车是一种由外部接触网供电，由牵引电动机驱动机车动轮的现代化的牵引动力设备。电力机车在构造上一般被划分为电气部分、机械部分和空气管路系统三大部分。

电气部分包括牵引变压器、整流硅机组、牵引电动机、辅助电动机和牵引电器等，其功用是将来自接触网的电能转变为牵引列车所需要的机械能，实现能量的转换；同时，电气部分还要实现机车的控制。

机械部分包括车体、转向架、车体支承装置和牵引缓冲装置。车体用来安装司机室和绝大多数的电气设备、辅助机组；转向架则承担机车质量，产生、传递机车牵引力及制动力，实现机车在线路上的运行；车体支承装置是机车车体和转向架的连接装置；牵引缓冲装置则是机车与机车、机车与车列的联挂装置。

空气管路系统包括空气制动机管路系统、控制气路系统和辅助气路系统三部分，分别实现机车的空气制动、机车上各种设备的风动控制，并向各种风动器械供风。

以上三大组成部分，将电力机车组成一个有机整体。它们互相密切配合，又各自发挥着独特的作用，共同保证了良好的机车性能。

电力机车涉及的关键技术主要有：总体与转向架技术、电力电子技术、电机电器技术、自动化控制技术、电空制动机技术等。

（一）HXD_1型电力机车

HXD_1型电力机车采用交-直-交传动方式，由接触网供给高压交流电，通过机车主变压器降压，经中间直流环节整流变成直流电，然后再通过牵引变流器、辅助逆变器将直流电变换成三相交流电，用来驱动交流牵引电机及其他辅助三相交流电机。

HXD_1型电力机车由电气部分、机械部分和空气管路系统三大部分组成一个有机整体，互相配合，又各自发挥独特作用，共同保证机车性能的正常发挥。

机车电气部分的主要功用是将来自接触网的电能变为牵引列车所需要的机械能，实现能量转换，同时还实现机车的控制。

机车机械部分主要用来安设司机室和各种电气、机械设备，承担机车质量，产生并传递牵引力及制动力，实现机车在线路上的行驶。

电力机车的空气管路系统作用是产生压缩空气，供机车上的各种风动器械使用，并实现机车及列车的空气制动。

HXD_1型交流电力机车由两节机车重联而成，机车采用单相工频交流电，电压为25 kV，每节机车上配备有相同的主电路、辅助电路和控制电路系统，每节机车均可单独运行。整台机车的两节机车主电路通过车顶高压连接器在网侧相连，它使得每台机车仅使用一个受电弓（一般为后弓）便可实现整台机车的供电。

HXD_1型电力机车的每节车都有一套完整的电传动系统，该系统由一台拥有 1 个原边绕组、4 个牵引绕组和 2 个二次谐振电抗器的主变压器，通过 4 个四象限整流器（4QC）向两个独立的中间直流电压环节充电。每台转向架上的 2 台三相异步电动机作为一组负载，由连接在中间直流环节中的一个脉宽调制逆变器供电。因此，两路中间直流环节相互独立，整台机车牵引力有75%的冗余，从而提高了机车的可利用率。中间直流环节还连接有谐波吸收电路、过压保护电路和接地检测电路。四象限整流器和脉宽调制逆变器采用水冷IGBT模块冷却。

HXD_1型电力机车采用再生制动。在机车处于再生制动工况时，机车牵引电机处于发电机状态，并将电机发出的电能回馈给接触网。

HXD_1型电力机车车体由两节重联车体组成，单节车体为单端司机室的全钢框架结构，主要由底架、司机室、左右侧墙、司机室隔墙、车体后端墙、车体顶盖、顶盖连接横梁、车内焊接件、牵引缓冲装置及车体附属部件组成，车体内机械室设有中央直通式走廊，两节车之间设有过渡通道，该通道与两节机车的中间走廊相连，构成同一台机车的两司机室之间的通道。车体所用材料保证机车能在 -40 ℃ 低温环境下工作。

每节机车有两台 B_0 动力转向架。转向架主要由构架，轮对，驱动装置，一、二系悬挂装置，低位牵引杆装置（转向架与车体连接装置），轮盘基础制动装置和转向架辅件等部分组成。转向架完全满足可互换和模块化的要求。转向架构架由两根侧梁、一根牵引梁和两根端梁组成。每一端梁上装有两套单元式制动夹钳。轮对由整体车轮和锻造车轴组成，每个车轮上安装有两个盘形制动的制动盘。电机悬挂采用抱轴方式。齿轮箱采用铝合金材料，一、二系悬挂均采用钢制卷簧，机车实现 23 t 与 25 t 轴重转换时须对一、二系悬挂作简单的调整。

机车设备布置采用模块化的结构，以便有效地缩短维修、组装时间，使系统和部件能独立地在机车外进行预组装和预试验。机械间内设备沿车内中间走廊两侧平行布置，采用导轨安装方式固定，两节车除生活设施和通信信号设备外，其余设备和布置相同。机械间内布管和布线采用预布式中央管排和中央线槽方式，中央管排和线槽安装在中央走道下，美观且便于生产和维护。驱动系统的动力线则安装在走道两边的设备安装架内，使动力电缆与控制及信号线有机地分离，以保证供电系统的可靠性。

主变压器采用卧式悬挂，并与机车蓄电池柜一起吊装在机车两转向架之间的底架下。

车顶高压电器集中安装在靠后端的一块活动顶盖和后端墙的固定顶盖上。通信用的天线设备分别安装在司机室顶和其他几块活动顶盖上。

司机室的设备布置符合规范化司机室的要求，同时适应于单司机操纵。两端司机室采用相同布置。

机车冷却通风系统为独立式通风系统，机车运行时机械间保持微正压状态，整车的通风可分为4个部分：牵引电机通风系统；变压器、变流器冷却用油水冷却塔通风系统；辅助变压器柜及车内通风系统；司机室空调通风系统。

每节机车都装有一台螺杆式压缩机、一台双塔干燥器、两个 500 L 的主风缸，这些设备构成机车主风源系统。压缩机生产的高压风经干燥器干燥净化后送入主风缸。

每节机车安装了一套相同的克诺尔 CCBII 型制动机。该系统的制动控制单元 BCU 安装在制动柜中，BCU 通过 MVB 总线与 CCU 实现制动信号的交换。

机车安装了机车车载安全系统（6A系统），对机车运行过程进行全方位动态监测与监控，为机车在途运行提供安全监控和地面检修提供安全防范支持。

HXD_1型电力机车的主要技术参数如下：

电流制   单相交流 25 kV，50 Hz
机车牵引/电制动轮周功率   9 600 kW

轴列式	2（B_0-B_0）
轨距	1 435 mm（准轨）
机车整备质量	2×92 t/2×100 t
轴重	23 t/25 t
机车前后车钩中心距	35 222 mm
单节机车转向架中心距	9 000 mm
转向架固定轴距	2 800 mm
车轮直径	1 250 mm（新轮）
持续速度	
23 t 轴重时	70 km/h
25 t 轴重时	65 km/h
最高速度	120 km/h
计算起动牵引力	
23 t 轴重时	≥700 kN
25 t 轴重时	≥760 kN
持续牵引力	
23 t 轴重时	494 kN
25 t 轴重时	532 kN
电制动力	461 kN
紧急制动距离	
轴重为 25 t 时的紧急制动距离	≤900 m
轴重为 23 t 时的紧急制动距离	≤800 m
动力种类	电力
车辆设计	西门子
车辆建造	南车株洲电力机车有限公司

（二）HXD$_{3B}$ 型电力机车

HXD$_{3B}$ 型电力机车是我国用于干线牵引的货运电力机车，其最高运行速度为 120 km/h。HXD$_{3B}$ 型电力机车采用大功率 IGBT 水冷变流器，单轴控制技术，大功率异步交流牵引电动机，框架式承载车体，设备布置采用中央走廊设备布置方式，高压电器布置在机械间内部的高压柜内，并充分考虑了使用中的自然环境条件，提高了机车的防寒性能。HXD$_{3B}$ 型电力机车是目前世界上 6 轴机车中单机功率最大、技术水平高、性能指标先进的交流传动电力机车。

HXD$_{3B}$ 型电力机车采用 C_0-C_0 轴列式，电传动系统为交-直-交传动方式，采用 3 组 IGBT 水冷变流柜，1 632 kW 大转矩异步牵引电动机，具有起动（持续）牵引力大、持续速度高、黏着性能好、功率因数高等特点。每组变流柜内集成一台由中间直流回路供电的辅助变流器。整车提供 2 组 VVVF 和 1 组 CVCF 三相辅助电源，分别对辅助机组进行分类供电，该系统冗余性强，在机车通过分相区时辅助系统可以维持供电。

HXD_{3B} 型电力机车采用分布式微机网络控制系统，实现对各类变流器的实时控制、牵引/制动特性控制、传动系统的时序逻辑控制，显示机车运行状态，具备完整的故障保护、故障记忆及显示功能，并具有一定程度的故障自排除、自动切换和故障处理指导功能，也能够实现机车的网络重联功能。

HXD_{3B} 型电力机车将真空主断路器、接地开关、高压隔离开关、避雷器、高压电压互感器、高压电流互感器等高压电器集成在高压柜内，高压柜放置于机械间内，最大限度地降低雾、雪、粉尘等条件下的高压设备的故障率，提高了机车的可靠性。

HXD_{3B} 型电力机车车体采用整体承载的框架式焊接结构，有利于提高车体的强度和刚度。转向架采用滚动抱轴承半悬挂结构，二系采用高圆螺旋弹簧，低位斜牵引杆技术，小齿轮双端支撑驱动装置。采用下悬式一体化多绕组牵引主变压器，除牵引绕组和辅助供电绕组外，还集成 3 台谐振电抗器，冷却方式为强迫导向油循环风冷。机车顶盖设有密闭风腔，冷却风源从风腔进入车内，保证了风源的清洁性，减少了尘埃对被冷却设备的污染和改善了冷却效果。每个转向架的 3 台牵引电机由一台通风机冷却；主变流器水冷和主变压器油冷采用水、油复合式冷却塔；另外还设置了车体通风机来保证机械间的微正压通风，以减少尘埃进入机械间。

HXD_{3B} 型电力机车采用了集成化气路的空气制动系统，具有空电制动功能。机械制动采用轮盘制动。

HXD_{3B} 型电力机车的主要技术参数如下：

工作电源
电流制　　　　　　　　　　　　单相交流 50 Hz
额定电压　　　　　　　　　　　25 kV
电传动方式　　　　　　　　　　交-直-交传动
持续功率　　　　　　　　　　　9 600 kW
机车速度
持续制速度　　　　　　　　　　68.2 km/h
最高速度　　　　　　　　　　　120 km/h
起动牵引力　　　　　　　　　　570 kN
持续牵引力（半磨耗轮）　　　　506 kN
电制动方式　　　　　　　　　　再生制动
电制动功率　　　　　　　　　　9 600 kW（72～120 km/h）
最大电制动力　　　　　　　　　480 kN
轨距　　　　　　　　　　　　　1 435 mm
轴列式　　　　　　　　　　　　C_0-C_0
机车总重　　　　　　　　　　　150×（1±1%）t
轴重　　　　　　　　　　　　　25 t
机车前、后车钩中心距　　　　　22 781 mm
车体宽度　　　　　　　　　　　2 950 mm
车体高度　　　　　　　　　　　4 250 mm（新轮）

机车全轴距	14 700 mm
机车转向架中心距	12 950 mm
车轮直径	1 250 mm（新轮）
	1 200 mm（半磨耗）
	1 150 mm（全磨耗）
受电弓降弓状态时滑板距轨面高度（新轮）	≤4 622 mm
受电弓滑板距轨面的工作范围	5 200～6 500 mm
车钩中心线距轨面高度（新轮）	(880±10) mm
排障器距轨面高度	110_{0}^{+10} mm
紧急制动距离	
机车单机以 120 km/h 速度于平直道上	≤1 100 m

（三）HXD$_2$ 型电力机车

HXD$_2$ 型电力机车是由两节完全相同的四轴电力机车通过内重联环节连接组成的八轴重载货运大功率电力机车。HXD$_2$ 型电力机车主要部件有系统柜、牵引变流器柜、辅助变流器柜、通用柜、制动柜、空气压缩机系统、安全系统柜、信号柜、FIPV 车辆总线和 FIPT 列车总线等；为大秦线牵引 20 000 t 重载货运列车，机车装有 LOCOTROL 远程控制系统。为改善乘务员的作业条件，设有宽敞的生活间和卫生间。

HXD$_2$ 型电力机车的核心技术是逆变、变频和网络计算机控制系统。

HXD$_2$ 型电力机车的主要技术参数如下：

机车总重	$2\times 92_{-1\%}^{+3\%}$ t
	$2\times 100_{-1\%}^{+3\%}$ t（加压车铁）
轴重	$23_{-1\%}^{+3\%}$ t
	$25_{-1\%}^{+3\%}$ t（加压车铁）
转向架数	2×2
机长最大长度	2×19 075 mm（两车钩间）
机车最大宽度	3 025 mm
轨距	1 435 mm
受电弓放下后最大高度	4 550 mm
转向架固定轴距	2 600 mm
单节机车转向架中心距	10 060 mm
新车轮直径	1 250 mm（1 200 mm 半磨耗）
转向架类型	双发动机转向架
砂箱容积	100 L 的砂箱 2×8
起动牵引力	（半磨耗车轮，速度从 0 到 5 km/h）
配置 23 t 轴重时	700 kN
配置 25 t 轴重时	760 kN

机车持续功率			9 600 kW			
持续能力下的速度						
配置 23 t 轴重时			70 km/h			
配置 25 t 轴重时			65 km/h			
最高运行速度			120 km/h			

我国主型电力机车主要参数如表 1-2 所示。

表 1-2 我国主型电力机车主要参数

机车型号	轴列式	轴重/t	持续功率/kW	最高运行速度/(km/h)	传动方式	电气制动方式	用途
SS_1	C_0-C_0	23	3 780	93.5	交-直	电阻	客货
SS_3	C_0-C_0	23	4 350	100	交-直	电阻	客货
SS_{3B}	C_0-C_0	23	4 350	100	交-直	电阻	客货
SS_4	2(B_0-B_0)	23	6 400	100	交-直	电阻	货运
SS_6	C_0-C_0	23	4 800	100	交-直	电阻	客货
SS_7	B_0-B_0-B_0	23	4 800	100	交-直	再生	客货
SS_8	B_0-B_0	22	3 600	160	交-直	电阻	客运
SS_9	C_0-C_0	21	4 800	160	交-直	电阻	客运
HXD_1	2(B_0-B_0)	23/25	9 600	120	交-直-交	再生	重载货运
HXD_2	2(B_0-B_0)	23/25	10 000	120	交-直-交	再生	重载货运
HXD_3	C_0-C_0	23/25	7 200	120	交-直-交	再生	重载货运
HXD_{1B}	C_0-C_0	25	9 600	120	交-直-交	再生	重载货运
HXD_{3B}	C_0-C_0	25	9 600	120	交-直-交	再生	重载货运

复习思考题

1. 简述机车的分类方法和种类。
2. 简述电力机车的特点。
3. 机车轴列式的含义是什么？写出 SS_{3B}、SS_6、SS_7、SS_9、HXD_1、HXD_2、HXD_{3B} 型电力机车的轴列式并写出其表示含义。
4. 简述电力机车的构造。
5. 简述 HXD_1 型电力机车的技术特点。
6. 简述 HXD_2 型电力机车的技术特点。
7. 简述 HXD_{3B} 型电力机车的技术特点。

项目二　电力机车车体

【项目目标】

通过本项目的学习，应能了解电力机车总体布局一般原则；掌握电力机车车体作用及要求；了解电力机车车体结构组成；了解机车车体常用材料、加工工艺等技术要求；掌握电力机车车体检修工艺；了解电力机车通风系统的作用和电力机车的通风形式；了解电力机车通风系统设备。

【项目任务】

任务一　电力机车车体结构认知
任务二　电力机车车体检查与维修
任务三　电力机车通风系统分析

任务一　电力机车车体结构认知

【学习目标】

（1）了解机车设备总体布置原则；
（2）了解各型机车总体布置；
（3）能绘制各型机车总体布局简图；
（4）掌握机车车体的结构、作用和要求。
（5）掌握机车车体的结构组成。

【知识准备】

子任务一　机车总体布置的原则

1. 使机车质量分布均匀、降低机车重心高度

机车质量分布均匀主要目的在于均衡机车各轴轴重，更好地利用机车黏着质量，能够充分发挥机车的牵引力；主要设备一般以变压器为中心左右斜对称布置，且重心在车体底架上，降低了机车重心高度，有利于提高机车的运行平稳性。

2. 使主要设备安装和维修方便

机车设备尽可能成套组装，特别是一些需要经常操作的设备，应留有足够的使用和维修作业空间。

3. 保证人身和设备安全

凡危及人身安全的设备，要有联锁、防误操作等防护措施；凡容易损坏的设备应设置保护装置；不耐热的设备和器件，应与热源远离或隔离。

4. 降低机车制造维修成本，提高经济性

机车设备布置时，充分利用空间，缩短车体长度，按电路走向布置相应设备，使大截面的电缆、母线、风管、风道尽可能短，以简化施工，节约用料。

5. 优化司机室设备布置，改善机车乘务员工作环境，提高舒适性

通过优化司机室设备布置，使人机之间的作业范围更加合适，便于操作。合理的观察视线角度，便于正确观察仪器、仪表及信号灯指示；使噪声源尽量远离司机室，留出必要的工作和生活空间，为机车乘务人员提供一个舒适的工作环境，以便安全、正确操纵机车。

子任务二　机车总体布置

机车的总体布局按空间位置一般可分为车内布置、车顶布置、车下布置3个部分。电力机车一般以变压器室为中心对称布置高压室、机械室、第Ⅰ与第Ⅱ司机室。

一、韶山$_4$型电力机车设备布置

韶山$_4$型电力机车车内空间一般划分为司机室、Ⅰ端辅助室及高压室、变压器室、电气室、Ⅱ端高压室、Ⅱ端辅助室。

机车主要设备及电气屏柜沿两侧纵向走廊及后端横向走廊布置，形成环行通道，可正、背两方向接近设备，运行中巡视及停车检修均较方便。Ⅰ端辅助室与Ⅰ端高压室之间车顶无固定横梁，只设一活动横梁；其余各室之间均设有车顶固定横梁。由此形成4个车顶盖，即Ⅰ端辅助室与Ⅰ端高压室顶盖、变压器室顶盖、Ⅱ端高压室顶盖、Ⅱ端辅助室顶盖。各顶盖孔横向宽约2 000 mm，与设备台架宽相对应。设备台架及走廊地板面离车体底架上平面高为125 mm，供安装电气屏柜及主、辅电路线槽。设备台架的安装地脚全部采用专用活动螺母，使设备安装十分方便。

韶山$_4$型电力机车设备布置具有以下特点：

（1）除轴流式通风机组外，其他设备均为平面单层布置，设备拆装互不影响。

（2）保持了韶山系列电力机车的如双边纵向走廊、分室斜对称布置；设备屏柜化、成套化，便于车下组装、车上吊装；结构紧凑、接近容易、维修方便等传统优点。

（3）车内空间利用充分、车身短，在安装设备的有效长度方面，韶山$_4$型机车为15 953 mm，而同类型的8K型机车为17 598.5 mm，韶山$_4$型机车为8K型机车的90.6%。

（4）充分利用八轴机车单端司机室的特点，将产生噪声源的劈相机、主压缩机等辅助机组，安装在远离司机室的正端辅助室内，降低了司机室中部的噪声水平。

（5）采用平波电抗器与主变压器共油冷方式，平波电抗器与主变压器共油箱及油散热

器风冷系统，既充分利用主变压器的油冷系统，又提高了平波电抗器在冷却系统故障时的可靠性。

（6）在布线和布管结构设计上，采用控制电路的预布线和机车管路的预布管结构新工艺。

二、韶山$_9$型电力机车设备布置

韶山$_9$型电力机车车内一般布置有司机座椅（司机室）、控制柜（机械室）、高压电器柜（电气室）、牵引变压器（变压器室）、受电弓（车顶）、牵引变压器散热装置（辅助设备）、牵引电机接线（机车布线）。

韶山$_9$型电力机车主要有两种设备布置：一种是43号以前的机车，总体布置采用我国传统交-直机车的设备布置方式，即双侧走廊、两端司机室、车体通风方式，43号机车为标准化司机室过渡机车，总体布置采用双侧走廊、标准化司机室、车体通风方式；另一种是44号开始的机车，总体布置采用了比较先进的中央走廊设备布置方式，两端采用标准化司机室、独立通风方式。

（一）中央走廊设备布置

韶山$_9$型电力机车总体布置采用新型的设计平台布置方式，即采用中央直通走廊（宽度不小于600 mm）、标准化双司机室，主变压器采用卧式结构，车内设备采用斜对称布置方式，可以使机车重心下降，质量分配均匀。机车车内设备布置可分为Ⅰ、Ⅱ端标准化司机室设备布置；Ⅰ、Ⅱ端电气室设备安装；主变流室设备安装。机车电气设备主要安装在各室内，尚有一些设备布置在车顶及其他部位。机车设备布置如图2-1所示。

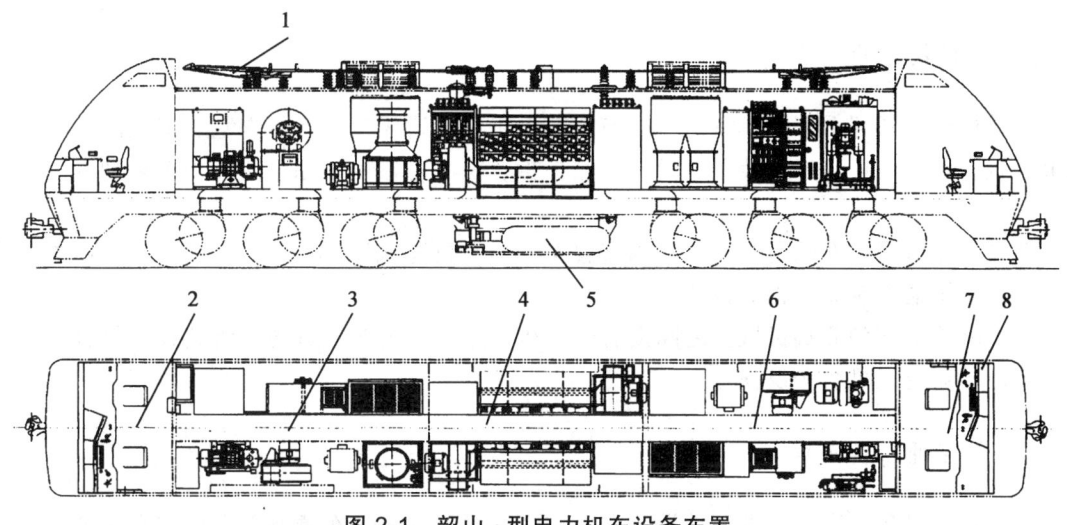

图2-1 韶山$_9$型电力机车设备布置

1—车顶设备安装；2—Ⅰ端司机室设备布置；3—Ⅰ端电气室设备安装；4—主变流室设备安装；
5—辅助设备安装；6—Ⅱ端电器室设备安装；7—Ⅱ端司机室设备布置；8—机车布线

（二）车顶设备布置

电力机车车顶设备属高压户外电气设备，既要满足机车电气性能的要求，还要具有足够的高压绝缘性能和抗击风、沙、雨、雪等恶劣气候的侵害及雷电过电压袭击的能力。车顶设备布置主要分为：Ⅰ端机械室车顶设备安装、主变流室车顶设备安装、Ⅱ端机械室车顶设备安装，如图 2-2 所示。

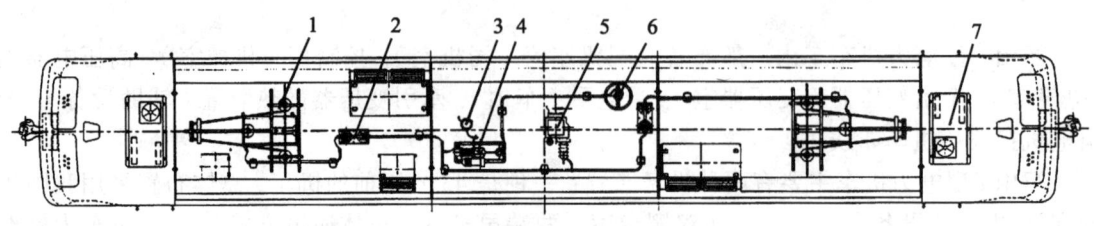

图 2-2　车顶设备布置
1—受电弓；2—高压隔离开关；3—避雷器；4—主断路器；
5—高压电流互感器；6—高压电压互感器；7—空调

机车车顶主要布置有高压电器设备、导电杆母线及支持绝缘瓷瓶。在Ⅰ、Ⅱ端机械室车顶上各安装有一台 DSA200 型受电弓、THG2-400/25 型高压隔离开关（仅Ⅰ端），还有受电弓和母线支持瓷瓶，并设有制动电阻的出风口，该出风口为百叶窗结构，通风时自动打开；在主变流室顶盖上安装有 TBY1-25 型高压电压互感器、TBIJ-25 型高压电流互感器、YH10WT-42/105 型金属氧化锌硅橡胶避雷器以及 TDZ1A-10/25 型空气主断路器（或 ALSTON 或 BAVC.N99 型真空主断路器）。另外，司机室车顶安装有空调机。

三、HXD₃型电力机车设备布置

（一）机械室设备布置

Ⅰ端机械室紧邻Ⅰ端司机室，室内布置有牵引电机通风机组、更衣室、卫生间、蓄电池充电装置、蓄电池柜、滤波装置、微机及监控柜、控制电器柜、综合通信柜、辅助变压器等设备。

Ⅱ端机械室紧邻Ⅱ端司机室，室内布置有牵引电机通风机组、空气压缩机、总风缸、辅助风缸、干燥器、制动屏柜等设备。

在Ⅰ端机械室和Ⅱ端机械室之间设有中央机械室，室内布置有主变流装置、复合冷却器及复合冷却器通风机组等设备。

（二）车顶设备布置

Ⅰ端顶盖设备布置与Ⅱ端顶盖设备布置完全一样，顶盖上布置有受电弓和空气绝缘子。两个顶盖的结构和安装尺寸也完全相同，但在Ⅰ端顶盖上开有卫生间通风口，因此，两个顶盖不可以互换安装。

中央顶盖上布置的高压电气设备有受电弓、高压隔离开关、高压电压互感器、真空断路器、接地开关、避雷器、高压电缆及连接母线等，同时设置有辅助变流器通风口和过滤网。

（三）车下与车端设备布置

主变压器悬挂在机车车下中部，以主变压器为中心对称布置了2台转向架。在转向架上配置有牵引电机等设备。另外，在车下还配置了库用插座、辅助/控制电路外接电源插座、行灯插座、机车电子标签、速度传感器等设备。

子任务三 机车车体

一、车体的作用和要求

机车车体是机车的主要承载部件之一，它是箱形壳体，由板、梁组焊而成。在电力机车中，除走行部外的所有机械、电机设备和电子电器装置等都安装在车体上，是各种机器设备的重要安装定位基础，为车内设备安装提供足够的空间，并保证其正常运转；同时能够保护这些机器设备免遭雨、雪、风、沙的侵袭。另外，还具有隔音、隔热、通风和采光作用，为司机操纵提供良好的工作环境，改善了乘务员的劳动条件。

在运行过程中，车体要把牵引力和制动力传递给车钩，承受垂向载荷，还要承受水平方向的冲击载荷和侧向力的作用。所以，车体结构必须符合电力机车通用技术条件中的有关规定：具有足够的强度和刚度，以保证机车运行的安全性和平稳性。

为了满足现代化铁路运输的需要，对机车的要求也愈来愈高，由于车体受力复杂，因此，要求车体应有足够的强度和刚度，以确保机车安全可靠地运行。随着机车功率的不断提高，机车质量也相应增加，机车轴荷重受到线路强度的限制，为了使机车轴荷重在允许的范围内，应尽量减小车体的质量。

对于高速机车，车体头部需具有较好的流线型外形。通过大量的实验和研究表明，当机车速度达到 200 km/h 时，将有 80% 的牵引动力消耗于克服空气的阻力。当车速达到 300 km/h 时，其阻力则消耗牵引动力的 90%~95%。因此，国内外一些高速机车均采用头部为抛物线的流线型外形，以降低空气阻力。

除以上几点外，对车体的要求还有很多，如车体的工艺性，加工、拆装、修理方便，司机室宽敞明亮，瞭望方便等。

电力机车对车体的要求如下：

（1）有足够的强度和刚度，即在机车允许的设计结构速度内，保证车体骨架结构不发生破坏和较大变形，以确保运行安全和正常使用。

（2）为了提高机车的速度，必须减轻车体的自重，而且要求在各个方向上做到质量匀称、重心低。

（3）车体结构必须保证设备安装、检查、保养以及检修更换的便利。

（4）作为现代化的牵引动力，车体设计必须充分考虑改善乘务人员的工作条件，完善通风、采光、取暖、瞭望、隔音、隔热等措施。

(5)车体必须纳入国家规定的机车车辆限界尺寸中。

(6)在满足车体基本功能和空气动力学车体外形的基础上,应使车体外形设计美观、大方。

二、车体的结构形式

机车的用途、功率不同,车体的结构形式也就有所不同。根据机车车体承载方式的不同,车体的结构形式有非承载车体和承载车体两种。

(一)非承载车体

非承载车体是由侧壁、顶盖和车架等组成。其特点是侧壁和车架相互独立,各自起着不同的作用。车体侧壁不承受载荷,仅起保护罩的作用;而车架承受车体的全部载荷,因此车架要求高,尺寸及质量均较大。

按车体外形的不同,非承载式车体又可分为棚式车体和罩式车体。

1. 棚式车体

如图2-3所示,棚式车体的特点是外形高大,内部走道宽阔,乘务工作人员检查机器间方便。棚式车体的司机室可布置在机车的一端或两端。

2. 罩式车体

如图2-4所示,罩式车体外形矮小,车体罩壳外部两侧设有走廊,车体的司机室、动力室及冷却室内部不通行,可通过开启车体两侧的侧壁门来检查机器间的情况。罩式车体的司机室设在中部或一端,并且高出或宽于其他部分,便于瞭望。罩式车体结构简单、紧凑、造价低,一般用于调车机车或小运转机车。

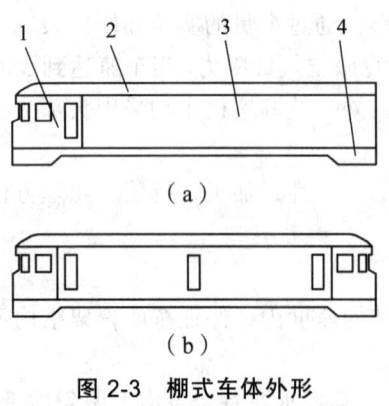

图2-3 棚式车体外形

1—司机室;2—车顶;3—侧壁;4—车架

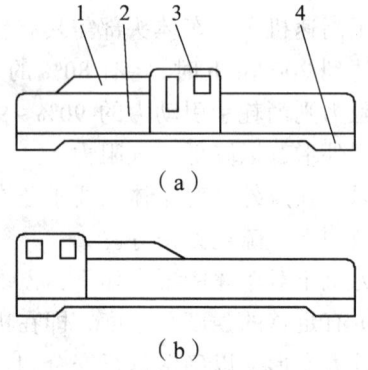

图2-4 罩式车体外形

1—车顶;2—侧壁;3—司机室;4—车架

由于非承载车体的载荷完全由车架承受,并且绝大部分由车架中梁承受,因此,中梁比较粗大、笨重,使机车重心提高,机车的动力性能有所下降。

(二)承载式车体

承载式车体是将机车车体与底架设计成一体,侧壁参与承载。与非承载式车体相比,在保证原来强度和刚度的前提下,可以减小底架各梁的截面尺寸,从而使机车质量降低。

根据车体侧壁结构形式的不同,承载式车体一般分为桁架式侧壁承载车体和框架式侧壁承载车体两种。

1. 桁架式侧壁承载车体

桁架式侧壁承载车体(见图2-5)有桁架、侧壁、外敷钢板、底架、司机室和车顶等部分组成。桁架由上弦梁、下弦梁、立柱和斜杆连接而成。侧壁的下弦梁就是底架的侧梁,因而,侧壁与底架连接成一体,共同承受载荷。侧壁外敷钢板罩在侧壁桁架上,不承受载荷。采用这种结构的特点:由于外敷钢板不承受载荷,对焊接工艺的要求低;外敷材料可用轻金属板或塑料板来代替钢板,使车体质量减轻;并可在侧壁上开孔,不影响车体的强度和刚度。

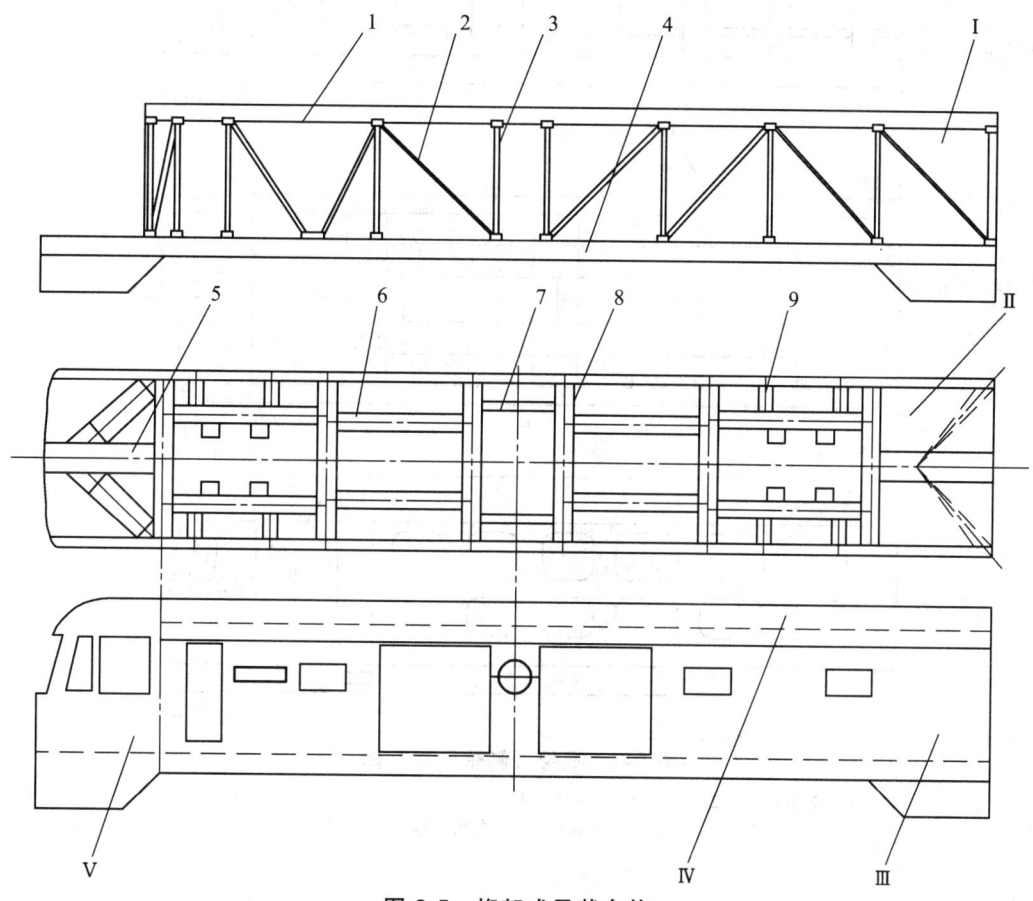

图 2-5 桁架式承载车体

Ⅰ—侧壁桁架;Ⅱ—底架;Ⅲ—侧壁;Ⅳ—车顶;Ⅴ—司机室;
1—上弦杆;2—斜杆;3—立柱;4—下弦杆;
5—牵引梁;6,7—纵梁;8,9—横梁

2. 框架式侧壁承载车体

框架式侧壁承载车体(见图2-6)由车顶、侧壁骨架、外敷钢板、底架和司机室组成。

侧壁骨架是由立柱、中间杆和上、下弦杆组成的框架式结构。外侧表面敷设一层厚大于 2 mm 的钢板与骨架共同承受载荷。侧壁骨架的下弦杆就是底架的侧梁，因此，车体与底架形成一个统一体。

这种承载式车体的优点是：车体有较大的强度和刚度；由于没有桁架式承载车体的斜杆，因而，对侧壁开孔的位置限制少；由于车体外敷钢板参与承载，因此，能最大限度地减轻机车质量，但对机车外敷钢板的焊接工艺要求较高。

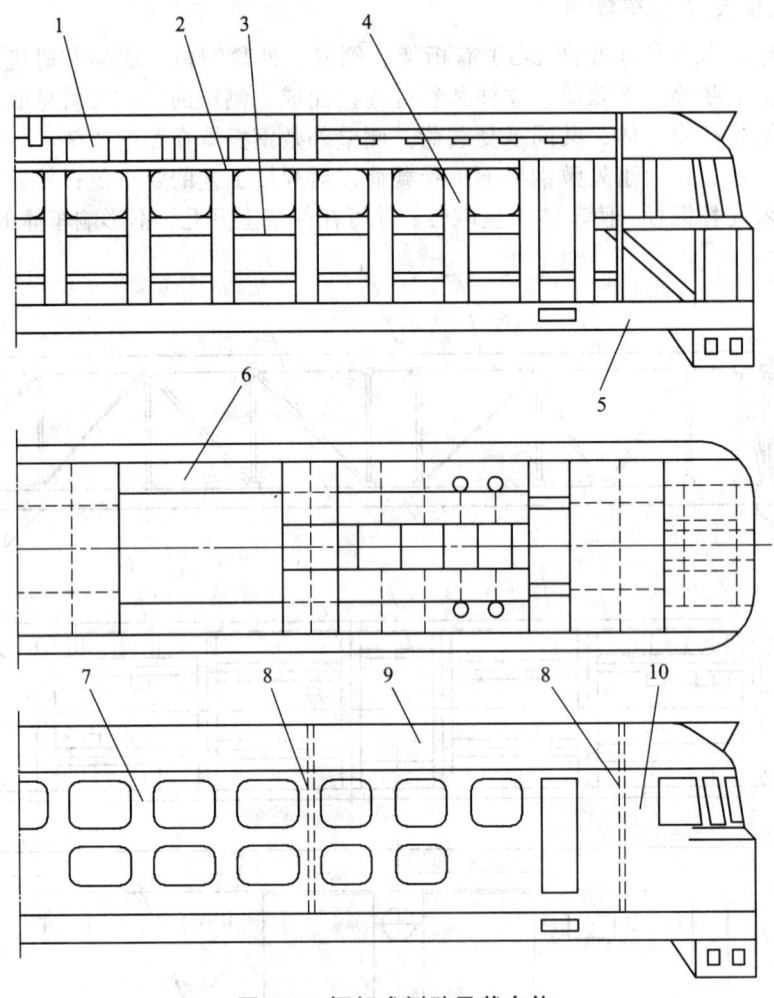

图 2-6 框架式侧壁承载车体

1—车顶骨架；2—上弦杆；3—中间杆；4—立杆；5—下弦杆；6—底架；
7—侧壁；8—车体隔板；9—车顶外壁；10—司机室

三、韶山$_{4改}$型电力机车车体

（一）韶山$_{4改}$型电力机车车体的结构特点

韶山$_{4改}$型电力机车是我国自行设计制造的大功率重载货运机车，由两节完全相同的机车组成。分离后单节机车可独立运行。其车体结构具有下列特点：

（1）韶山₄改型机车车体首次采用 16Mn 低合金高强度钢板压型梁与钢板焊成整体承载式车体结构，既满足了强度和刚度的要求，又达到了轻量化的目的。

（2）吸收了国外电力机车的先进技术，在车体设计中采用了大顶盖预布线、预布管结构和推挽式牵引方式及横移式密封侧窗结构等。

（3）为便于制造和检修，韶山₄改型机车车体较多地进行了标准化、系列化和通用化设计，使其车体一些主要参数和零件结构尽量与其他型号的电力机车车体通用。

（4）采用单端司机室和两侧多通式走廊，尾端有一横走廊相通，后端设有中间后端门及联挂风挡，把两节机车连接起来。

（二）韶山₄改型电力机车车体的主要参数

两车钩中心线距离	16 416 mm
底架长度	15 200 mm
宽度	3 100 mm
车顶设备安装面距轨面	4 040 mm
车顶最高点距轨面	4 620 mm
车钩水平面距轨面	(880±10) mm

（三）韶山₄改型电力机车车体的主要结构

韶山₄改型机车车体主要由底架、侧墙、车顶盖、司机室、台架、排障器等组成。图 2-7 为韶山₄改型电力机车车体总图。

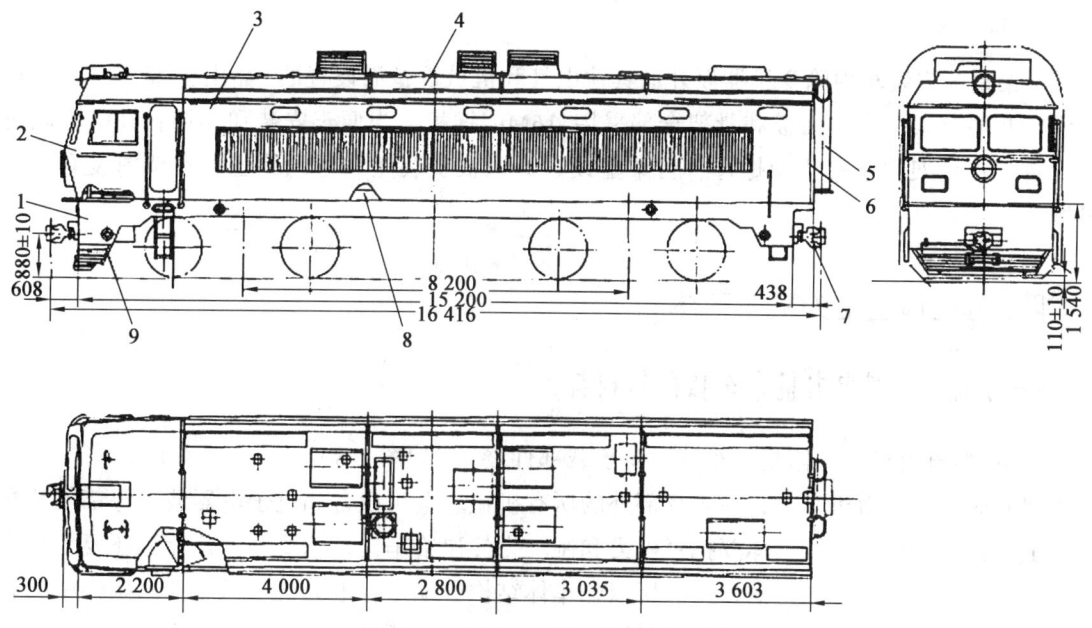

图 2-7　韶山₄改型机车车体总图

1—底架；2—司机室；3—侧墙；4—车顶盖；5—连接装置；
6—后端墙；7—牵引缓冲装置；8—台架；9—排障器

1. 底 架

底架主要由两根侧梁、两根枕梁、两根牵引梁、两根变压器横梁、两根变压器纵梁、一根台架横梁，一根隔墙梁和一些辅助梁焊接而成。

2. 侧 墙

侧墙在车体两侧，作为整体承载式车体，侧墙是韶山$_{4改}$型机车车体的主要承载结构之一。韶山$_{4改}$型机车侧墙采用传统的框架结构。为减轻自重，侧墙立柱、横梁及外墙板均采用3 mm厚的16Mn钢板及压型体焊接而成。在侧墙中间部分设有侧墙进风口，用于安装侧墙百叶窗和滤尘器，侧墙上部开设6个采光用椭圆窗孔。

3. 顶 盖

车顶盖由4个顶盖和3根活动横梁组成。4个顶盖由前至后依次为第一高压室顶盖、变压器室顶盖、第二高压室顶盖、机械室顶盖，车顶盖上装有车顶电气设备，为了便于车内设备的拆装和预布线需要，各车顶盖和活动横梁做成活动可拆式，并且各车顶盖都做成宽度较大的大顶盖。为了结构通用化，各车顶盖形状、尺寸和结构形式基本相同。

4. 司机室

由于司机室对外形、强度和安全性的特殊要求，韶山$_{4改}$型机车司机室的骨架充分考虑了通用化、标准化和系列化；司机室外形制成多平面的棱形多面体，既美观又使风阻小，减轻了自重。

5. 台 架

台架是为安装车内除变压器以外的其他电气和机械设备而设置的。韶山$_{4改}$型机车车体设有Ⅰ、Ⅱ端台架。台架面板和骨架全部采用16Mn钢板。为便于安装和连接各种电气和机械设备，在骨架内装有活动螺母，台架上设置通风机安装座和通风管道，骨架内设有电缆线槽。

四、韶山$_9$型电力机车车体

（一）韶山$_9$型电力机车车体的结构特点

韶山$_9$型电力机车车体是机车的主要承载部件之一，如图2-8所示。它是箱形壳体，由板、梁组焊而成。在电力机车中，除走行部外的所有机械、电机设备和电子电器装置等都安装在车体上。在运行过程中，车体要把牵引力和制动力传递给车钩，承受垂向载荷，还要承受水平方向的冲击载荷和侧向力的作用。所以，车体结构必须符合电力机车通用技术条件中的有关规定：具有足够的强度和刚度，以保证机车运行的安全性和平稳性；必须为车内设备安装提供足够的空间，并保证其正常运转；必须为司机操纵提供良好的工作环境。

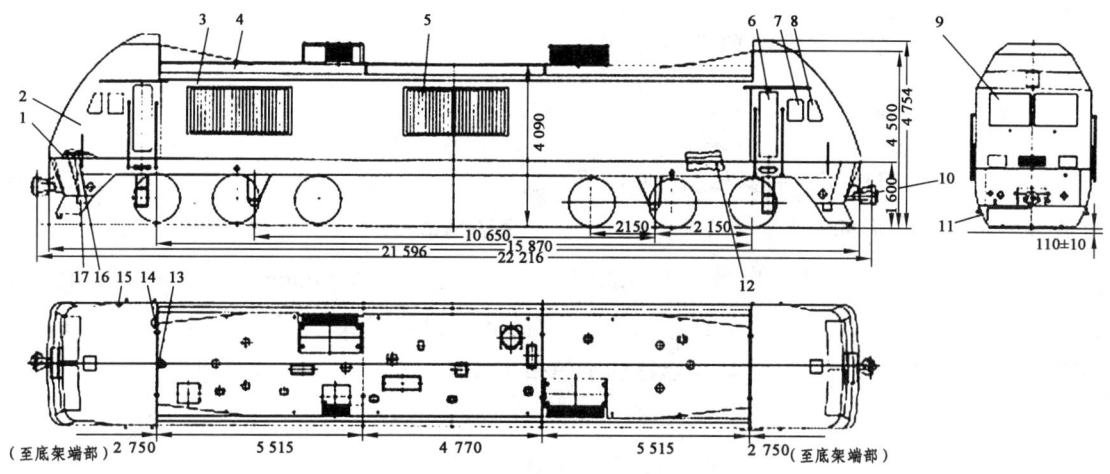

图 2-8 韶山₉型电力机车车体

1—底架；2—司机室；3—侧墙；4—顶盖；5—侧墙百叶窗；6—机车门安装；7—司机室侧窗；
8—司机室固定窗；9—司机室前窗；10—车钩；11—排障器；12—台架；13—走廊地板；
14—司机室后墙；15—司机室内装；16—司机室地板与铁梁安装；17—司机室设备骨架

韶山₉型机车车体采用框架式整体承载结构，由钢板或钢板压型件组焊而成。曲面形状的司机室蒙皮采用便于成型的冷轧钢板，以满足司机室外表面光滑流畅的要求。车体结构以横向中心线对称布置，使车体质量分配易于均衡。底架位于车体下部，是车体的基础，也是主要的承载构架。车体两侧是侧墙结构（简称侧构），两端是司机室，它们都焊装在底架上。底架上面焊有设备安装骨架（简称台架），它是车内设备安装和电缆布线等的基础。车体通过3根车顶活动连接横梁将两边侧构连接成箱形壳体，车体顶部安装3个可拆卸的大顶盖。车体底架、司机室、侧构、台架和大顶盖装置，是车体的主要承载结构。

司机室前上部设有宽敞明亮的前窗，两侧设有升降式活动侧窗，视野开阔，便于司机瞭望。司机室两侧还设有固定侧窗，以及便于司机观察的后视镜。

车体设有8个新型侧墙空气过滤装置，2个一组，车体左右两侧各安装两组4个过滤装置。牵引电机和硅机组通过独立风道从侧墙进风进行冷却。一位端顶盖上安装有制动通风口和变压器通风口，二位端顶盖上安装有制动通风口，分别作为制动电阻、变压器冷却通风用。

牵引缓冲装置设置在机车两端的标准高度上，机车通过牵引装置实现对列车的牵引。

机车两端下部装有排障器，用来排除线路上的障碍物，保证机车运行安全。排障器上设有脚踏板，便于工作人员进行调车作业。

（二）韶山₉型电力机车车体的主要技术参数

车体总长度	21 596 mm
底架长度	21 300 mm
车体宽度	3 105 mm
车体高度（轨面至受电弓安装座平面）	4 132.5 mm
底架上平面距轨面高度	1 600 mm
排障器最低点距轨面高度	(110 ± 10) mm
两车钩水平中心线间距	22 216 mm
车钩水平中心线距轨面高度	(880 ± 10) mm

（三）韶山₉型电力机车的车体结构

1. 底架

韶山₉型电力机车车体底架如图2-9所示，底架全长21 300 mm，宽3 105 mm。为适应光滑流畅的司机室头形的需要，有效地减少风阻，底架两端横截面制成 R10 000 mm 的圆弧，并在纵截面以 1∶3.3 的斜度向横向中心线收拢，端部与两侧 R300 mm 的圆弧相切。底架主要由两端牵引梁、两侧侧梁、2根（一、四位）枕梁、2根（二、三位）枕梁、2根变压器安装梁、2根隔墙梁、4个牵引座和一些辅助梁等组焊而成。底架各梁全部采用高强度低合金结构钢板压型而成。

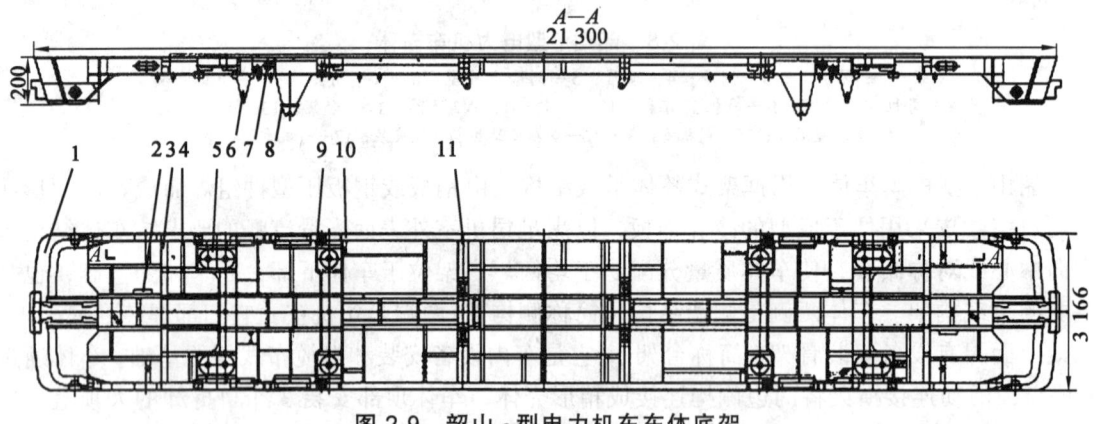

图2-9 韶山₉型电力机车车体底架

1—牵引梁；2—小纵梁；3—隔墙梁；4—小横梁；5—一、四位枕梁；6—抗蛇行减振器安装座；
7—吊销套组装；8—牵引座；9—二、三位枕梁；10—侧梁；11—变压器安装梁

底架组焊后应达到如下要求：

① 车钩箱中心线对底架纵向中心线的偏差不大于 3 mm，枕梁中心线对底架纵向中心线的偏差不大于 2 mm；

② 组焊后侧梁处旁弯不大于 4 mm；

③ 底架各梁的顶面接口须位于同一平面，其允差不大于 2 mm；

④ 底架组焊后，一、四位枕梁靠内侧旁承中心对角线允差不大于 5 mm；

⑤ 两变压器安装梁上 4 个销孔的对角线误差不大于 1 mm。

（1）侧梁。

侧梁位于底架两侧，是主要的承载和传力部件。它是由 8 mm 的钢板压型成的槽形梁和 8 mm 的立板组焊成的箱形梁，具有较高的抗弯和抗扭强度。侧梁上焊有吊销套装置，吊销孔孔径为 ϕ130 mm，可用专用吊具将车体吊起。侧梁底部焊有 24 个吊座，每个吊座上都有 ϕ30.5 mm 的孔，可用吊具穿过该孔将转向架吊挂在车体上，然后与车体一同吊起。由于这种方式会引起车体局部产生较高的应力，非必要时不宜采用这种起吊方法。

韶山₉型电力机车采用低拉杆牵引结构，机车的牵引力和制动力由转向架的拉杆装置传

递到车体底架的牵引座装置上,然后通过侧梁传递到两端的车钩。牵引座焊接在侧梁上,使侧梁承受和传递牵引力、制动力、冲击力以及车内设备的垂向载荷。

(2)牵引梁。

牵引梁是传递牵引力、制动力和承受冲击力的主要部件,如图2-10所示。它是由8 mm厚的前端板、立板、侧立板、上盖板、筋板、隔板和10 mm厚的后端板、下盖板、加强板、加强撑板、弯板等组焊成的空腹箱形结构。牵引梁中下部焊有铸钢材料的从板座,用来安装牵引缓冲装置。从板座是按标准尺寸设计的,以便牵引缓冲装置的互换。为了使车钩正位,从板座应成对进行机械加工,其高度为(330±0.5)mm,从板座凸缘的前后距离为(635±0.5)mm,预留10 mm间隙用以在牵引缓冲装置安装时加垫调整车钩尾部与从板间的间隙。牵引梁前端焊有前凸的冲击座,冲击座设有安装车钩吊杆的长孔。在缓冲器安装处上方的两端焊有限位板,用以限制缓冲器在机车运行时上跳的范围。牵引梁两侧焊有救援吊销套装置,吊销孔孔径为ϕ130 mm,必要时可用专用吊具从端部整体起吊机车。

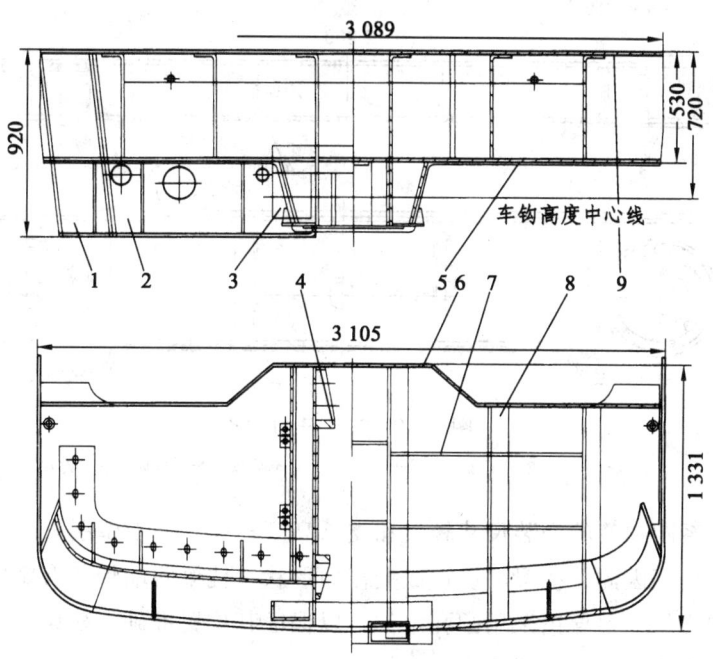

图2-10 韶山$_9$型电力机车车体牵引梁
1—前角板;2—前端板;3—冲击座;4—从板座;5—下盖板;
6—后端板;7—隔板;8—立板;9—上盖板

(3)枕梁。

韶山$_9$型电力机车车体有4根枕梁。枕梁是承受机车垂向载荷的重要部件。一、四位枕梁如图2-11所示,二、三位枕梁如图2-12所示,它们是由8 mm厚的上、下盖板和立板以及6 mm厚的弯板等组焊成的箱形结构。

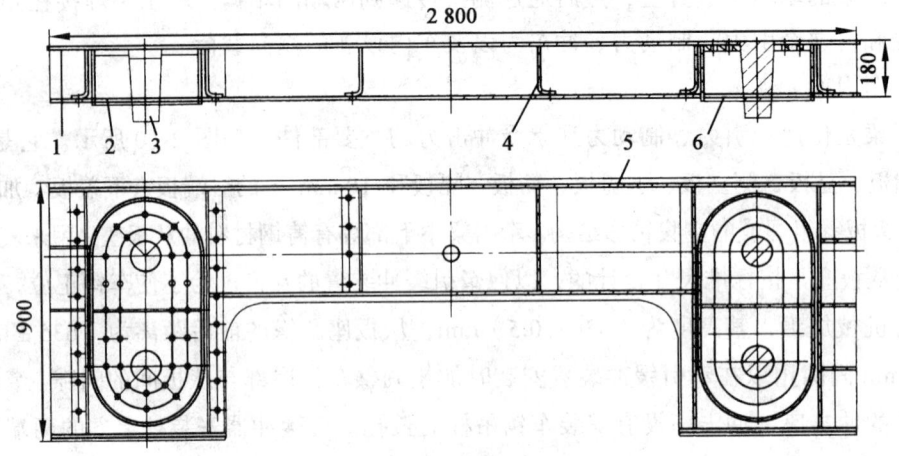

图 2-11 一、四位枕梁

1—上盖板；2—下盖板；3—引导销；4—弯板；5—立板；6—簧座

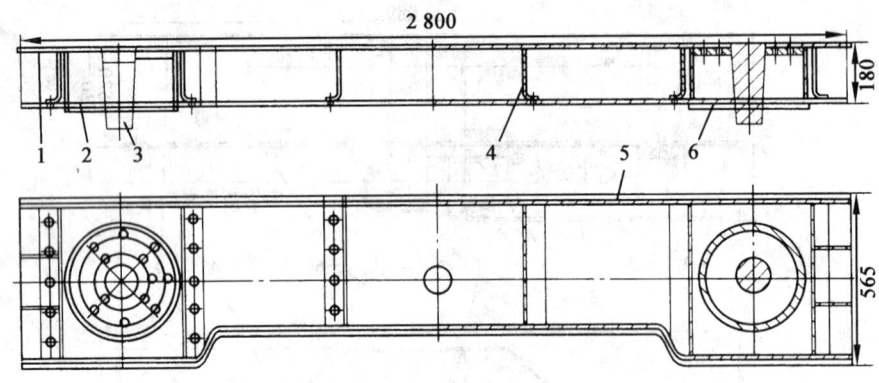

图 2-12 二、三位枕梁

1—上盖板；2—下盖板；3—引导销；4—弯板；5—立板；6—簧座

由于机车二系圆弹簧的安装尺寸较大和支承高度较高，加上牵引电机通风口的限制和枕梁承受的载荷较高，因此，枕梁均设计成变截面形状。枕梁两端焊装有簧座和引导销，用于安装机车二系圆弹簧。引导销采用圆孔定位，以保证其位置准确。枕梁内部焊有 6 mm 厚的弯板，以增强枕梁的抗弯和抗扭强度。

（4）变压器梁。

韶山$_7$型电力机车车体变压器梁位于底架中部，由两根变压器安装梁组焊而成，用于安装卧式变压器。变压器安装梁如图 2-13 所示。它是由 10 mm 厚的下盖板、8 mm 厚的上盖板和立板以及 6 mm 厚的弯板和筋板等组焊而成的箱形结构。两端焊有封闭筋板和加强筋板，并分别加工有 4 个 $\phi 28$ mm 的孔，用于安装卧式变压器。每组 4 个 $\phi 28$ mm 的安装孔的中部，均加工有锥形孔，用于变压器安装时定位。底部两端焊有加强底板和防落吊板，用来安装变压器防落销。

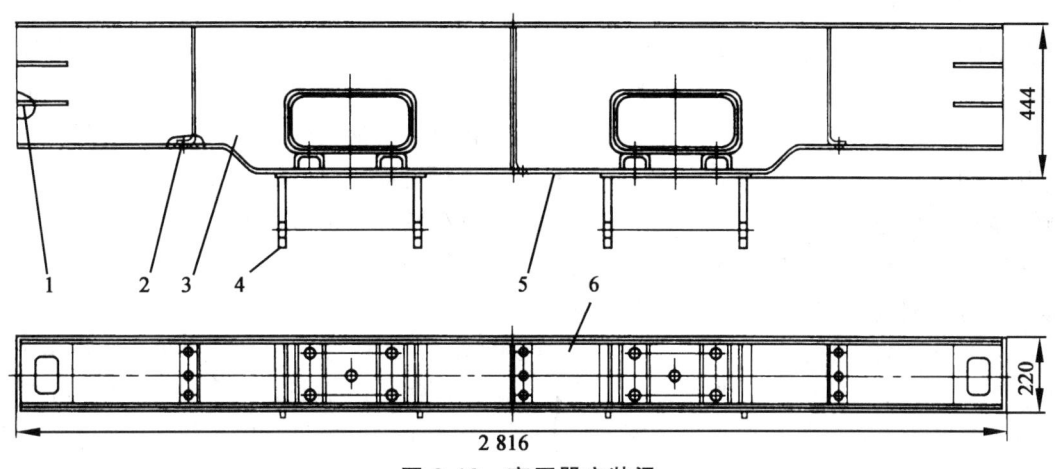

图 2-13 变压器安装梁

1—筋板；2—弯板；3—立板；4—防落吊板；5—下盖板；6—上盖板

（5）司机室隔墙梁。

隔墙梁为 200 mm × 140 mm × 8 mm 的压型槽钢，司机室隔墙骨架和若干底架小纵梁均焊装在该梁上。

其他各纵、横梁除用以加强结构的稳定性外，分别用作台架、座椅、风缸、固定地板等的连接和支撑梁。

车号为 44 号以前的韶山$_9$型电力机车与车号为 44 号及以后的机车在车体结构上有较大区别，其底架的牵引梁、变压器安装梁变化较大。由于采用两侧走廊和不同的设备布置，因而底架的整体结构也有较大区别。

该批机车底架全长 21 000 mm，宽 3 105 mm。为便于在 $R250$ m 的小半径曲线上通过机车车辆限界和减小机车运行中的风阻，在距两端 1 760 mm 长度处，底架两侧以 1∶16.6 的斜度向两端部中心收拢，并与端部拐角 $R200$ mm 的圆弧相切。

由于车号为 44 号以前的韶山$_9$型电力机车的司机室前部、顶部及与两侧连接部分均设计为曲面结构，为适应这种头形结构，车体牵引梁前端面为直立平面，两侧以 1∶16.6 的斜度向纵向中心收拢，并与端部拐角 $R200$ mm 的圆弧相切。变压器梁同样位于底架中部，是由纵、横梁组焊而成，用于安装立式变压器。变压器纵、横梁均由 8 mm 厚的钢板压制成槽形，中部焊有筋板，纵梁上部内侧焊有带 M24 螺纹孔的螺母，用于紧固主变压器。

韶山$_9$型电力机车为了避免外界灰尘从底架下部进入车内，在底架上表面除通风所需的位置外，凡是露空的地方都加焊固定铁地板封闭。在中央走廊及两侧通道上离固定地板高 150 mm 处敷盖一层活动盖板，通常称为走廊地板。走廊地板由菱形花纹铝板制成，通过特制的螺栓压紧装置紧固在地板梁上。

车号为 44 号以前的韶山$_9$型电力机车与 44 号及以后机车的不同，仅在走廊及司机室处的底架上表面露空的地方加焊固定铁地板封闭，其他部位通过整体台架实现封闭，走廊地板靠侧墙侧采用叶形铰链，另一侧用特制的螺栓压紧装置紧固。

2. 侧墙结构

侧墙结构为框架式承载结构，主要由侧墙板和车顶侧梁及各种纵横梁组焊构成，是车体承载结构的重要组成部件。侧墙结构总长 15 800 mm，侧面高 2 020 mm，上弦带高 224 mm。侧构纵立柱由压型槽钢和钢板组焊成箱形封闭梁，各横梁由钢板压制成乙字形、角形或槽形等形状。侧构侧梁由钢板折弯成形的顶侧梁和侧梁顶板组焊而成，构成一斜向空腹梁，从而增强了侧墙结构的承载能力。顶侧梁用来安装、支承和紧固车顶活动顶盖。侧梁上焊有用于紧固车顶活动顶盖的螺母座。每个侧墙中间设有 4 个侧墙进风口，用来安装新型侧墙空气过滤装置。每个侧墙进风口内侧均焊有夹层风道，用以实现独立通风。

车号为 44 号以前的韶山$_9$型电力机车车体侧墙结构与 44 号及以后的机车在承载结构上基本相同，只是通风结构及采光方式有所区别：每个侧墙的中间设有 14 个侧墙进风口，用来安装立式百叶窗和过滤器装置。每个侧墙的上部设有 6 个固定窗口，用来安装采光用的钢化玻璃。侧梁顶板的车内部分用来安装预布线的线槽。

3. 台架

台架主要由钢板压制成的乙字形、角形或槽形梁焊接成的骨架、面板、底板以及各种安装座、风道等焊接组成。

机车各室设备都集中安装在台架上。台架的骨架、面板和底板上开有通过电缆或电线的线孔以及通风和设备安装孔，并安装有敷装电缆或电线的线槽。台架骨架上表面开有各种设备的安装螺栓孔，并配焊有螺母和螺母座。为便于布线，在线槽上方设有可拆卸的活动盖板。

4. 车顶盖

各顶盖的断面形状和密封结构均相同。车顶盖装置主要包括一端顶盖、中央顶盖、二端顶盖和顶盖密封装置。两边为边梁，截面形状为台阶形，其上台阶用来支撑、定位和紧固顶盖，下台阶上焊有密封槽，用来安装橡胶密封垫。顶盖骨架由 2 根端梁、2 根边梁和一些纵、横梁等组焊而成。横梁具有变截面形状，由钢板压制成的槽形梁与盖板组焊而成，小纵向梁为压型槽钢或压型箱形梁，端梁为压型槽钢。顶盖板由钢板压制成形后拼焊组成，由中间向两侧小角度倾斜，边梁部分的盖板向两侧倾斜 60°，这样既便于排水，又可加强顶盖的刚度。相邻两顶盖中间及车体顶盖与司机室顶盖中间用公共压板及盖形螺母紧固。在顶盖的两边梁上焊装有螺母和螺母座，用于与侧构上的螺母座相匹配进行紧固。顶盖两侧焊有 4 个吊耳供吊装用。

各顶盖两侧边梁的密封槽内嵌装软橡胶密封垫，与侧构侧梁形成密封面。两端梁的凹槽内也嵌装密封条，与车顶横梁或司机室顶、侧排水槽形成密封。通过螺栓、压板装置使顶盖四周与相应部位紧贴密封，防止雨水或灰尘侵入车内。

车体顶盖装置主要包括一位端顶盖、中央顶盖、二位端顶盖及顶盖密封装置。为了减少车顶的风阻，并使车顶的整体效果更佳，在车顶四角安装有三角裙板。

一位端顶盖紧靠着Ⅰ端司机室，长 5 477 mm，宽 2 896 mm。顶盖上方焊有 3 个受电弓安装座、3 个瓷瓶安装座和 1 个隔离开关安装座以及由车内通往车顶的人孔天窗、制动电阻柜和变压器的通风口框架，同时还安装有制动通风罩和变压器通风罩。天窗与受电弓实行电气联锁控制，当天窗盖打开时，行程控制器切断受电弓控制电路，使受电弓不能升起，以确保车顶作业人员的安全。

中央顶盖位于车顶中央，长 4 738 mm，宽 2 896 mm。顶盖上方焊有 1 个避雷器安装座、5 个瓷瓶安装座以及电流互感器、电压互感器、真空断路器、高压隔离开关等的安装座。

二位端顶盖紧靠着Ⅱ端司机室，其形状和规格与一位端顶盖基本相同。顶盖上方焊有 3 个受电弓安装座、2 个瓷瓶安装座以及制动电阻柜通风口框架，并安装有制动通风罩。

车号为 44 号以前的 SS$_9$ 型电力机车车体顶盖装置与 44 号及以后的机车相比，由于车内及车顶设备布置不同，结构上有较大区别：车体顶盖装置包括机械室顶盖（2 个）、Ⅰ端高压室顶盖、变压器室顶盖、Ⅱ端高压室顶盖及顶盖密封装置。

机械室顶盖紧靠两端司机室，长 3 132 mm，宽 2 893 mm。顶盖上方焊有 3 个受电弓安装座和 1 个瓷瓶安装座。受电弓安装座的上平面应位于同一水平面上。

Ⅰ、Ⅱ端高压室顶盖分别与Ⅰ、Ⅱ端机械室顶盖相邻，长 3 248 mm，宽 2 893 mm。顶盖上方焊有用于制动电阻柜排风的通风口框架以及安装在上面用于导风和防止漏雨的通风罩。顶盖上方还焊有用于安装隔离开关、电压互感器、瓷瓶等的安装座或支座。

变压器室顶盖位于车顶中央，长 2 868 mm，宽 2 893 mm。顶盖上方焊有用于空气断路器、电流互感器、瓷瓶等的安装座或支座以及由车内通往车顶的人孔天窗。

5．司机室

韶山$_9$型电力机车司机室采用流线型外形，使整节车外形美观、减少空气阻力，司机室前部、顶部及与两侧连接部分设计成曲面结构。司机室钢结构长 2 958 mm，宽 3 105 mm，其前部、顶部及与两侧连接部分均设计为曲面结构，造型美观，有利于减小风阻。由于采用曲面结构，司机室骨架除门、窗周围的结构采用压型槽钢外，其余均为板梁组焊而成。各板梁均为激光切割机下料，轮廓尺寸准确，保证了曲面头形的流畅。纵、横板梁的连接处均开有插口，不需打断，有利于提高司机室骨架组焊的尺寸精度和结构强度。司机室外蒙皮均采用钢板压制成形后拼焊而成。前窗、头灯、标志灯的安装框均为曲面结构，确保安装玻璃后其外表面与司机室蒙皮外表面光滑过渡。司机室顶部焊有头灯安装座，它主要由钢板压型件组焊而成，底部盖板可以打开，以便更换和调整头灯光源。喇叭箱组焊在两标志灯中间的司机室骨架上，外部安装有栅格，便于排水及喇叭的维护。

司机室骨架中封闭截面的梁、柱的内部都填有防寒材料，以增强司机室的防寒隔音效果。

车号为 44 号以前的韶山$_9$型电力机车司机室与 44 号及以后的机车有较大区别，主要是钢结构长 2 827 mm，两侧往前有一定斜度，角度与底架相同。其前端中部、前部及两侧为曲面结构，有利于减小风阻。司机室后端宽 3 105 mm，两侧轮廓与牵引梁一致。门立柱和上中立柱均为箱形封闭截面梁，腰梁为平行四边形封闭截面梁，其余各梁及立柱均由钢板压制成各种折弯形状。司机室顶部焊有头灯安装座，它主要由钢板压型件组焊而成，头灯左、右侧和后侧各开有一个小门，底部盖板可以打开，以便更换和调整头灯光源，安装体顶部两侧设有由风罩和防尘网组成的通风窗口，以便头灯散热通风。司机室的前下部两侧焊有标志灯安装座。

韶山$_9$型电力机车司机室内层结构是在司机室骨架上焊装二次骨架作为安装内墙板的骨架。从司机室外墙板到内墙板的空隙内，先涂一层阻尼浆，再填充一层高发泡聚乙烯材料，作为隔振、防寒、隔热和隔音的材料。在司机室骨架与内墙板之间，粘贴一层条形工业毛毡，用于隔热和减弱声音的传导。司机室内墙板采用多孔铝板，门、窗装饰框用玻璃钢材料整体成型。装配时，用抽芯铆钉将内墙板、装饰框一起固定在司机室的二次骨架上。

司机室地板上平面距底架上平面高125 mm。地板分为三大块，中间一块为活动地板（可揭开），便于控制线路的布线及管路的安装和检修，两侧为固定地板。司机室地板为新型轻质复合地板，上表面粘贴一层防滑耐磨地板布，下表面粘贴一层高发泡聚乙烯材料。安装时，在地板铁梁上配钻螺孔，各地板均通过螺钉紧固在地板铁梁上。

车号为44号以前的韶山$_9$型电力机车司机室内层结构与44号及以后的机车有较大区别，主要是利用司机室骨架上的立柱和辅助梁作为安装内墙板的骨架。从司机室外墙板到内墙板的空隙内，先粘贴一层隔振橡胶阻尼板，再填充一层超细玻璃棉，作为隔振、防寒、隔热和隔音的材料。在司机室骨架与内墙板之间，粘贴一层条形工业毛毡，用于隔热和减弱声音的传导。司机室内墙板采用多孔铝板，门、窗装饰框用玻璃钢材料整体成型。装配时，用抽芯铆钉将内墙板、装饰框一起固定在司机室骨架上。

该批机车司机室地板分为活动地板（可揭开，共7块）和固定地板（共2块）两种形式。在司机室座椅下面铺设固定地板，在其他部位铺设活动地板，以便于控制线路的布线及管路的安装和检修。在地板面上再铺设一层具有自熄特性的橡胶海绵双层复合胶板。

司机室后墙将司机室与车内各设备室隔开。走廊门设在后墙上，采用双重密封结构。后墙内部填充高发泡聚乙烯材料，作为司机室防寒、隔热、吸振和隔音的材料。

韶山$_9$型电力机车司机室后墙为组合结构，整个后墙分为若干块，梁和面板成一体，均由钢板压制而成，然后拼焊组成后墙骨架，后壁板焊装钢板。走廊门框位于后墙中部，由钢板模压成多重折弯形状的门框板，与钢板压成截面成直角的门立柱及横梁一起焊装在后墙骨架上。端子柜门和控制柜门分别位于走廊门的两侧，由钢板压型而成，然后通过铰链安装在后墙骨架上。端子柜门和控制柜门下方的横梁上均预埋有螺母及螺母座，以安装添乘座椅。座椅外侧安装有门碰组成，以防入口门打开时与座椅相碰。走廊门框与端子柜门之间开有饮水机安装孔，其下方面板上开有螺孔，以安装灭火器固定装置。后墙骨架后面焊装钢板，后墙内部填充高发泡聚乙烯材料，并在骨架梁上预埋有螺母及螺母座，以安装端子柜和控制柜。

车号为44号以前的韶山$_9$型电力机车司机室后墙骨架主要由钢板压制成的槽形或乙形梁组焊而成。骨架前面焊装钢板，后壁板用抽芯铆钉铆装。隔墙内部填充超细玻璃棉，作为司机室防寒、隔热、吸振和隔音的材料。隔墙中下部开有两个长方形孔，以安装司机室壁炉。走廊门框是由钢板模压成多重折弯形状的门框板和钢板模压成形的框架组焊而成的。

6. 其 他

韶山$_9$型电力机车司机室侧窗前下部的外壳上焊装有扶手，供工作人员调车、维护等作业时用手抓扶。在司机室侧窗和入口门上部焊有雨檐，呈槽形，以尽量减少雨水流经司机室侧窗和入口门。

车体外壳焊装完后应进行外表面防锈处理（打砂或喷丸处理），除锈后的车体应立即喷涂防锈底漆，然后按有关规定进行油漆作业。

车号为44号以前的韶山$_9$型电力机车与44号及以后的机车相比，由于侧墙安装立式百叶窗和过滤器装置，因而在侧墙顶部焊有槽形雨檐，以尽量减少雨水流经侧墙过滤器。

（四）韶山$_9$型电力机车车体采光

1. 司机室活动侧窗及各固定窗

司机室活动侧窗采用升降式结构，分为活动窗和平衡机构两部分，窗框均为拉制成型的铝合金型材组焊而成，窗玻璃为中空钢化玻璃，用楔形橡胶条固定。活动侧窗用螺钉固定在司机室侧墙的侧窗安装梁上，其外侧四周安装面用密封胶或密封条密封，防止漏雨。活动窗框在固定窗框的滑槽内应滑动自如，不得有阻碍现象，并能在任一位置平衡。固定窗框的下边梁兼作水槽用，雨水经该水槽流入司机室侧墙水槽，由排水管排到底架下面。

司机室前窗装有两块宽大的电热玻璃。车号为 44 号以前的韶山$_9$型电力机车的电热玻璃为平面结构，车号为 44 号及以后的韶山$_9$型电力机车的电热玻璃为曲面结构，均由 3 块钢化玻璃夹装电阻丝构成。机车在冬季运行时，只需通电加热，玻璃上的霜雪就会融化，不至于妨碍机车乘务人员的视线。

车号为 44 号以前的韶山$_9$型电力机车的侧墙上部还设有为车内采光用的固定窗，每侧 6 个，窗玻璃是钢化玻璃，安装时采用耐寒橡皮压条和与其配套的橡皮压条芯密封。

2. 入口门和走廊门

车号为 44 号以前的韶山$_9$型电力机车有 4 扇入口门和 4 扇走廊门，车号为 44 号及以后的韶山$_9$型电力机车有 4 扇入口门和 2 扇走廊门。

（1）入口门。

入口门位于司机室两侧。入口门锁及锁扣盒须符合相关标准，并配制有专用钥匙。

韶山$_9$型电力机车入口门外层钢板整体冲压成型，内层由多孔铝板制成。内部焊有纵、横乙形梁，并填充有防寒、隔热和隔音材料。在门框周边的门板和挡板的边缘套装并胶黏有两层三元乙丙橡胶密封条。在门框下边外侧开有两个排水孔，便于渗入的雨水从排水孔排出车外。车号为 44 号以前的韶山$_9$型电力机车入口门外层和内层均由钢板整体冲压成型，内外门板之间焊有乙形筋板，用以增强门板的刚度。入口门内层填充防寒、隔热和隔音材料。在门框板上焊装的压型槽内嵌装并胶黏三元乙丙橡胶密封条，并在门板内侧周边胶黏三元乙丙橡胶密封条。这种双层密封结构，可有效防止车外冷热空气和雨水的侵入。在门框下边焊有排水槽，渗入的雨水由此经底架地板上的排水管排出车外。

（2）走廊门。

走廊门是由钢板整体冲压而成。内门板周边模压制成双曲折形，外门板四周折弯，与内门板组焊后构成具有相当刚度的走廊门。内、外门板之间填充防寒、隔热和隔音材料。装配走廊门时，在门及门框周边的凹槽内粘贴中空橡胶密封条。这种内、外双层密封结构，可有效地防止车内设备运转的噪声传入司机室内。走廊门上部开有双层小玻璃窗，供乘务人员从司机室观察走廊内的情况。走廊门锁无钥匙锁闭机构，它的制作也需符合相关标准。

（五）车体的其他部分

1. 排障器

排障器位于机车两端下部，用来排除线路上的障碍物，以保证列车行车安全。在排障器上设有脚踏板，便于工作人员调车等作业。韶山$_9$型电力机车的排障器为曲面板式结构，主体采用钢板组焊而成。由于落车后要求排障器底部距轨面高度为（110±10）mm，因此排障器主体下部装设有可调节高度的小排障器部件，用螺栓安装。小排障器上开有长圆孔，便于落车后调整排障器的高度。

排障器用螺栓安装于牵引梁下部。按要求，排障器应能互换。排障器的中间部分开有缺口，便于拆装车钩。

2. 扶 手

入口门两侧设有上车扶手。扶手装置由不锈钢复合管和扶手杆座组成。

3. 机车标志

机车在规定位置设有机车标志，韶山$_9$型电力机车的前端标志位于司机室前端中部、底架上平面以上 105 mm 处，用大红色丙烯酸聚胺酯漆喷涂机车型号及车号字码。司机室前端中部、底架上平面以上 940 mm 处用信号白丙烯酸聚胺酯漆喷涂路徽标志。司机室两外侧用大红色丙烯酸聚胺酯漆喷涂车号牌和车端号牌。底架边梁中部装有机车铭牌，标明机车型号、出厂日期及制造厂名。

车号为 44 号以前的韶山$_9$型电力机车的前端标志位于司机室前端中部、底架上平面以上 150 mm 处，用白色磁漆喷涂机车型号及车号字码。司机室前端中部、底架上平面以上 650 mm 处用朱红色磁漆喷涂路徽标志。司机室两外侧用白色磁漆喷涂车号牌和车端号牌。底架边梁中部装有机车铭牌，标明机车型号、出厂日期及制造厂名。

五、HXD$_1$型电力机车车体

（一）HXD$_1$型电力机车车体的结构特点

HXD$_1$型电力机车车体采用全钢焊接整体式承载结构，既是机车所有设备的载体，又是机车动力的传递载体，除走行部件外的其他机械、电气设备以及附属装备都安装在车体上，同时在机车运行过程中，车体不但要传递牵引力和制动力以及垂直载荷，还要承受水平方向的冲击载荷和侧向力的作用。机车车体外形为多个曲面、平面组成，在曲面与平面间或平面与平面间采用大棱角连接，包括底架、侧墙、司机室、后端墙等。车体顶部装有 4 个可拆卸的顶盖，以便于车内设备吊装。车体侧墙上部结构设有带过滤器的通风风道。车体各部件主要由钢板和钢板压型件组成，其中司机室、底架、侧构等主要钢结构部件组焊成一个箱形壳体结构。

车钩及缓冲器安装在底架的两端。

车体侧梁每侧设有 4 个检修作业用的吊车销孔。

每节车体侧构底部设有 4 个架车支承座和供检修用的 4 个支承点，在车体支承座架起距轨面高度不超过 2 500 mm 的条件下，转向架和主变压器可从车体下推出。HXD$_1$型电力机车外形如图 2-14 所示。

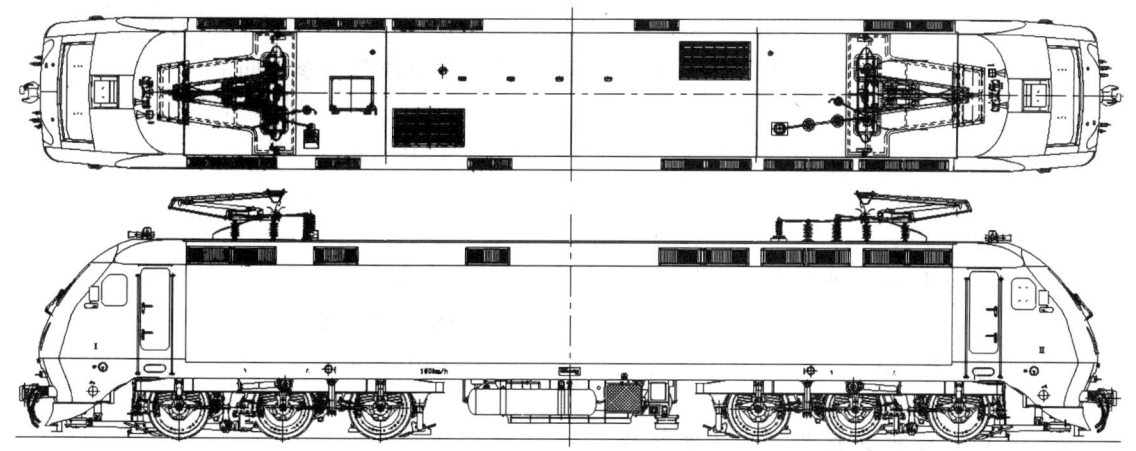

图 2-14 HXD₁型电力机车外形

HXD₁型电力机车车体结构具有以下特点：

（1）车体采用整体承载结构，沿车钩纵向水平中心线可承受 3 000 kN 的静压力和 2 500 kN 的静拉力而不会产生永久性变形。

（2）车体侧梁外侧设有 4 个检修作业用的吊销套，车体前后牵引梁两旁还设有救援用的 4 个吊销套。

（3）车体与转向架之间设有备用的连接装置，可将车体同转向架一并吊起。车体和转向架同时整体或一端吊起时，车体各部分不会产生永久性变形和其他损坏。

（4）每节车体侧下设有 4 个架车支承座和供检修用的 4 个支承点，在车体支承座架起距轨面高度不超过 2 500 mm 的条件下，转向架和主变压器可从车体下推出。

（5）车体内机械室设有中央直通式走廊，走廊宽度为 600 mm，走廊地板采用平整、具有防滑功能的花纹钢板，车内设备安装骨架主要采用导轨式安装结构，便于实现车内设备的模块化设计及其安装。

（6）司机室前上部设有宽敞明亮、视野开阔的前窗，前窗玻璃采用能自动除霜的电加热玻璃，司机室侧面设有两个带联动锁的入口门和能够上下启闭的活动侧窗。司机室后墙处设有通往机械室的门。

（7）机车的司机室前端两侧设有方便调车员调车作业的脚踏板，并有相应的扶手。

（8）底架前端牵引梁下方装有排障器，其中央底部能承受 140 kN 的静压力，排障器采用板式结构，排障器能进行上下调节，以保证其距轨面高度为 110_{0}^{+10} mm。车体前端结构设计能在不拆除排障器的情况下更换车钩及缓冲器。排障器上装有防落保护装置。

（9）装配于车体下部的排障器、变压器等都装有防落装置，以增加机车运行的安全性。

（10）车体焊接结构的设计、制造、检验全部按 EN 15085 标准进行。

（11）焊接材料要求：16MnDR 材料及其他碳钢之间，采用 G2Si 焊丝；普通不锈钢之间采用 ER308L 焊材，而不锈钢与碳钢之间采用 ER309L 焊材。

（二）HXD₁型电力机车车体的主要技术参数

HXD₁型电力机车司机室外蒙皮采用 6 mm 厚的钢板以应对窗角的应力集中；底架采用贯

通式中央纵梁的框架结构，以优化车体纵向力的传递路径；侧构设计成上倾斜的网架式结构；顶盖采用平板小顶盖结构；机械室采用中央走廊方式。其具体结构参数如下：

车体总宽度	3 100 mm
车体宽度（扶手杆处）	3 248 mm
车体长度（两端面间）	约 17 138 mm
车体底架长度	16 839 mm
单节车车钩纵向中心线距离	17 611 mm
车钩中心距轨面高	(880 ± 10) mm
车体顶盖距轨面高	4 103 mm

（三）HXD₁型电力机车车体的结构

1. 底架

HXD₁型电力机车车体底架采用贯通式中央纵梁的框架结构，主要由牵引梁、侧梁、枕梁、变压器梁、中央纵梁、底架盖板、底架上设备安装支架部件等组成。底架材料主要为 10 mm、12 mm、16 mm、20 mm、40 mm 等板厚的低温容器板 16MnDR，或压型或加工，以坡口焊接为主，并进行整体静调处理。各主要承载梁均采用钢板或钢板压型件组焊成箱形或类似结构，从整体上提高了车体的刚度和强度。各横向梁与侧梁连接均采用插入式焊接连接，插入处采用圆弧过渡，有效避免了连接部位截面变化引起刚度突变以致应力集中。HXD₁型电力机车底架结构如图 2-15 所示。

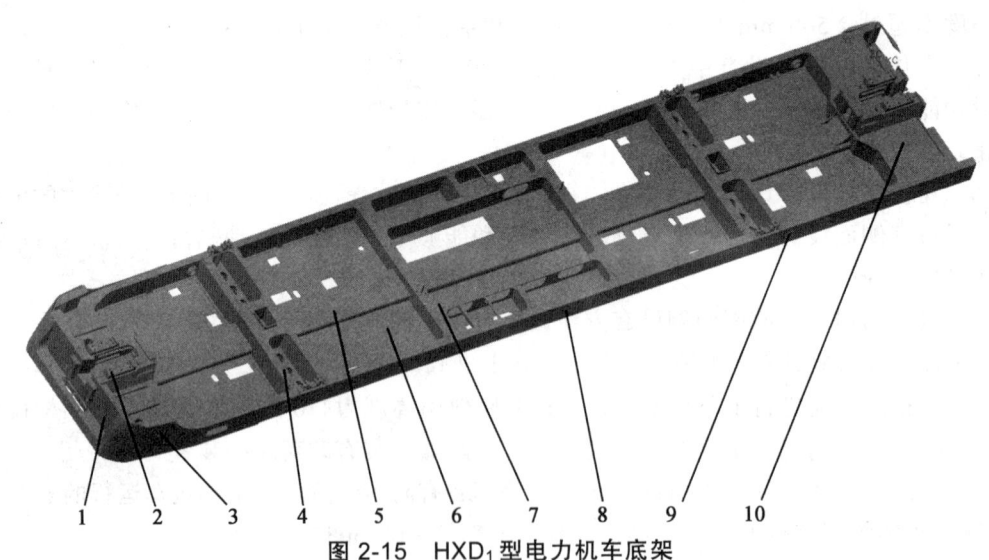

图 2-15　HXD₁型电力机车底架

1—前端牵引梁；2—车钩箱；3—救援孔；4—枕梁；5—中央纵梁；6—底架盖板；
7—变压器梁；8—侧梁；9—整体起吊孔；10—后端牵引梁

（1）牵引梁。

底架牵引梁是传递牵引力、承受制动力与冲击力的主要部件，分为前端牵引梁和后端牵引梁，由上盖板、前端板、后端板、加强撑板、中心纵梁、下盖板、车钩箱等组成空腹箱形结构。牵引梁前端焊有螺孔座,可以将安装车钩吊杆的冲击座用螺栓紧固其上;车钩箱直接焊装于牵引梁的下盖板和前端板上,用于安装机车车钩、缓冲装置和变形吸能装置。车钩箱为厚板组焊的加强箱体,有足够强度满足车钩传递的牵引力和冲击力,内部空间完全满足标准钩缓装置的安装和互换,与转向架相连的牵引拉杆座就直接焊接在车钩箱的下部;另外,前端牵引梁上、下盖板之间还焊装有空调排气风道,两侧装有机车救援吊销孔,其下盖板上焊有用于安装排障器的安装条。

(2)侧梁。

侧梁位于底架两侧,是底架主要承载及传力部件,由U形压型梁与内立板组焊而成,内立板上与枕梁、变压器梁连接处预留断口,以方便枕梁、变压器梁插入与压型梁直接连接,共同形成更加牢固的结构体。垂向减振器座用嵌入方式与侧梁焊接成一个整体结构,横向减振器座焊接在中央纵梁下部,左右侧梁上各设有4个吊销套,靠中间的吊销套用于机车的整体起吊,靠两端的吊销套用于单端救援;侧梁底部在枕梁中心线的两侧焊有4个架车支承座和供检修用的4个支承点。

(3)枕梁。

底架枕梁主要承受车体和设备的质量载荷及其垂向冲击载荷,主要由上盖板、下盖板、压型立板、中心纵梁、引导销、腰形围板、加强板等组成,枕梁的两端直接插入侧梁组焊。

(4)变压器梁。

变压器梁主要由倒T形纵梁(由下翼板和立板组焊)、箱形横梁和纵向U形中央纵梁组焊成框架梁,用于承载变压器的质量载荷及其冲击载荷,箱形横梁也直接插入侧梁组焊;中央纵梁为压型U形梁,宽度达600 mm,完全贯穿于整个底架,并与各贯穿梁焊接在一起,与侧梁同时起到主要传力路径的作用;在底架两牵引梁之间,焊装10 mm厚的盖板,主要用以直接装配机车设备或焊装装配机车设备的安装支架,各安装支架主要由压型梁与安装导轨组焊而成,盖板也同时进一步加强了底架的刚度和强度。

2. 司机室钢结构

HXD_1型电力机车司机室顶部采用圆弧拱顶外形,前部上方采用大切面外形,前部下方采用准流线型外形。司机室前部设有前窗,采用胶黏方式将两块复合的电加热玻璃分别与司机室钢结构黏结。司机室两侧面设有入口门以及可上下开启的活动侧窗。司机室后墙上设有走廊门,通向机械间中央走廊。

司机室结构采用了骨架与蒙皮一起形成整体承载的钢结构形式,且采用左右侧墙、前墙、后墙及顶棚组成的模块化结构,蒙皮及骨架梁均由6 mm厚的钢板拼装或压型而成,不仅简化了组装工艺,而且加强了司机室的承载能力。

司机室前端两侧均设计成斜板箱体结构,从底部逐渐过渡到顶部,然后通过司机室侧墙上部弦梁自然过渡到侧构的上弦梁,这样就保证了车体拉伸、压缩工况下的力矩有效地通过司机室传递到侧构上弦梁,形成整体承载结构,同时也保证了车体整体一致的外观效果。

为满足司机室腰梁处应能承受300 kN均布载荷的要求,司机室腰梁设计成较大的箱形结构,并设置加强隔板,该区域结构得以有效强化。为了应对司机室侧窗窗角结构性的应力集中,侧窗部位采用了6 mm厚的钢板。司机室入口门门角通常也是应力集中区,因此入口门的蒙皮采用 8 mm 厚的钢板,并且门角处设计成圆滑过渡结构,避开了焊缝,保证了应力不会过度集中于门角或焊缝区域。

司机室后墙因不承受较大的载荷,除后墙的上弦梁外,其余骨架厚度设计较薄。后墙内部填充有性能优良的防寒吸音材料,有效地隔离了机械间噪声向司机室的传递。

司机室顶部焊有头灯安装箱及天线安装座,前下部左右两边对称焊有安装机车副头灯的安装法兰。

为保证司机室的防寒隔热,在司机室各主要骨架梁焊接前塞满防寒吸音材料。

3. 侧 构

HXD_1 型电力机车车体侧构采用了上倾斜网架式结构,侧构上部的两根上弦梁均采用了 6 mm 厚的板材,通过压型、焊接、设置加强隔板等方式,形成封闭的箱形结构,并且两上弦梁之间设置了较多、较强的连接梁,有效强化了侧构上弦梁部位的强度和刚度;而侧构下部骨架的立柱和横梁均为矩形梁。所有的骨架梁与蒙皮采用断续焊。侧构上弦梁部位设置了多个通风口,用于安装单独通风冷却电气设备的通风过滤装置。侧构顶部焊接了安装轨,用于安装车体顶盖。机车侧构结构如图 2-16 所示。

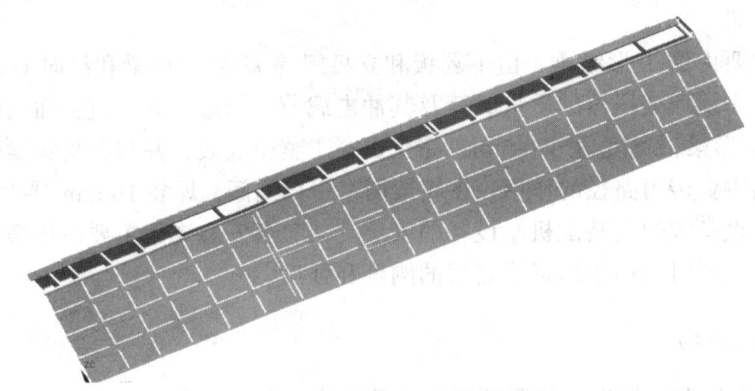

图 2-16 HXD_1 型电力机车车体侧构

4. 顶 盖

HXD_1 型电力机车车体顶盖设计成 4 个可拆卸的框架式活动小顶盖,通过 T 形螺栓与侧墙和顶盖连接横梁上的安装轨相连,连接充分考虑了结构的防水性,设置了密封结构。顶盖上焊有受电弓安装座,各顶盖上的受电弓安装座之间的平面度不大于 1 mm,顶盖上还设有检修人员登顶用的天窗门;另外还有高压互感器安装座和通风口安装座。另一顶盖上设有冷却塔进风网安装座;除此之外,各顶盖上还焊有绝缘子安装座以及天线安装座。

5. 后端墙

HXD_1 型电力机车车体后端墙采用梁柱结构,通过焊接形成一个整体,承受车体后端下部往上传递的力。后端墙中间设有连接渡板安装区域,该区域同时可通过后端墙门以隔离机械间。后端墙顶部可安装高压连接器等设备。

6. 排障器

排障器左右对称,并用螺栓紧固于前端牵引梁前下部,为压型犁式钢板和支撑梁组焊结构。由于落车后要求排障器底部距轨面高度为 110_0^{+10} mm,因此排障器主体下部装设了可调节高度的小排障器部件,在小排障器与排障器的连接部位都开有腰孔,便于落车后调整排障器的高度。排障器结构如图 2-17 所示。

图 2-17　HXD$_1$ 型电力机车排障器结构图

六、HXD$_3$ 型电力机车车体

(一) HXD$_3$ 型电力机车车体的结构特点

HXD$_3$ 型电力机车车体为双司机室内走廊整体承载的框架式焊接结构,车体由底架、侧墙、顶盖、两端司机室、隔墙等组成一个整体。机车车体上部分分成三部分,两端为司机室,中间为机械间,机械间与司机室之间具有可拆卸的司机室后墙;机车顶盖部分包括 3 个独立的活动顶盖和 2 个活动梁,顶盖可以拆卸以便装卸设备;车体底架主梁采用三纵六横结构,三纵包括左、右侧梁和中梁,六横包括前后端梁、前后旁承梁、前后牵引梁。

(二) HXD$_3$ 型电力机车车体的主要技术参数

车体宽度	2 950 mm
车体总长(两端面间距离)	21 565 mm
车体总长(车钩衔接线间距离)	22 781 mm
车体总长(两司机室端面距离)	21 985 mm
车钩中心线距轨面高度	(880 ± 10) mm
车体顶盖距轨面高度	4 250 mm
前后旁承座中心距离	13 280 mm
排障器距轨面高度	110_0^{+10} mm

(三）HXD$_3$型电力机车车体的结构

1. 司机室

HXD$_3$型电力机车司机室如图2-18所示。

图2-18　HXD$_3$型电力机车司机室

2. 底　架

HXD$_3$型电力机车底架由端部牵引梁、边梁、中间梁、变压器梁等组成。HXD$_3$型电力机车底架如图2-19所示。

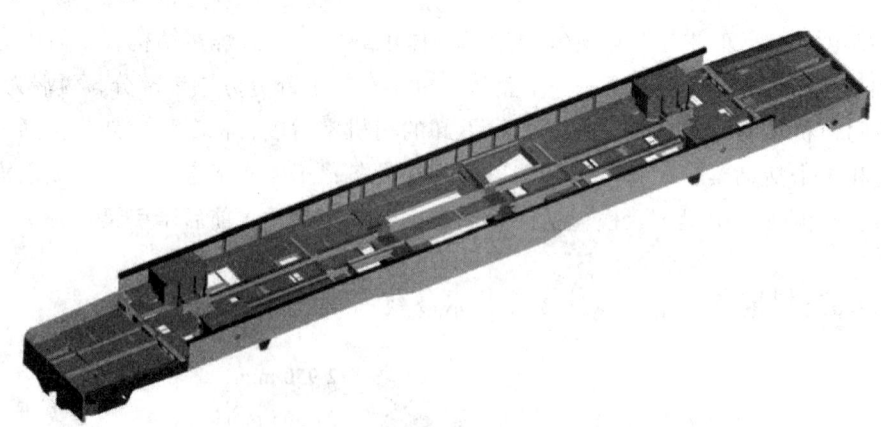

图2-19　HXD$_3$型电力机车底架

（1）端部牵引梁。

端部牵引梁设计成可以装配车钩、大容量胶泥缓冲器及压溃装置的具有很大刚性的框架结构，用来传递牵引力和压缩力，并保证在一定受力范围内不发生塑性变形。底架端部牵引梁如图2-20所示。

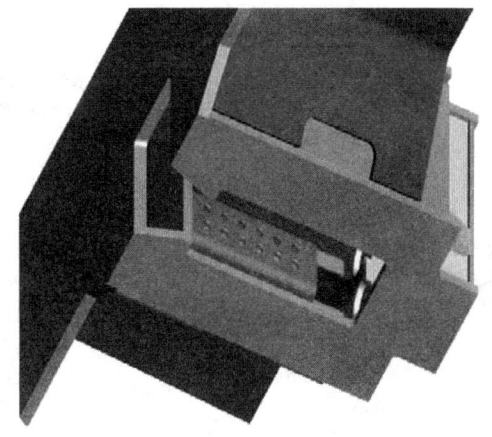

图 2-20 底架端部牵引梁

（2）旁承座。

HXD₃型电力机车底架旁承座如图 2-21 所示。

图 2-21 底架旁承座

（3）变压器梁。

HXD₃型电力机车底架变压器梁如图 2-22 所示。

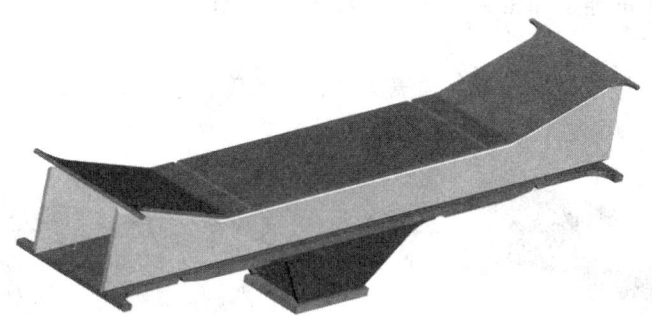

图 2-22 底架变压器梁

（4）底架边梁。

底架边梁如图 2-23 所示。

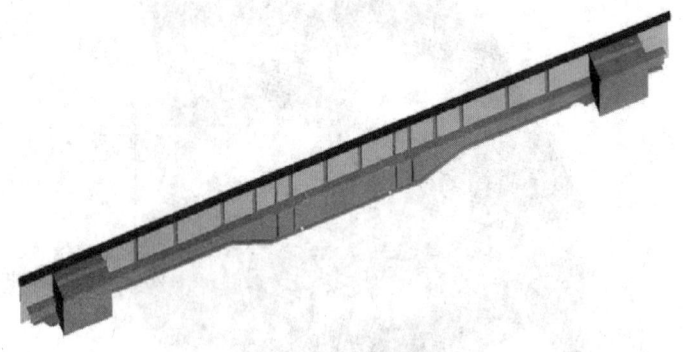

图 2-23 底架边梁

3. 侧　墙

HXD$_3$ 型电力机车侧墙如图 2-24 所示。

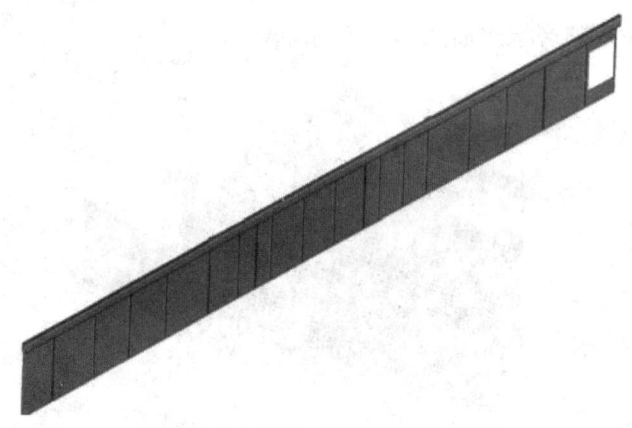

图 2-24　HXD$_3$ 型电力机车侧墙

4. 顶　盖

HXD$_3$ 型电力机车顶盖部分包括 3 个独立的活动顶盖和 2 个活动梁。活动顶盖可以拆卸，以便提供装卸机械间设备的最大宽度，并具有通风作用，每个活动顶盖都是一个独立的风箱。活动梁用于相邻顶盖的连接和密封，并可以紧固在两侧侧墙上和拆卸下来，以方便装卸机械间设备。

顶盖 1 安装受电弓等高压设备，顶盖 2 设置人孔盖，以方便检修人员登车。车体顶盖如图 2-25 所示。

（a）顶盖 1　　　　　　　　　　　　　（b）顶盖 2

图 2-25　HXD$_3$ 型电力机车车体顶盖

5. 车体附件

（1）空调系统。

空调系统包括具有冷热功能的司机室空调机组、司机室电加热器、司机室电加热地板（可以是高寒地区选装）。空调出风口在操纵台前端，为8个独立的可自由调整风向、风量的出风口。HXD$_3$型电力机车空调系统如图2-26所示。

图2-26　HXD$_3$型电力机车空调系统

（2）司机室。

司机室内装采用钢板、玻璃钢板、多孔铝板等多种材料复合而成，夹层中为防寒、隔音、阻燃材料。采用螺纹连接结构，以提高内装板的安装拆卸方便性。司机室顶棚可以打开锁闭装置后分别打开，用来检修顶棚上安装的电风扇、司机室顶灯、头灯等。HXD$_3$型电力机车司机室如图2-27所示。

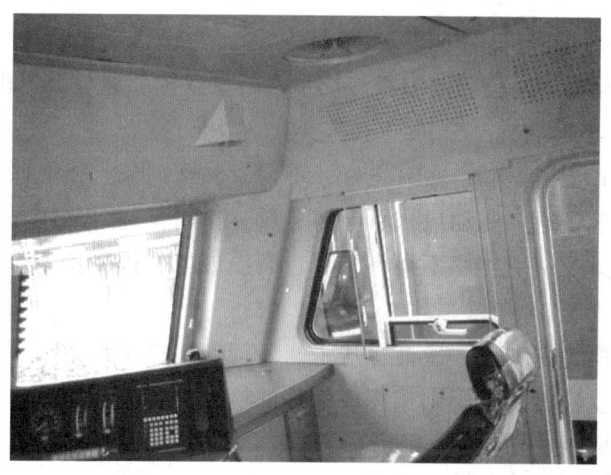

图2-27　HXD$_3$型电力机车司机室

（3）遮阳帘。

前窗遮阳帘为电动遮阳帘，控制按钮在操纵台上。侧窗遮阳帘为手动遮阳帘，可以悬停在任意位置。

（4）司机座椅。

主副司机座椅可以进行前后、上下、左右方向的调节并可以进行旋转，座椅靠背的角度也可根据需要进行调节。后墙有两个可以折叠的添乘座椅。

（5）司机室门及门锁。

每个司机室的两侧各配有司机室门，采用胶条密封。司机室门装有联动门锁，每台机车出厂时配有专用钥匙，只能打开对应的机车。司乘人员在车内可以通过旋钮锁闭门锁；但在车外只能通过钥匙锁闭门锁。

（6）工具箱和文件柜。

司机室后墙布置了一个工具箱，可供司机存放工具、杂物、衣服、医疗箱等。文件柜可以存放行车文件。同时，后墙还提供两个衣帽钩供司机使用。

任务二　机车车体检查与维修

【学习目标】

（1）掌握机车车体检修的技术要求；
（2）掌握电力机车车体的维修工艺。

【知识准备】

子任务一　机车车体检修的技术要求

一、机车检修技术要求

（1）滤尘网、百叶窗、座椅、遮阳板、扶手、门窗及锁、地板、司机台、头灯、标志灯、标识件等车体附件，均需清洁、完好、安装正确、作用可靠。

（2）车顶盖螺栓齐全、紧固、密封良好，不得有漏雨现象。机车联挂风挡装置完好，橡胶板不得破损。排水管畅通。制动风机百叶窗、风缸作用良好，开闭灵活。

（3）车体底架各梁及牵引支座不得有开焊、裂损现象。排障器不得有裂损，安装牢固，距轨面高度符合限度规定。

（4）车内各门、窗、窗玻璃、座椅、扶手、门锁、门窗密封条、顶盖密封条等应完好，作用可靠，如有破损或功能失效，则按相应部件的检修内容进行检修。

（5）车体底架、侧墙、司机室、顶盖及排障器等钢结构部位不得有焊缝缺陷及裂纹，如有缺陷或裂纹，则按相应部件的检修内容进行检修。

（6）车体外表面油漆无脱落，如有，应对车体外表面油漆脱落部位进行补漆。

（7）车体各部位符合车体检修限度表要求。车体检修限度见表2-1。

表 2-1　车体检修限度

序号	内　容	标　准	限　度
1	底架边梁中央上挠度（一、四位枕梁间）	6～12 mm	5～14 mm
2	边梁旁弯	≤4 mm	≤8 mm
3	边梁局部旁弯	≤3 mm	≤4 mm
4	两端枕梁间中心距	（2 166.5±2）mm	$2\,166.5^{+2}_{-4}$ mm
5	车体与转向架横向间隙	20～25 mm	20～25 mm
6	排障器距钢轨面高度	110^{0}_{-10} mm	75～120 mm
7	扫石板距轨面高度		20 mm
8	车钩中心距轨面高度	（880±10）mm	815～890 mm

子任务二　机车车体维修工艺

一、机车车体检修设备及工具

机车车体检修常用设备及工具有：电焊及气焊设备、电动及风动砂轮、千斤顶、库内风源、毛刷、铲污工具、气刨、手锤、扁铲、清洗剂等。

二、机车车体检修工艺

（1）拆除车体与转向架之间的连接电缆、管路、二系悬挂连接装置等，然后架车。

（2）拆除车体底架以下的吊挂设备，拆除并吊走顶盖，拆除侧墙上的过滤器、司机室内所有设备、内装饰板、各梁骨架间隔内的防寒隔音材料及机械间内所有设备。

（3）对车体外表面及车体底架、侧墙、司机室内外、顶盖内外表面等进行清扫，铲除污物、锈斑及杂物，用拖把擦涂干净，并用清洗剂清洗干净。

（4）检查车内各门、窗、窗玻璃、座椅、扶手、门锁是否完好，作用是否可靠，如有破损或功能失效，则按相应部件的检修内容进行检修。

（5）检查车体司机室入口门处排水孔、司机室两侧雨遮、侧窗下部排水孔、副头灯下部排水孔、顶盖排水槽是否有堵塞现象，如有堵塞现象，则应进行清理。

（6）更换门窗及顶盖密封条。

（7）检查车体底架、侧墙、司机室、顶盖及排障器等钢结构部位是否有焊缝缺陷及裂纹，如有缺陷或裂纹，则按相应部件的检修内容进行检修。

（8）检查侧墙的平面度误差是否超过 2 mm/m²，超过限度则用火陷进行矫正或局部挖补修复。

（9）拆除车钩，检查车钩缓冲装置的性能是否完好，是否有缺陷，并按该部件的检修内容进行检修。

（10）车体作整体抛丸处理。

（11）车体按正常油漆工艺要求喷涂油漆。

三、机车车体部件检修

（一）底架检修

1. 底架日常检查、辅修、小修程序

检查底架下用于吊挂各设备的紧固件应无松动，目测牵引梁、隔墙梁、边梁、各枕梁、各减振器安装座、变压器安装梁、风缸安装梁等主要承载件及其相互连接处焊缝应无裂纹。

2. 底架中修程序

（1）起吊车体及架车。

（2）清除底架各梁上的污物及杂物，为便于检查裂缝，对牵引梁、隔墙梁、边梁、各枕梁、各减振器安装座、变压器安装梁、风缸安装梁等主要承载件处用清洗剂做局部清洗。

（3）目测底架牵引梁、隔墙梁、边梁、各枕梁、各减振器安装座、变压器安装梁、风缸安装梁等主要承载件及其相互连接处焊缝有无裂纹及锈蚀，母材是否开裂。

（4）焊缝裂纹及锈蚀处打磨光亮并进行补焊加强，裂缝严重时用气刨切出 V 形坡口，深度以焊透为原则。底架各主要梁的母材为大梁钢板 16MnL，有关焊接工艺参数根据母材相应确定。母材有裂缝处应在裂缝前端钻 $\phi 56$ mm 的止裂孔，同时用气刨切出 V 形坡口施焊，并用砂轮磨平。

（5）对影响承载及行车安全的焊缝及母材裂缝如补焊不能达到要求，则应进行局部结构加强或挖补更换。

（6）检查各限位板、各减振器安装座、牵引座处焊缝是否开裂，如开裂则应进行补焊。

（7）检查边梁上吊座是否完好无缺，如缺损则应增补。检查吊销套孔及其盖板是否完好无缺。

（8）各切割及补焊部位应涂防锈漆。

3. 底架大修程序

（1）在架车吊孔处起吊车体及架车，如需端部起吊，则在救援吊孔处起吊。

（2）大修时须拆除底架上所有紧固设备，清除底架上所有污物、杂物、锈迹及油漆，用拖把擦涂干净，并用清洗剂清洗干净。

（3）目测底架牵引梁、隔墙梁、边梁、各枕梁、各减振器安装座、变压器安装梁、风缸安装梁等主要承载件及其相互连接处焊缝有无裂纹及锈蚀，母材是否开裂。

（4）焊缝裂纹及锈蚀处打磨光亮并进行补焊加强，裂缝严重时用气刨切出 V 形坡口，深度以焊透为原则，底架各主要梁的母材为大梁钢板 16MnL，有关焊接工艺参数根据母材相应确定。母材有裂缝处应在裂缝前端钻 ϕ56 mm 的止裂孔，同时用气刨切出 V 形坡口施焊，并用砂轮磨平。

（5）对影响承载及行车安全的焊缝及母材裂缝如补焊不能达到要求，则应进行局部结构加强或挖补更换。

（6）检查各限位座、各减振器安装座处焊缝是否开裂，如开裂则应进行补焊。

（7）检查边梁上吊座是否完好无缺，如缺损则应增补。检查吊销套孔及其盖板是否完好无缺。

（8）对牵引座处的焊缝进行探伤检测，如有焊缝缺陷或裂纹，须进行缺陷或裂纹消除处理。

（9）各切割及补焊部位应涂防锈漆。

（二）侧构检修

1. 侧构的日常检查、辅修、小修程序

在没有发生意外的事故，而造成严重的变形、开裂等损坏的情况下，每次日常检查、辅修、小修时，只做外观检查：

（1）表面局部脱漆时应补漆处理；

（2）侧构各梁柱与外墙板不得有开焊、裂损；

（3）目视检查车体外墙板平面度不大于 2 mm/m^2，超限者可用火焰矫正修复。

2. 侧构的中修、大修程序

（1）清除侧构内的杂物及污物，检查侧构各梁柱与外墙板是否有焊缝及母材开裂，如开裂则应进行补焊。

（2）目视检查车体外墙板平面度不大于 2 mm/m^2，超限者可用火焰矫正修复，局部腐蚀面积超过 40%且深度超过 0.5 mm 时应更新。

（三）司机室检修

1. 司机室的日常检查、辅修、小修程序

（1）检查装饰板上的喷塑层是否脱落，如喷塑层有脱落现象，则在脱落处重新喷涂。

（2）用肉眼检查司机室钢骨架和蒙皮的外观有无裂纹。如有裂纹，用砂轮打磨掉，再进行焊补。

（3）检查司机室盖板、小顶盖上的螺栓是否松动，如松动，则拧紧。

（4）检查柜门上的柜门拉杆锁，是否锁紧、可靠、开启自如，如出现卡位或松动现象，可调节拉杆及弹簧。

（5）检查门铰链是否存在松动及脱落现象，如铰链松动或脱落，应及时焊补。

2. 司机室的中修、大修程序

（1）检查轻质复合地板是否有腐烂、脱胶现象，有脱胶的补胶，有腐烂的应及时更换。

（2）检查地板布是否有磨损或老化，有严重磨损及老化的，应及时更换。

（3）检查司机室小顶盖和盖板有无损坏，如有损坏则进行更换。

（4）更换柜门上防振垫。

（四）车窗检修

1. 车窗的辅修、小修程序

检查黏合剂与钢结构及电热玻璃间是否脱胶，检查电热玻璃是否破损和工作是否良好，如电热玻璃破损开裂，必须更换。脱胶时必须补胶。

2. 车窗的中修、大修程序

检查玻璃是否破损和工作是否良好，如电热玻璃破损开裂及工作不良者，必须更换。

（1）断开电热玻璃电源，卸下接线端。

（2）将FN303胶用刀片切开，用刀铲除，见金属本色。

（3）取下窗玻璃。

（4）在与电热玻璃平面相连的钢结构上先涂上金属底涂液01706（A+B），待2 h后再涂上足够厚度的黏结胶FN303。

（5）在玻璃的黏结部位涂玻璃底涂液5001，待干燥3~5 min后，再涂上一定厚度的黏结胶FN303，将玻璃安放在涂好胶的司机室窗框面上，注意保证玻璃周围与钢结构之间间隙均匀。

（6）在玻璃与钢结构之间补涂黏结胶FN303并刮平，待干燥后接好电源线。

（五）机车门检修

1. 机车门的辅修、小修程序

（1）检查机车门锁作用是否灵活，如有卡滞现象，应进行拆卸检修。

（2）检查车门密封作用是否良好，车门密封橡胶条是否脱落、破损或开裂。如密封橡胶条脱落，则重新进行安装，使之牢固；如有破损或开裂，必须更换。

2. 机车门的中修、大修程序

检查机车门锁作用是否灵活，如有卡滞现象，应进行拆卸检修。更换车门密封橡胶条。

（六）机车车体顶盖检修

1. 机车车体顶盖辅修、小修程序

（1）检查车顶盖各螺栓与螺母是否紧固、螺母与螺栓是否齐全，如顶盖螺母、螺栓松动则重新紧固，螺母、螺栓丢失则应补齐。

（2）检查密封条的性能，是否存在漏雨现象，如密封条老化回弹性不好，则应更换密封

条。密封条未压严，则应使密封条放置在正确位置，将顶盖螺栓重新压紧。

（3）检查排水槽是否畅通，如有杂物堵塞，则进行清除。

2. 机车车体顶盖中修、大修程序

（1）在车内将与侧构相连的螺栓装置的螺栓拧松卸下。在顶盖上将螺栓压板装置的螺母及压板卸下。在顶盖上将各接地线的紧固螺栓拧松，并与接地线一同取下。

（2）用吊车的吊钩钩住顶盖的4个吊耳将顶盖吊起，移到工作平台上。

（3）检查顶盖螺栓与螺母是否齐全，如顶盖螺栓、螺母丢失则应补齐。

（4）检查各安装座与盖板的连接处是否有裂纹，如有裂纹应进行补焊，并打磨。

（5）将变形或损坏的横向密封条拆下，清扫凹槽内壁，将原有的黏合剂清除干净；在密封条上与凹槽的接合面处涂上一层黏合剂，最后将密封条平整地卡入凹槽内并使之与凹槽内壁黏牢。沿排水槽方向密封条不得拼接。

（6）将变形或损坏的防护条取下，将新防护条卡住活动横梁（排水槽）上沿即可（横梁上沿的长度范围内，防护条不允许中断或搭接）。

（7）将变形或损坏的纵向密封条拆下，将原有的黏合剂清除干净；在密封条上与凹槽的接合面处涂上一层黏合剂，最后将密封条平整地卡入凹槽内并使之与凹槽内壁黏牢。密封条不得拼接。

（8）清除排水槽内的杂物。

（9）检查裙板的螺栓装置，发现松动应拧紧。

（10）检修完毕吊装顶盖时，先将顶盖上的定位孔与侧构上的定位销对准，再将顶盖落到位，然后在车内将螺栓装置均匀紧固好，并在顶盖上将压板螺栓装置紧固好，同时连接好各接地线。

（七）机车排障器检修

1. 机车排障器的日常检查、辅修和小修程序

（1）检查各处连接螺栓有无松动，如有松动，则用扳手拧紧。

（2）检查排障器与底架牵引梁的连接螺栓及小排障器上的连接螺栓有无松动。

（3）检查小排障器距轨面高度尺寸是否为（110±10）mm，如低于上述值，则用扳手松开小排障器上的连接螺栓，用千斤顶调整小排障器距轨面高度尺寸至（110±10）mm，并保持水平，然后用扳手紧固小排障器上的连接螺栓。

2. 机车排障器的中修、大修程序

（1）完成辅修、小修项目。

（2）检查排障器是否有严重碰撞变形，如有严重碰撞变形并不可修复，则整体更换排障器。

（3）检查排障器焊接部位，特别是踏板处焊缝有无裂缝及严重锈蚀，焊缝裂纹及锈蚀处需打磨光亮并进行补焊。

任务三 电力机车通风系统分析

【学习目标】

(1) 熟悉电力机车通风系统的作用;
(2) 熟悉电力机车的通风形式;
(3) 掌握电力机车通用通风系统设备;
(4) 掌握电力机车通风系统各通风支路冷却空气走向。

【知识准备】

在电力机车中有很多如主变压器、牵引电动机、整流硅机组、制动电阻柜等电气设备,这些电气设备在工作时要产生大量的热,如不能及时散发掉,使电气设备的温度保持在允许的范围之内,就会影响其正常工作,甚至会烧坏设备。而自然通风不能满足散热要求,必须采用强制性通风。

通风系统是电力机车中的一个非常重要的系统。它担负着牵引电机、主变压器、硅整流装置、制动电阻等重要部件的通风冷却工作,以保证其正常工作。

电力机车通常有车体通风和独立通风两种通风方式。车体通风,即空气由侧墙吸入车体内,再自行分配进入各风道。独立通风,即设置专用风道,便于集中去尘。

这两种通风方式也可以混合采用。对于分布在车体内不同部位的需要强制冷却的电器设备,通常需要将它们就近分为若干组,根据不同部件和冷却要求,分别采用合适的通风机和冷却风道,共同构成一个布置合理、适应要求的通风冷却系统。

一、韶山$_{4改}$型电力机车通风系统

韶山$_{4改}$型电力机车采用车体通风方式,每节车由三大通风系统、5条通风支路组成,有4台轴流式风机和2台离心式风机。韶山$_{4改}$型电力机车通风系统如图2-28所示。

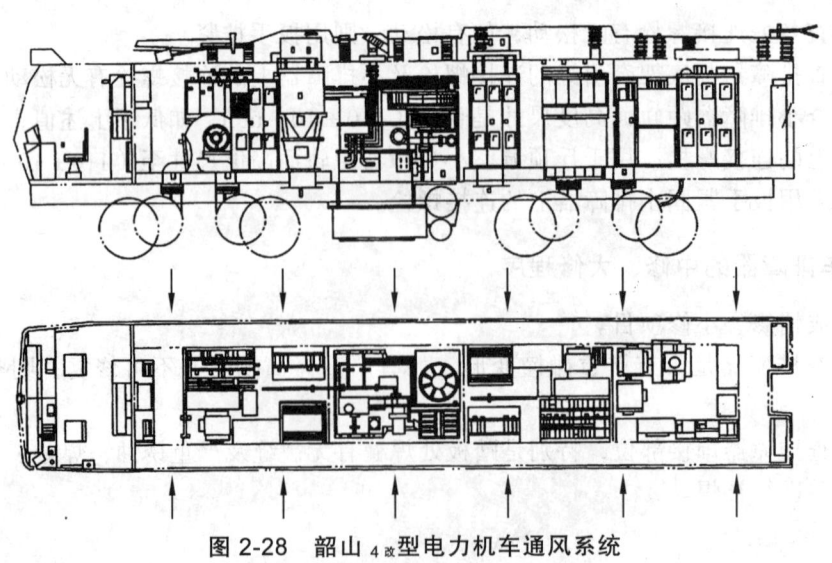

图2-28 韶山$_{4改}$型电力机车通风系统

（一）韶山₄改型电力机车通风系统组成

1. 牵引通风系统

韶山₄改型电力机车每节机车牵引通风系统有两个独立且完全相同的通风支路组成，其通风支路分别为：

车外冷空气→百叶窗→滤尘器→1 号硅机组→PFC 电容柜（或风道）→1 号牵引离心通风机→1 位、2 位牵引电动机→车下排出。

车外冷空气→百叶窗→滤尘器→2 号硅机组→PFC 电容柜（或风道）→2 号牵引离心通风机→3 位、4 位牵引电动机→车下排出。

2. 主变压器油散热器通风系统

主变压器油散热器通风系统只有一条采用轴流式通风机的通风支路，其通风支路为：
车外冷空气→百叶窗→滤尘器→主变压器油散热器→轴流式风机→车顶百叶窗排出。

3. 制动电阻柜通风系统

韶山₄改型电力机车每节机车制动电阻柜通风系统由两个相对独立且完全相同的通风支路组成，其通风支路分别为：

车底冷空气→进风口（不过滤）→Ⅰ端轴流风机→Ⅰ端制动电阻柜→车顶百叶窗排出。
车底冷空气→进风口（不过滤）→Ⅱ端轴流风机→Ⅱ端制动电阻柜→车顶百叶窗排出。

二、韶山₉型电力机车通风系统

韶山₉型电力机车采用车体通风与独立通风相结合的通风方式，主要由牵引通风系统、主变压器通风系统和制动通风系统三大系统组成。韶山₉型电力机车通风系统如图 2-29 所示。

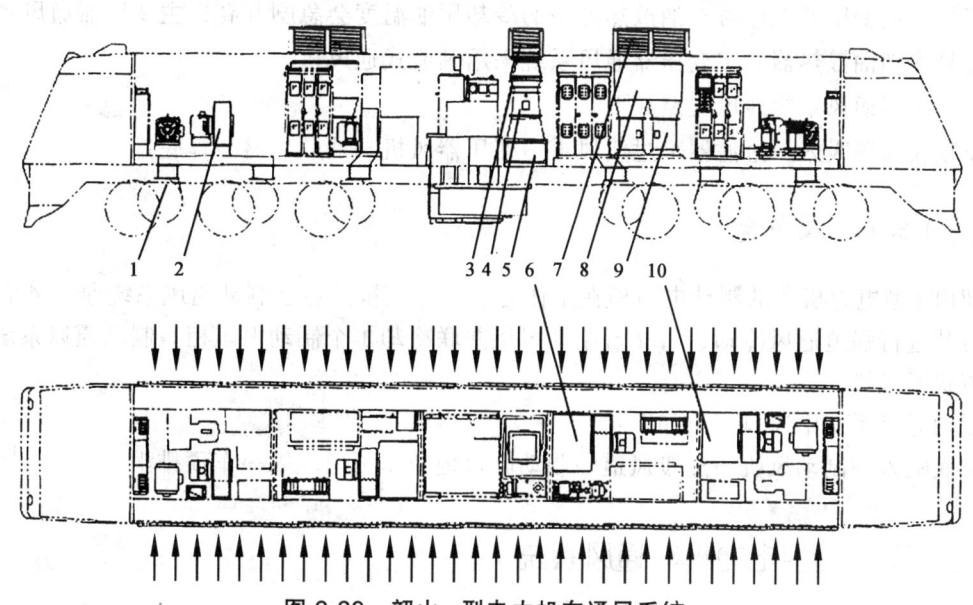

图 2-29 韶山₉型电力机车通风系统

1—牵引电机；2—牵引通风机；3—变压器通风罩；4—主变风机；5—变压器油散热器；6—整流柜；
7—制动电子通风罩；8—制动电阻柜；9—制动风机；10—列车供电柜

（一）牵引通风系统

韶山$_9$型电力机车牵引通风系统采用车体通风方式，主要用来为牵引电动机、硅整流装置和列车供电柜进行通风散热。

牵引通风系统各通风支路如下：

（1）车外空气→侧墙百叶窗和过滤器→1位牵引通风机→风道 →1号牵引电机→车底排出
　　　　　　　　　　　　　　　　　　　　　　　　　　　　　 →2号牵引电机→车底排出

（2）车外空气→侧墙百叶窗和过滤器→1号硅整流柜→风道→旁风道→车底排出。

车外空气→侧墙百叶窗和过滤器→1号硅整流柜→风道→2位牵引通风机→3号牵引电机→车底排出。

（3）车外空气→侧墙百叶窗和过滤器→2号硅整流柜→风道→旁风道→车底排出。

车外空气→侧墙百叶窗和过滤器→2号硅整流柜→风道→3位牵引通风机→4号牵引电机→车底排出。

（4）车外空气→侧墙百叶窗和过滤器→列车供电柜→4位牵引通风机→风道→5号牵引电机→车底排出。

车外空气→侧墙百叶窗和过滤器→列车供电柜→4位牵引通风机→风道→6号牵引电机→车底排出。

（二）主变压器通风系统

韶山$_9$型电力机车主变压器通风系统采用独立通风系统。

当机车主变压器工作时，油散热器中的冷却用油温度会急剧升高，主变压器通风系统的作用就是冷却油散热器。主变压器通风系统采用轴流式通风机。

主变压器通风系统通风支路如下：

车顶通风罩吸入→过滤器→过渡风道→变压器风机→油散热器→车底排出。

（三）制动通风系统

韶山$_9$型电力机车的制动电阻柜在工作时会产生大量的热。制动通风系统通过4台制动风机对其进行强迫通风冷却，每2台制动风机并联冷却1个制动电阻柜。制动通风系统中采用轴流式通风机。

制动通风系统中通风支路如下：

车底吸入→制动风机→过渡风道→制动电阻柜→车顶通风罩→车顶排出。

三、韶山$_{9改}$型电力机车通风系统

韶山$_{9改}$型电力机车采用独立通风系统，与传统的车体通风方式不同，车外空气不直接进入车体，而是通过各自独立的风道对各部件进行冷却。独立通风有利于降低车内负压，保持

机械间相对清洁、干净，减少车内积尘及灰尘对车内电气设备的污染。韶山$_{9改}$型电力机车独立通风系统主要由牵引通风系统、主变压器通风系统和制动通风系统组成。韶山$_{9改}$型电力机车通风系统如图 2-30 所示。

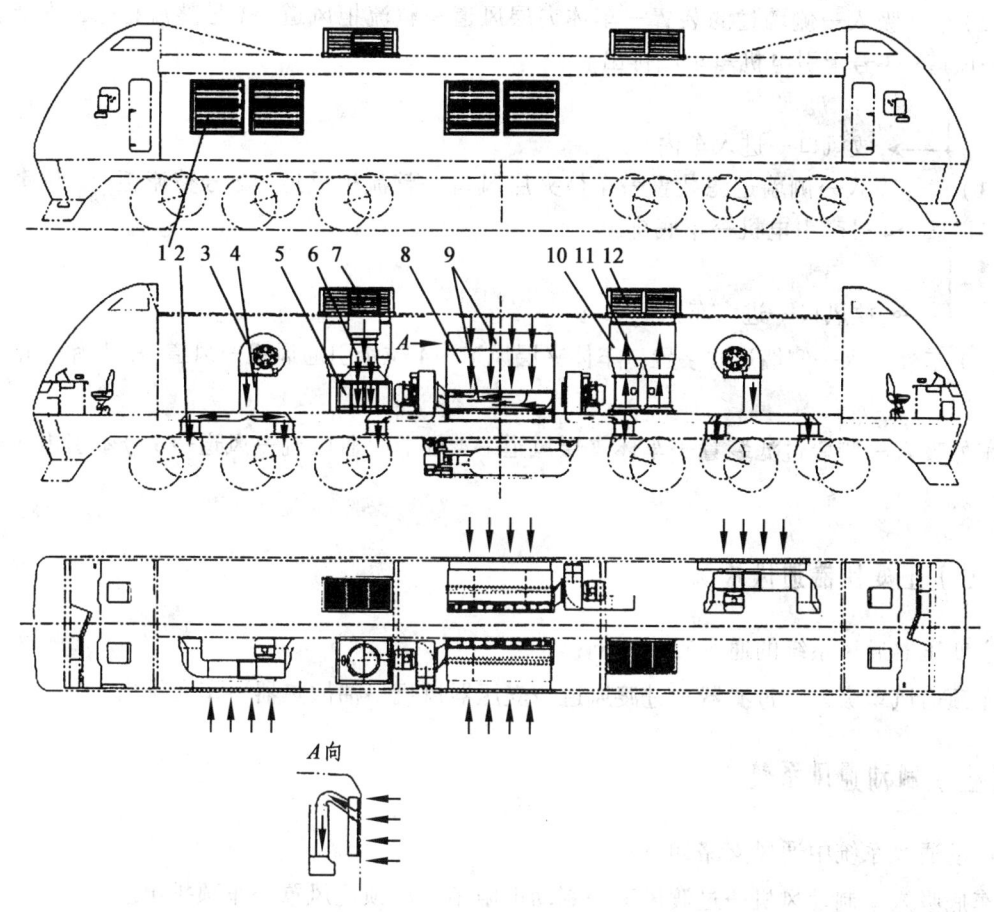

图 2-30　韶山$_{9改}$型电力机车通风系统

1—侧墙过滤器；2—牵引电机；3—牵引通风机；4—风道；5—变压器油散热器；6—主变风机；7—变压器通风罩；
8—整流柜；9—整流柜风道；10—制动电阻柜；11—制动风机；12—制动电阻通风罩

（一）牵引通风系统

韶山$_{9改}$型电力机车全车共有 6 台牵引电机和两个整流柜，工作中会产生相当大的热量，需要对其进行强迫通风冷却。它们分别由 4 台牵引通风机形成各自独立的风道系统对其进行通风冷却。其中，1 位、4 位牵引通风机分别对 1 号和 2 号、5 号和 6 号牵引电机进行强迫风冷；2 位、3 位牵引通风机分别对 4 号牵引电机和 1 号整流柜、3 号牵引电机和 2 号整流柜进行强迫风冷。牵引通风系统采用离心式牵引通风机，额定风量为 3 m³/s，额定全压为 5 000 Pa，转速为 2 930 r/min，牵引风机电动机功率为 30 kW。

牵引通风系统中各通风支路走向如下

（1）车外吸入→侧墙过滤装置→车体夹层风道→1位牵引通风机→风道→1号牵引电机→车底排出。

车外吸入→侧墙过滤装置→车体夹层风道→1位牵引通风机→风道→2号牵引电机→车底排出。

（2）车外吸入→侧墙过滤装置→车体夹层风道→整流柜风道→1号整流柜→3位牵引通风机→风道→3号牵引电机→车底排出。

└→放风口→进入车内。

（3）车外吸入→侧墙过滤装置→车体夹层风道→整流柜风道→2号整流柜→2位牵引通风机→风道→4号牵引电机→车底排出。

└→放风口→进入车内。

（4）车外吸入→侧墙过滤装置→车体夹层风道→4位牵引通风机→风道→5号牵引电机→车底排出。

车外吸入→侧墙过滤装置→车体夹层风道→4位牵引通风机→风道→6号牵引电机→车底排出。

（二）主变压器通风系统

主变压器通风系统的通风支路如下：

车顶通风罩吸入→过滤器→过渡风道→变压器风机→油散热器→车底排出。

（三）制动通风系统

制动通风系统中通风支路如下：

车底吸入→制动风机→过渡风道→制动电阻柜→车顶通风罩→车顶排出。

四、HXD_1型电力机车通风系统

HXD_1型电力机车采用独立通风系统，每节车的通风系统主要由牵引电机通风系统、冷却塔通风系统、辅助变压器柜及机械间通风系统、司机室空调通风系统组成。HXD_1型电力机车通风系统如图2-31所示。

（一）牵引电机通风系统

HXD_1型电力机车牵引电机通风支路走向如下（见图2-32）：

环境空气→空气进口侧墙过滤器→风道→牵引风机→风道支架→软风道→牵引电机→车底大气。

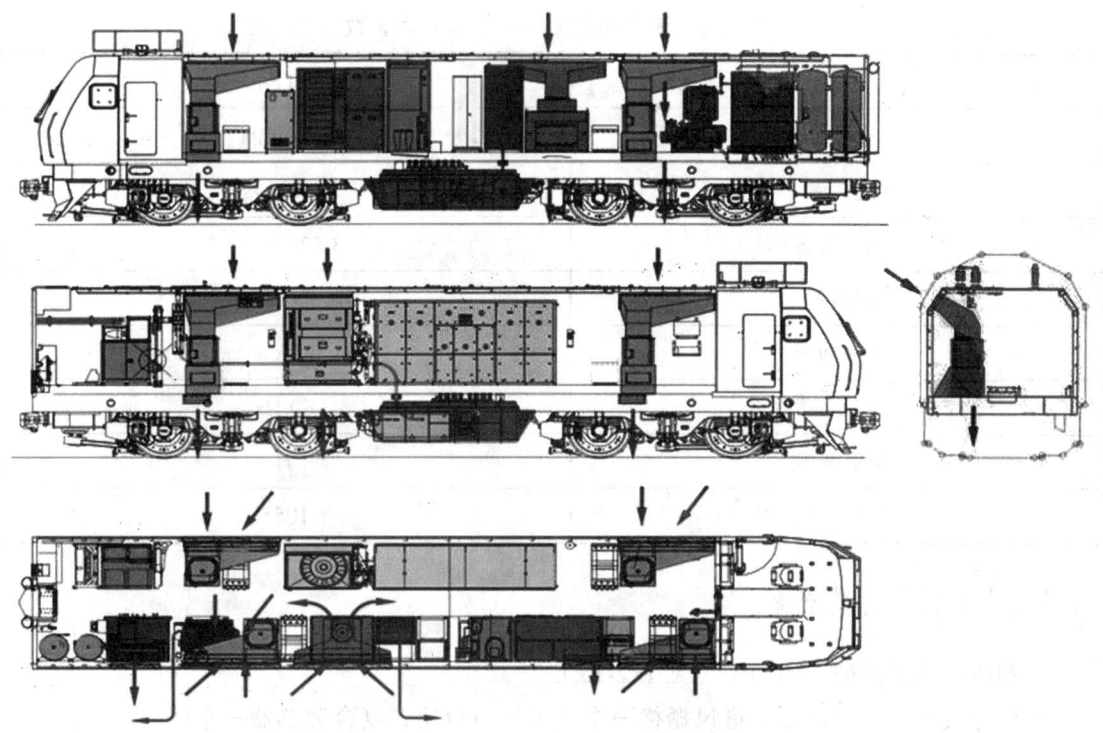

图 2-31 HXD₁型电力机车通风系统

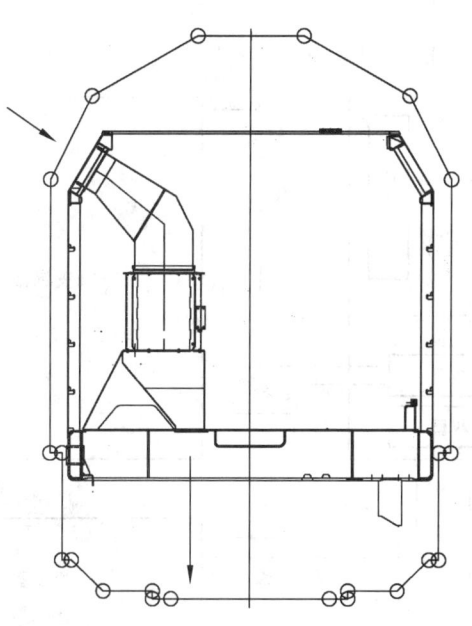

图 2-32 牵引电机通风支路

牵引电机通风机由变流器提供变频、变压电源。机车控制系统根据牵引电机的温度，自动调节其运行电压和频率，改变牵引电机通风机的转速，使风量满足牵引电机冷却需要。

牵引电机通风机主要技术参数见表 2-2。

表 2-2　牵引电机通风机主要技术参数

通风机型号	THTF4.5
全　压	3 800 Pa
流　量	1.4 m³/s
额定转速	3 520 r/min
风机形式	轴向离心式风机
最大功率	13 kW
额定频率	60 Hz
绝缘等级	H
防护等级	IP55

（二）冷却塔通风系统

冷却塔通风支路的走向如下（见图 2-33）：

环境空气→车顶进口处的进风栅格→主冷风机→板翅式复合散热器→车底大气。

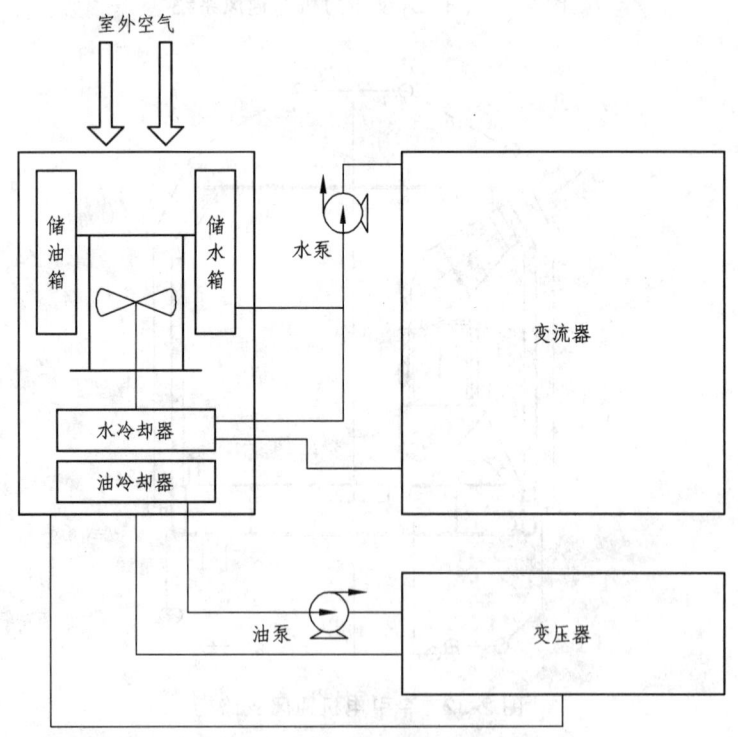

图 2-33　冷却塔通风系统示意图

冷却塔通过管路分别与主变流器和变压器连接。复合散热器由两个隔开的流体支路组成。在 HXD$_1$ 型电力机车上采用板翅式复合散热器进行空气和冷却液体的热量交换，在主变流回路中,采用了水冷技术,在主变压器回路中,采用了油冷技术,主变流柜和变压器共用一个复合式散热器,简化了变压器冷却系统和主变流器冷却系统。

冷却塔通风机由变流器提供变频、变压电源。机车控制系统根据变压器支路的油温和主变流支路的水温,自动调节其运行电压和频率来改变风机的转速,以使风量适合于变压器和主变流器当时的冷却需要。

主变流支路中,使用水/防冻剂的混合物作为传热介质;主变压器支路中,使用矿物油为传热介质。水泵和油泵的运行转速是固定的。

复合散热器是本支路的专用热交换设备,主变流器的冷却水进入散热器上层,主变压器油进入散热器下层,主变流器和主变压器的热量,在复合散热器中与空气进行交换,使水、油冷却到要求的温度。被冷却后的水和油,分别进入主变流器和主变压器,对主变压器和主变压器进行降温。

冷却塔通风系统主冷风机主要技术参数见表2-3。

表2-3 冷却塔通风系统主冷风机主要技术参数

风机型号	CAF 868/560
静 压	>1 540 Pa
流 量	>12 m³/s
最大功率	28 kW
风机形式	轴流式风机
额定转速	1 760 r/min
频 率	60 Hz
绝缘等级	H
防护等级	IP55

(三)辅助变压器柜及机械间通风系统

辅助变压器柜通风支路有两种通风模式:夏季散热模式和冬季保温模式。

辅助变压器柜通风支路夏季散热通风模式的空气走向如下:

车外空气→侧墙百叶窗→风道→风机→辅助变压器→旋风除尘器→机械间。

辅助变压器柜通风支路冬季保温通风模式的空气走向如下:

车外空气→侧墙百叶窗→风道→风机→辅助变压器→旋风除尘器→机械间

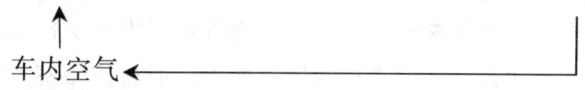

辅助变压器柜的通风支路如图2-34所示。

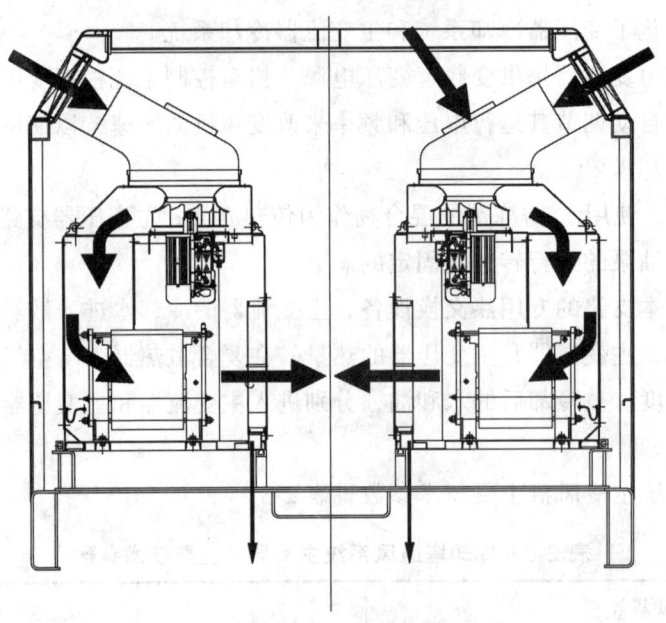

图 2-34 辅助变压器柜的通风示意图

通过压缩机通风支路和辅助变压器柜通风支路的冬夏季模式转换，机械间内一直保持着一定的正压，机械间通风支路给机车提供一个车内的空气循环，以保证车内温度、压力、风速等参数满足设计值，给机车内的设备提供一个适当的运行气候环境。

辅助变压器柜风机主要技术参数见表 2-4。

表 2-4 辅助变压器柜风机主要技术参数

风机型号	TLTF3.9A
静 压	1 000 Pa
流 量	2 m^3/s
额定转速	3 520 r/min
风机形式	离心式风机
最大功率	5.5 kW
额定频率	60 Hz
绝缘等级	H
防护等级	IP55

无论是夏季模式还是冬季模式，机械室进气均略大于从机械间的排气，送入空气量与排风口和制动系统所消耗的空气量之和的风量之差，通过机械室不严密处渗出，机械间的正压等于排风的阻力，机械间内正压保持在 50~150 Pa。

（四）司机室空调通风系统

司机室空调机组位于机械间内，空调通风支路有两个独立的空气支路：空气处理系统和压缩冷凝系统，即通常所说的室内空气循环和室外空气循环。司机室空调通风支路如图 2-35 所示。

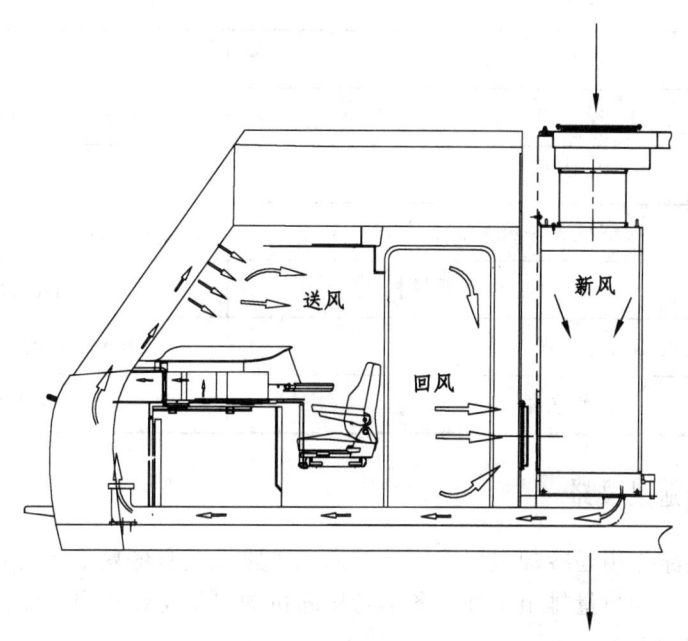

图 2-35　司机室空调通风支路示意图

1. 司机室内空气循环

为合理组织司机室内空气的流动，在空调系统的送风风道中，设置有一个空气分配箱，室内送风口均匀布置在前窗玻璃与操纵台之间（正副司机侧）以及司机室前端左右侧梁处，送风口均可开关。回风口布置在司机室后墙。在空调内设置有新风阀，新风经过空调底板进入空调机组内部，使司机室内部有一定的正压。在司机室左、右侧墙及后墙上，分别安装有司机室侧墙暖风机、后墙暖风机，暖风机从侧面进风，正面出风。

2. 司机室外空气循环

司机室外空气循环的空气从机械间顶部进入，首先经过空调冷凝器，吸收冷凝器的热量，然后进入冷凝室，吸收压缩机的热量，再由冷凝风机加压后，直接排到车底大气。

3. 空调系统主要技术参数

司机室空调系统主要技术参数见表 2-5。

表 2-5　司机室空调系统主要技术参数

型号	TTK6H-6.0GD
制冷量	6 kW
制热量	6 kW
通风量	≥800 m^3/h
新风量	60 m^3/h
噪声	≤(75±3) dB（A）
制冷剂	R407C
电源　压缩机、冷凝风机、电加热器	3AC 440 V　60 Hz
电源　控制回路、通风机	DC 110 V
机组外形尺寸（长×宽×高）	1 050 mm×650 mm×1 700 mm
机组质量	约 275 kg

（五）压缩机通风支路

压缩机通风支路作用是冷却主压缩机。该通风支路设置有冬夏季转换装置。夏季将机械间内热空气和压缩机的热量排出车外；冬季将压缩机的热量排在车内，保持机械间内温度。压缩机通风支路如图 2-36 所示。

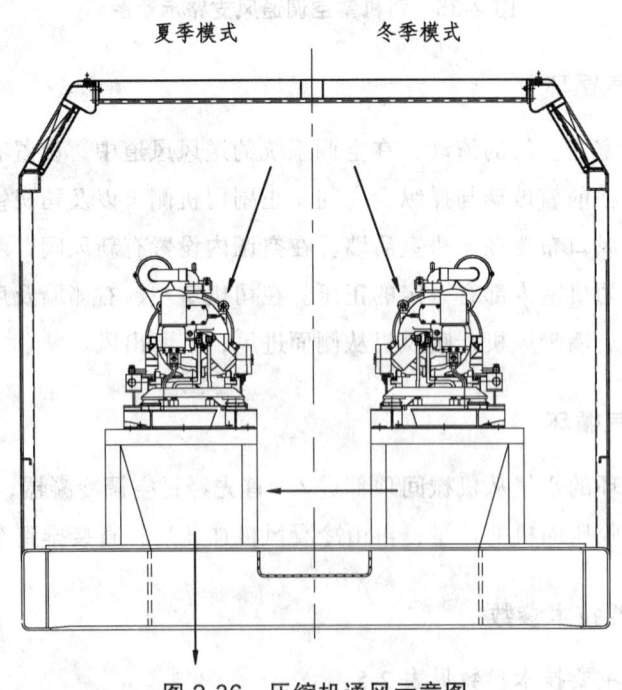

图 2-36　压缩机通风示意图

(六)过滤除尘装置

为了使机械室有较高的洁净度,除了采用独立通风方式,大大减小进入机械室的风量,另外还需要提高空气的过滤效率,以减少带入机械室内的灰尘。

机械室的恒正压控制,能保证在车体密封不严处不会渗入车外的污浊空气,有利于保证机械室空气的洁净度。

所有进入机械室的空气,需经过两级除尘,一级除尘器是一个侧墙百叶窗(惯性式除尘器);二级除尘器是一个旋风式除尘器,具有较高的过滤效率,两级除尘总效率约95%。

(七)侧墙百叶窗

侧墙百叶窗安装在牵引通风支路、辅助变压器柜通风支路的进风口,进风口设置在车体侧墙上部的斜面处。侧墙百叶窗具有自动排灰功能,能有效阻挡雨水、雪和灰尘进入后层,过滤装置所过滤的粉尘进入下部的灰斗,并由下部的条缝中排出,无需清洗和维护,使进入内层的二级除尘器的粉尘量大大减少。

侧墙百叶窗结构如图 2-37 所示。侧墙百叶窗过滤管断面如图 2-38 所示。

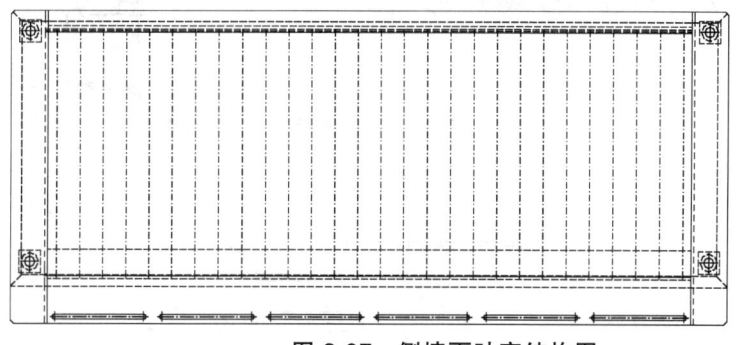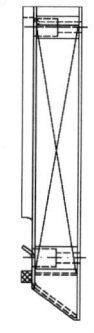

图 2-37 侧墙百叶窗结构图

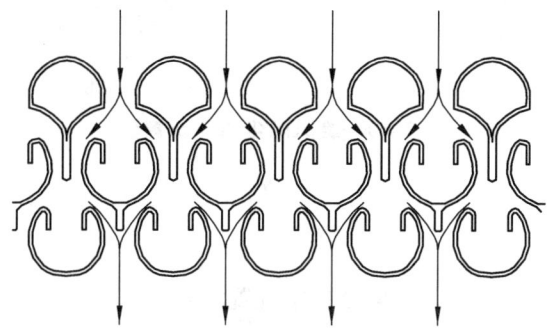

图 2-38 侧墙百叶窗过滤管断面示意图

(八)旋风式除尘器

HXD$_1$型电力机车每节机车装有一个旋风式除尘器,为箱体结构,旋风除尘器主要由多孔板、旋风单元、框架以及前板等组成。旋风式除尘器内部布有多个涡旋管，每个涡旋管上有固定式导向叶片。空气在涡旋管导向叶片的作用下，产生极强的离心力，将空气中的粉尘和水分等杂质甩向管壁，进入框架的箱体内，经旋风式除尘器下方的排尘口，由部分空气直接将粉尘吹到车外。除尘后的空气经中心管进入机械室内。旋风除尘器结构如图2-39所示。旋风除尘器旋风除尘单元如图2-40所示。

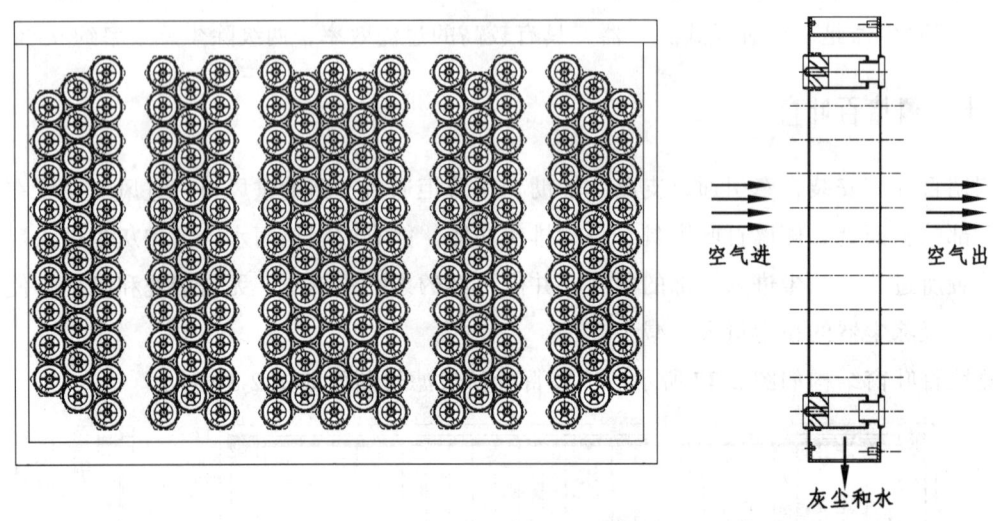

图 2-39 旋风除尘器结构图

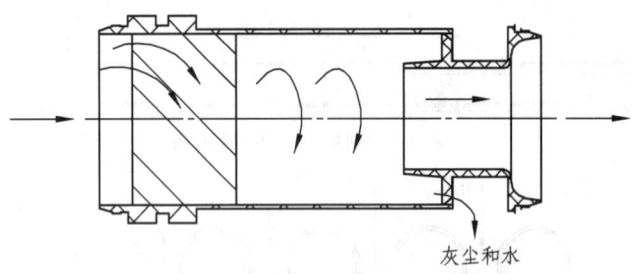

图 2-40 旋风除尘单元示意图

（九）车顶过滤网

车顶过滤网安装在车顶顶盖上，与冷却塔位置相对应。车顶过滤网由9个横置的过滤单元组成，半圆形的滤网设计可以最大限度地增加进风口面积，减小进风风阻，同时方便机车维护时进行清扫。

冷却塔的车顶空气过滤装置可以有效防止空气中的树叶等较大物体进入冷却塔风道内。车顶过滤网结构如图2-41所示。

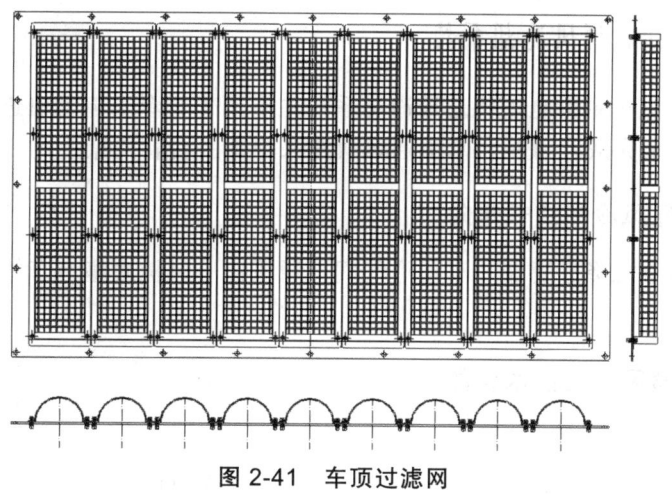

图 2-41 车顶过滤网

五、HXD$_{3B}$型电力机车通风系统

HXD$_{3B}$型电力机车的通风冷却系统主要由牵引电动机通风冷却系统、冷却塔通风冷却系统、辅助设备通风冷却系统和机械间通风冷却系统四部分组成。

HXD$_{3B}$型电力机车采用了车体顶层集中供风方式。在车体顶层有 3 个进气间，尽量使通过过滤器的进风量均匀，3 个进气间和牵引电动机通风、冷却塔通风、机械间通风的进风口相连接。在车体顶层斜面对称布置了 22 个离心沉降过滤器，过滤器后面装有过滤网和钢板网，组成二级过滤：第一级过滤元件为离心沉降过滤器，主要过滤掉较大的灰尘、树叶等杂物；第二级过滤网为棕纤维过滤网，可过滤掉较小颗粒的灰尘，为机车电器设备的通风冷却和机械间提供洁净的空气。

过滤网在使用一段时间后，表面积满了灰尘，增大了进气阻力，因此需要定期进行更换。更换时，将离心沉降过滤器的两边锁用钥匙打开，然后打开离心沉降过滤器，将过滤网取下，更换新滤网或清洗过滤网。离心沉降过滤器如图 2-42 所示。

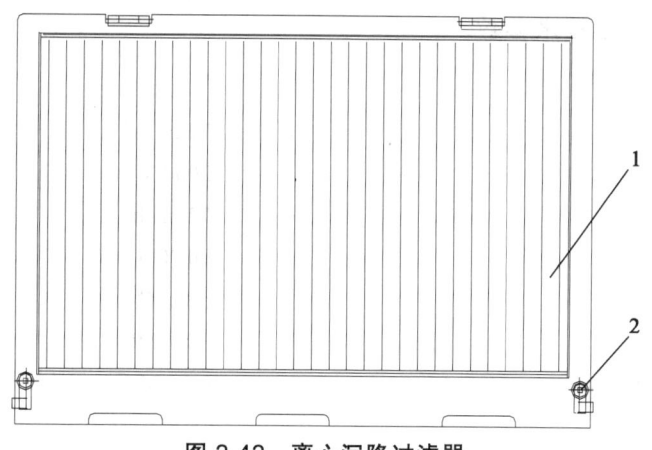

图 2-42 离心沉降过滤器

1—离心沉降过滤器；2—锁

（一）牵引电动机通风冷却系统

HXD$_{3B}$型电力机车牵引电动机通风冷却系统主要用来对牵引电动机进行强迫通风冷却；由两台牵引通风机来完成，每一台牵引通风机用来冷却一台转向架上的3台牵引电动机。

1. 牵引电机通风冷却空气走向

车外大气→离心沉降过滤器→车顶进气间→通风机→风机底座→车体风道→连接软管→牵引电机→大气。

2. 牵引电机通风机组技术参数

牵引风机形式	斜流式
额定风量	5.5 m^3/s
电动机功率	30 kW
全压	3 050 Pa

（二）冷却塔通风冷却系统

冷却塔是用来冷却主变压器油和主变流器的纯水加乙醇混合液，每台车安装有两台冷却塔，冷却塔对称布置在机车中心线两侧，其中1号冷却塔冷却功率为350 kW，用来冷却变压器和1、3号主变流器。2号冷却塔冷却功率为275 kW，用来冷却主变压器和2号主变流器。

冷却塔通风冷却系统主要由通风机组和散热器两部分组成，通风机位于冷却塔的上部，下部是由水散热器和油散热器两部分组成的复合式散热器（上部为水散热器，下部为油散热器）。

1. 冷却塔通风冷却系统空气走向

车外大气→离心沉降过滤器→车顶进气间→通风机→水散热器→油散热器→车体底架→大气。

2. 1号冷却塔主要技术参数

主变压器油散热器：	
主变压器油泵油流量	72 m^3/h
主变压器油散热器散热功率	200 kW
循环油量	72 m^3/h
入口油温	90 ℃（max）
出口油温	<85 ℃
允许最大压损	<0.1 MPa
正常工作时的最大压力	0.16 MPa
牵引变流器水散热器：	
散热功率	2×75 kW
循环水量	2×18 m^3/h（59 ℃）

入口最大水温	63 ℃
出口最大水温	<59 ℃
冷却空气入口温度	+40 ℃
通风机通风量	12.9 m³/s
通风机电动机功率	29 kW

3. 2号冷却塔主要技术参数（带储油柜）

主变压器油散热器：

散热功率	200 kW
循环油量	72 m³/h
入口油温	90 ℃（max）
出口油温	<85 ℃
允许最大压损	<0.1 MPa
正常工作时的最大压力	0.16 MPa

牵引变流器水散热器：

散热功率	75 kW
循环水量（59 ℃）	18 m³/h
入口最大水温	63 ℃
出口最大水温	<59 ℃
冷却空气入口温度	+40 ℃
59 ℃时允许最大压损	35 kPa
-30 ℃时允许最大压损	<0.14 MPa
正常工作时的最大压力	0.14 MPa

通风机：

通风量	9.4 m³/s
电动机功率	19 kW
储油柜容积	300 L
油温指示范围	-40~+100 ℃

水散热器冷却液添加剂、水和乙二醇：

水和添加剂体积比	47%/53%

（三）机械间通风冷却系统

机械间通风冷却系统主要用来保证机械间工作时温度不过高，并形成正压和保证一些设备的用风。机械间顶部布置有两个风扇，分别向机械间吹风，其主要作用首先是保证机械间正压；其次是向空气压缩机提供所需的清洁空气；同时带走机械间电器设备所散发的热量。

风扇吹入机械间的风量为3 m³/s，通过车体底架排出约1 m³/s。机械间内低压电源柜底部装有压力保障装置，当机械间压力大于70 Pa时，在压力作用下自动打开压力保障装置的翻转门，该翻转门出口连接车外，保证室内气体经箱体内腔及出口排出室外，降低机械间内压力。夏季，车内的空气经风道通过车体底架排入大气；冬季，将该风道封堵，空气在车内循环，此时需减少风扇的风量。

（四）辅助设备通风冷却系统

辅助设备通风冷却系统主要包括辅助滤波柜和辅助变流器通风，主要用来冷却发热的电器元件。

1. 辅助滤波柜通风冷却

辅助滤波柜通风冷却空气走向如下：
车外大气→离心沉降过滤器→车顶独立风道→辅助滤波柜→车体底架→大气。

2. 辅助变流器通风冷却

辅助变流器通风冷却空气走向如下：
车外大气→离心沉降过滤器→机械间进风→主变流器柜内辅助变流器→排入机械间。

复习思考题

1. 机车总体布置的一般原则是什么？
2. 机车车体功能有哪些？
3. 对电力机车车体有哪些要求？
4. 机车车体的种类有哪些？
5. 简述韶山$_{4改}$型机车车体结构特点。
6. 韶山$_{4改}$型机车车体主要组成部分有哪些？
7. 简述韶山$_9$型机车车体结构特点。
8. 韶山$_9$型机车车体主要组成部分有哪些？
9. 简述 HXD$_1$ 型电力机车车体结构特点。
10. 简述 HXD$_3$ 型电力机车车体结构特点。
11. 简述电力机车车体的检修工艺。
12. 电力机车通风系统的作用是什么？
13. 韶山$_{4改}$型电力机车通风系统由哪几部分组成？各部分通风冷却支路是什么？
14. 简述 HXD$_1$ 型电力机车通风系统组成及冷却空气走向。
15. 简述 HXD$_{3B}$ 型电力机车通风系统组成及冷却空气走向。

项目三　牵引缓冲装置检修及应急故障处理

【项目目标】

通过本项目的学习，应能够叙述机车牵引缓冲装置的基本组成和作用；熟悉机车车钩的结构；熟悉机车车钩的三态作用及作用原理；熟悉牵引缓冲装置日常检查内容；熟悉牵引缓冲装置常见故障及处理办法；能完成牵引缓冲装置日常检查；能测量、组装、调整车钩；能分解、清扫、组装缓冲装置，更换不良配件；能完成车钩摘挂、制动软管摘接。

【项目任务】

任务一　牵引缓冲装置认知
任务二　牵引缓冲装置检查和维修
任务三　车钩摘挂及制动软管摘接

任务一　牵引缓冲装置认知

【学习目标】

（1）熟悉机车牵引缓冲装置的基本组成和作用；
（2）熟悉机车车钩的结构；
（3）熟悉机车车钩的三态作用及作用原理；
（4）熟悉牵引缓冲装置日常检查内容；
（5）能完成牵引缓冲装置日常检查。

【知识准备】

子任务一　牵引缓冲装置的作用与要求

一、牵引缓冲装置的作用

牵引缓冲装置设在机车车体底架的牵引箱内，它的主要作用是：
（1）用于机车和车辆的自动连接或分解；
（2）将机车牵引力（推送力）传递给车辆；

（3）缓和并衰减机车车辆在运行中由于牵引力变化或列车制动时由于列车前后部制动力不一致而引起的冲击和振动；保证列车的运行安全。

二、牵引缓冲装置应满足的要求

为实现牵引缓冲装置的功能，应满足以下要求：
（1）牵引缓冲装置应具有足够的拉伸强度，并能缓和纵向冲击和振动；
（2）牵引缓冲装置应能进行可靠连接，不应因冲击振动而自动分解；
（3）车钩各部件不能因稍有磨耗而失效；
（4）车钩相对于底架上下、左右应能够做一定量的移动，以适应机车、车辆通过曲线和坡道。

三、牵引缓冲装置的组成

机车牵引缓冲装置主要由车钩、钩尾框、钩尾销、前从板、后从板、尾框托板、车钩提杆和缓冲器等组成。牵引缓冲装置安装在机车车体底架两端的牵引箱内，如图3-1所示。

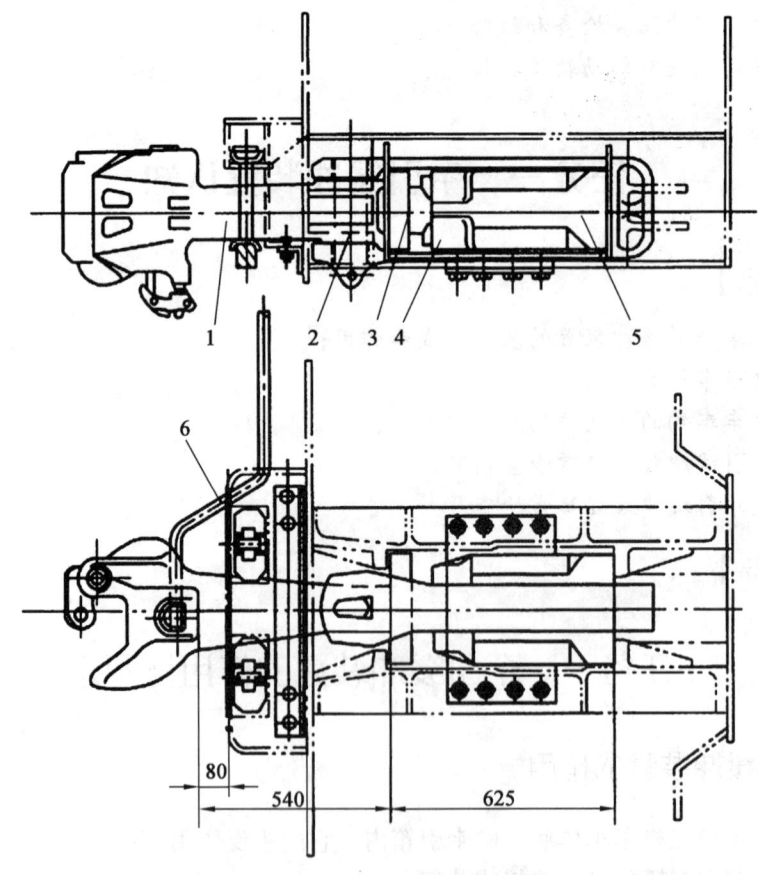

图3-1 牵引缓冲装置
1—车钩；2—钩尾销；3—从板；4—钩尾框；5—缓冲器；6—车钩提杆装置

车钩的尾端通过钩尾销和钩尾销框相连接，在钩尾框内安装有前从板、缓冲器和后从板，它们在一起装入车体底架的牵引箱内。前、后从板及缓冲器卡装在板座之间，下部靠钩尾框托板及钩体托板托住。

当机车牵引车辆时（牵引力），车钩受到牵引力的作用，牵引力的传递过程为：

车钩→钩尾销→钩尾框→后从板→缓冲器→前从板→前从板座→牵引箱及底架。

当机车推送车辆时，车钩受到压缩力的作用，压缩力的传递过程为：

车钩→前从板→缓冲器→后从板→后从板座→牵引箱及底架。

这样，机车牵引或推送列车时即牵引缓冲装置承受牵引力或推送力，在力的传递过程中，缓冲器始终受压缩力的作用，并将力传递到机车车体底架的牵引箱上，缓和列车所受到的纵向冲击和振动，改善了机车车辆的运行品质。牵引缓冲装置受力状况如图 3-2 所示。

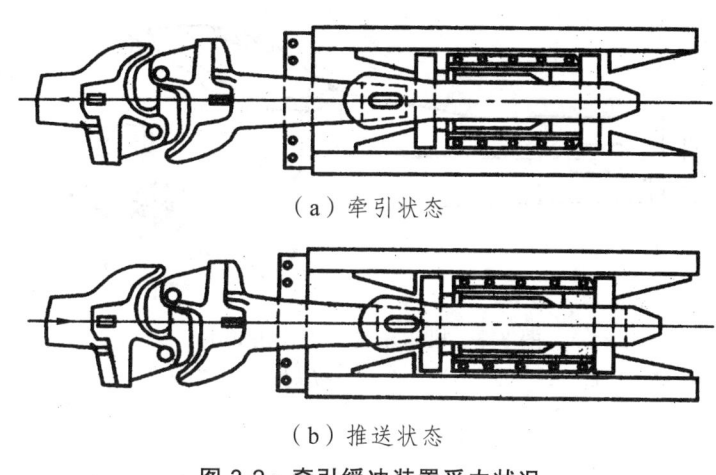

（a）牵引状态

（b）推送状态

图 3-2 牵引缓冲装置受力状况

子任务二　机车车钩及缓冲器

一、机车车钩的组成

韶山系列电力机车初期采用"改进下开式 3 号车钩"，自 1990 年以后生产的机车改用电力机车车钩（下作用式），该型车钩为原铁道部部颁通用件，车钩的结构和尺寸与货车 13 号下作用式车钩相同，只是将车钩钩体尾部制成圆弧形，以适应钩头在水平方向的左右摆动。

机车车钩（下作用式）由钩体、钩舌、钩锁铁、钩舌推铁、钩舌销、下锁销和下锁销体组成，如图 3-3 所示。

车钩钩体分为钩头、钩身和钩尾三部分。钩头内有不规则的空槽即钩头内腔，用以组装车钩的其他零件；钩尾上开有钩尾销孔，用钩尾销和钩尾框连接。钩舌通过钩舌销装入钩头，钩舌可绕钩舌销旋转一定角度，以改变车钩锁闭和开钩的状态。钩锁铁置于钩头空槽的背后，其下部伸入钩头底部的下锁销孔中，钩锁铁能够上下移动。钩舌推铁水平放置在钩头内腔的左后方，可绕其自身的短轴转动，其一端贴靠在钩舌尾部左侧。下锁销用销轴与钩锁铁斜向长孔相连，销轴可在该孔中滑动。下锁销杆与车钩提杆相连，当搬动车钩提杆时，受车钩提杆的操纵带动钩锁铁上下移动，以改变车钩的状态。

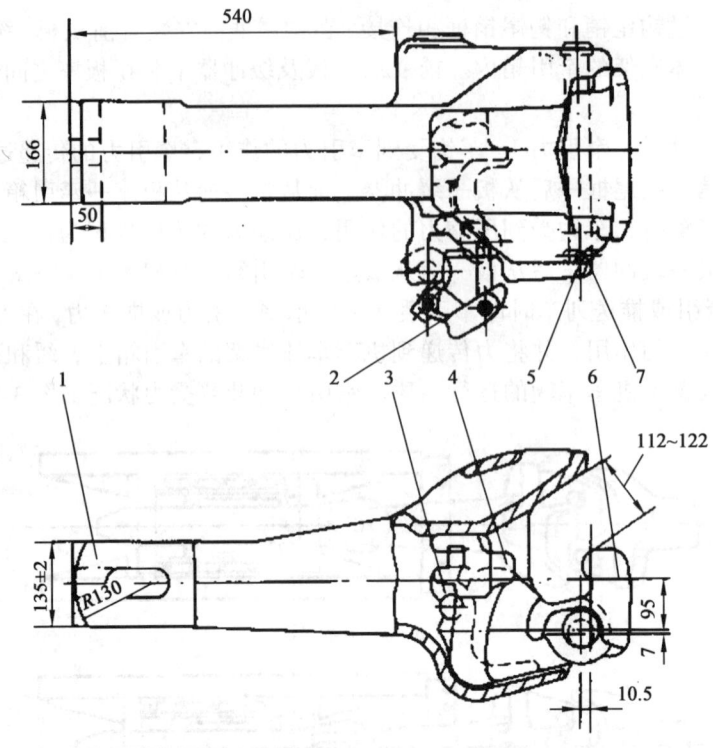

图 3-3 机车车钩（下作用式）

1—钩体；2—下锁销装配；3—钩舌推铁；4—钩锁铁；5—销；6—钩舌；7—钩舌销

二、机车车钩钩头配件

机车车钩除钩头体各部分外，还有安装在钩头上的有关配件，如图 3-4 所示。

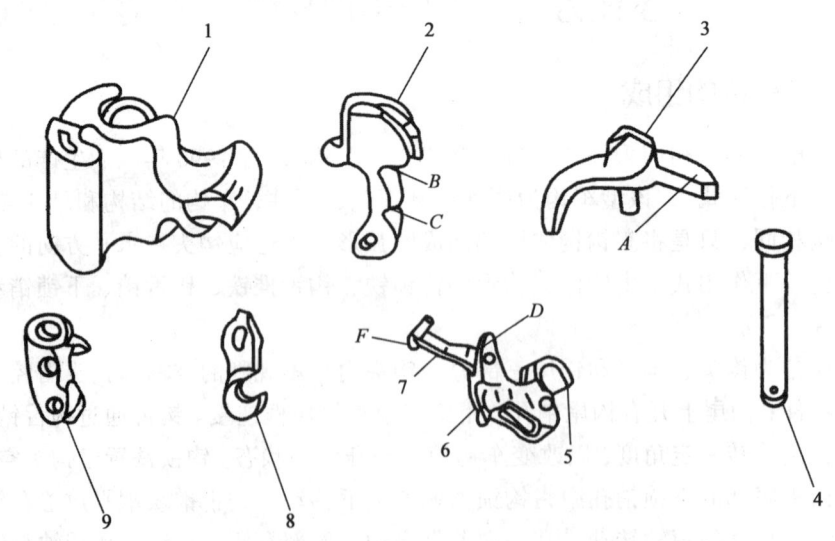

图 3-4 机车车钩钩头配件

1—钩舌；2—钩锁；3—钩舌推铁；4—钩舌销；5—下锁销钩；6—下锁销体；7—下锁销；8—上锁销杆；9—上锁销；
A—锁座；B—后座锁面；C—开锁座锁面；D—二次防跳部；E—一次防跳部

1. 钩舌

钩舌装在上、下钩耳之间，插入钩舌销，以钩舌销为回转轴，利用钩舌的开闭进行机车车辆的摘挂。在钩舌销孔处铸有护销突缘，其尾部上、下面铸有牵引突缘，在锁闭位置时，恰与钩腔内的相应突缘吻合，使牵引力或冲击力直接由钩舌传给钩体。

2. 钩锁

钩锁安装在钩腔内钩舌尾部的侧面，也叫钩锁铁或锁铁。其主要作用是，在闭锁位置时挡住钩舌尾部，起锁钩作用；在全开位置时推动钩舌推铁，使钩舌打开。其钩锁锁腿部有一椭圆孔，供插入下锁销用。在钩锁上还设有后座锁面 B、开锁座锁面 C 等。

3. 钩舌推铁

钩舌推铁横放在钩腔内，钩舌推铁的耳轴插入钩腔底部轴孔内，使钩舌推铁绕其转动。通过钩舌推铁的作用使钩舌张开达到全开位置。钩舌推铁的一端 A 为钩锁锁座，车钩在形成闭锁、开锁位置时，钩锁均坐在该锁座上。

4. 钩舌销

钩舌销安装在钩耳孔和钩舌销孔内，用于连接钩舌和钩头，并起钩舌转动轴的作用。

5. 下锁销、下锁销体、下锁销钩

下锁销、下锁销体、下锁销钩供下作用式车钩顶起钩锁用。下锁销上的下锁销轴插入钩锁锁腿的椭圆斜孔内，便于钩锁相连。在下锁销上设有一次防跳部 F。下锁销与下锁销体活动连接，在下锁销体上设有二次防跳部 D，其中部安装车钩提杆。下锁销钩的一端与下锁销体活动连接，另一端挂在钩体的下锁销钩转轴上，如图 3-3 所示。

三、车钩的三态作用

机车车钩具有锁闭、锁开和全开 3 个位置，称作车钩的三态作用。

（一）锁闭位置

锁闭位置是机车和车辆连接后的状态，如图 3-5 所示。

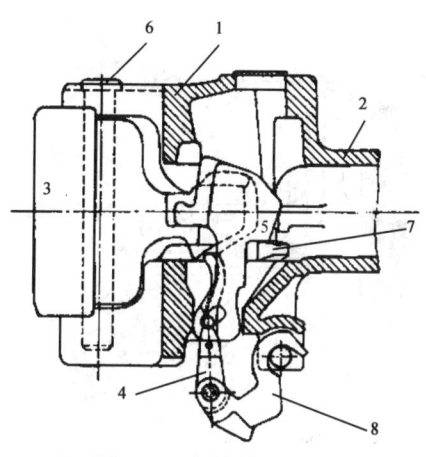

图 3-5 车钩锁闭位置

1—钩头；2—钩尾；3—钩舌；4—下锁销；5—钩锁铁；6—钩舌销；7—钩舌推铁；8—下倾锁杆

当机车、车辆相互连接时，两车钩互相推动，使钩舌绕钩舌销逆时针转动，实现两钩互相抱合；同时，原来坐落在钩舌尾部上的钩锁铁失去支持，靠自重下落在钩舌推铁上，并被卡在钩舌尾部和钩头体壁之间，挡住钩舌使之不能转动。此时，下锁销上的小孔应露出体外。这就是车钩闭锁位置的重要特征，据此可以辨别是否完全连接。

（二）锁开位置

锁开位置是摘车后的车钩状态，如图3-6所示。从锁闭位置将下锁销顶起，使其推动钩锁铁上移离开钩舌尾部。由于锁铁偏重，其上部向前倾斜，下部向后摆动，并使止锁凸台坐落在钩舌推铁上，因而钩锁铁不再阻止钩舌转动，形成锁开状态。这时，机车稍稍移动，钩舌就会转开，使机车、车辆分离。

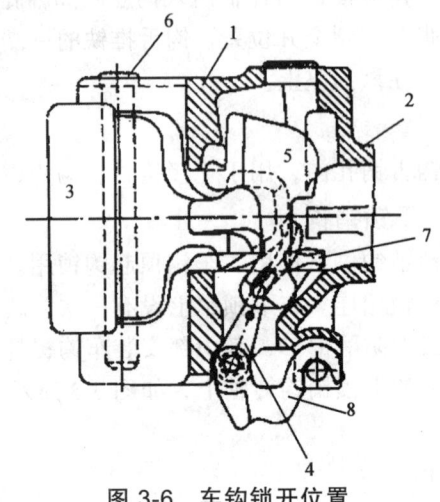

图3-6 车钩锁开位置

1—钩头；2—钩尾；3—钩舌；4—下锁销；5—钩锁铁；6—钩舌销；7—钩舌推铁；8—下倾锁杆

（三）全开位置

全开位置是挂车时的车钩状态，如图3-7所示。由锁闭位置或锁开位置用力提起下锁销，

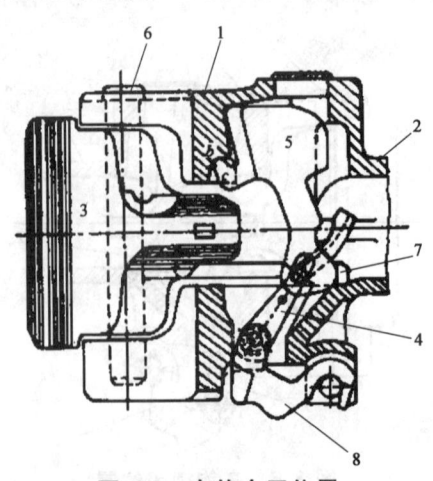

图3-7 车钩全开位置

1—钩头；2—钩尾；3—钩舌；4—下锁销；5—钩锁铁；6—钩舌销；7—钩舌推铁；8—下倾锁杆

钩锁铁被充分顶起达到最高位置。由于钩锁铁偏重，使其上部向前移，这时锁铁前部凸起处与钩头顶壁接触，并以此为支点向钩腔后方摆动，使其下端向后猛击钩舌推铁的一端。此时，钩舌推铁以其支撑销为中心逆时针转动，钩舌推铁的另一端推动钩舌外转，钩锁铁便坐落在钩舌尾部上方，形成全开状态。

电力机车车钩（下作用式）具有良好的防跳性能，当某种外力促使钩锁铁向上跳动时，便带动下锁销一起向上移动（移动量不超过13 mm）。此时，下锁销顶部抵到钩舌尾部扇形面平台上，从而阻止钩锁铁继续上升，这样就可起到防跳钩的作用。

四、缓冲装置

缓冲装置主要用来缓和列车在运行中由于牵引力的变化或在起动、制动以及调车作业时机车车辆相互碰撞而引起的纵向冲击和振动，具有耗散机车车辆之间冲击和振动的功能。其主要是借助压缩弹性元件来缓和冲击作用力，同时弹性元件在变形过程中利用摩擦和阻尼吸收冲击能量，从而减小机车车辆结构、电气设备和货物的损伤，提高列车运行的平稳性。

1. 初压力

初压力是指缓冲器的静预压力。初压力的大小将影响列车起动加速度，缓冲器在满足容量要求的前提下，应尽量减小初压力。

2. 最大作用力

最大作用力是缓冲器产生最大变形量时所对应的作用外力，比车体容许的载荷要小；否则当发生超限载荷时，车体将发生永久变形而损坏。

3. 缓冲器的行程

缓冲器受力后产生的最大变形量称为行程。此时，弹性元件处于全压缩状态，如再加大外力，变形量也不再增加。

4. 容　量

容量是缓冲器在全压缩或全拉伸过程中，作用力在其行程上所做的功的总和。它是衡量缓冲器能量大小的主要指标，如果容量太小，则当冲击力较大时就会使缓冲器全压缩或全拉伸，从而导致车辆刚性冲击。车辆质量越大，冲击速度越高，则要求缓冲器的容量也越大。

5. 能量吸收率

缓冲器在全压缩过程中，有一部分能量被阻尼所消耗，其所消耗部分的能量与缓冲器容量之比称为能量吸收率。吸收率越大，表明缓冲器吸收冲击能量的能力越大，反冲作用就越小；如果吸收率较小，则缓冲器必须往复工作几次方能将冲击能量消耗尽，这将加剧列车纵向冲动，并导致车钩、车底架过早产生疲劳损伤。一般要求能量吸收率不低于70%。

6. 对缓冲器的基本要求

（1）有足够的容量和较高的冲击能量吸收率（不小于75%）。
（2）有足够的强度和耐久性。
（3）在小冲击力作用下动作灵敏。
（4）摩擦件应耐用、耐磨，磨耗均匀。
（5）阻力特性可调节。

7. 缓冲器的种类

（1）摩擦式二号缓冲器。

全钢摩擦式二号缓冲器由盒体、盒盖、内外环弹簧、底板等零件组成，如图3-8所示。该缓冲器额定容量为30 kJ，额定阻抗力为1 275 kN，额定行程为67.7 mm。缓冲器能部分吸收机车车辆间的冲击能量，可有效地缓和其间的冲击。机车车钩除钩头体各部分外，还有安装在钩头上的有关配件，如图3-4所示。

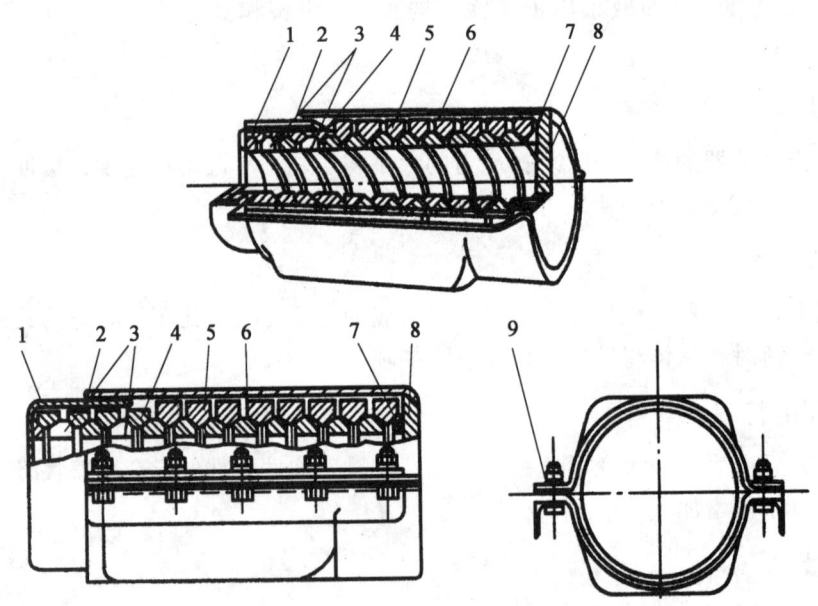

图3-8 全钢摩擦式二号缓冲器
1—盒盖；2—内环弹簧；3—开口内环弹簧；4—外环弹簧（小）；5—盒体；
6—外环弹簧（大）；7—半环弹簧；8—底板；9—螺栓

（2）MX-1型摩擦式橡胶缓冲器。

MX-1型缓冲器是一种带有摩擦楔块和橡胶减振片的缓冲器，如图3-9所示。橡胶片的两面与钢板经硫化处理后固结在一起，构成一组减振单元，整个缓冲器共有9片相同的橡胶片。橡胶片能起缓冲复原作用，但因其承压的面积有限，单靠橡胶片的作用，容量较小，因此在缓冲器的前部设有摩擦楔块组件。楔块介于箱体与压块之间，当缓冲器压缩时，接触面之间产生摩擦，与橡胶片一起吸收冲击能量。

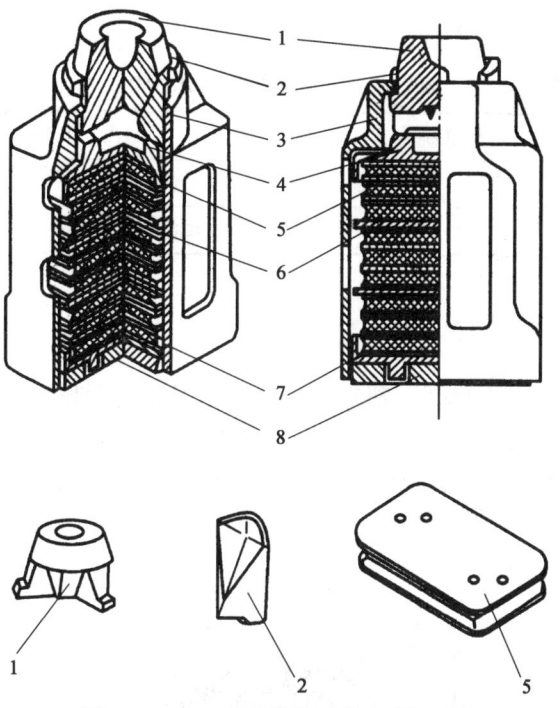

图 3-9　MX-1 型摩擦式橡胶缓冲器

1—压块；2—楔块；3—箱体；4—顶隔板；5—橡胶板；6—中隔板；7—底隔板；8—底板

（3）MT-3 型缓冲器。

MT-3 型缓冲器由箱体、中心楔块、动板、外固定板、弹簧、楔块和固定斜板等组成。MT-3 型缓冲器容量不低于 45 kJ，阻抗力不大于 2 000 kN，缓冲器行程为 83 mm，吸收率不小于 80%。

（4）QKX100 型胶泥缓冲器。

QKX100 型胶泥缓冲器用于 HXD_3 型电力机车，主要由壳体、连接板、预压板、弹性胶泥芯子、垫块、减磨套、紧固件等组成，如图 3-10 所示。

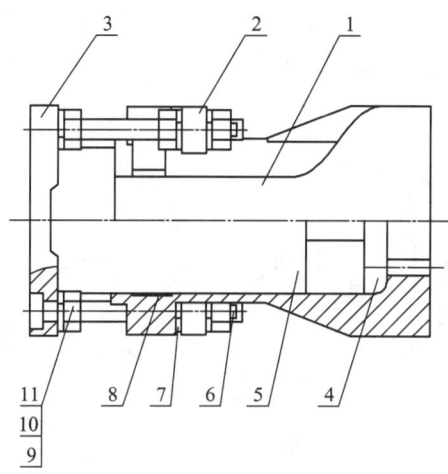

图 3-10　QKX100 型胶泥缓冲器

1—壳体；2—连接板；3—预压板；4—垫板；5—弹性胶泥芯子；6—开口销；
7—垫块；8—减磨套；9—螺杆；10—螺母；11—垫圈

缓冲器主要技术指标见表3-1。

表3-1 缓冲器主要技术指标

项目	初压力/kN		最大阻抗力/kN		行程/mm		容量/kJ		吸收率/%	
	静态	动态	静态	动态	静态	动态	静态	动态	静态	动态
指标	≤150	≤150	≥1 200	≤2 500	≤83	≤83	≥35	≥100	≥45	≥80

五、车钩的受力和磨耗

当机车牵引列车或推送车辆时，机车车钩分别承受拉力和压力，这些力均作用在钩舌和钩体上，如图3-11所示。当机车牵引运行时，车钩处于锁闭状态，载荷经钩舌尾端凸起处 m 及 n 分别作用于钩头的内缘 o 及 p 处。当机车推进运行时，载荷经钩头的 g 及 r 分别作用于钩舌的 s 及 t 处，以传递推进力或冲击力。所以在正常状态下，钩舌销不受牵引力、推进力或冲击力的作用，它仅作为钩舌的旋转轴。

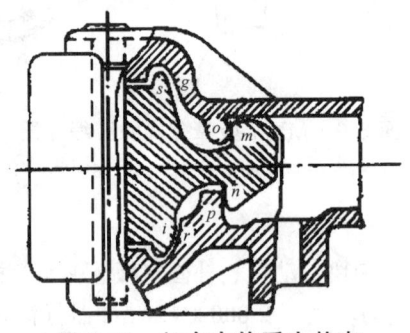

图3-11 机车车钩受力状态

但在列车运行时，所产生的纵向冲击和垂直振动使得相互连接的两车钩发生相对位移，导致磨损。在牵引运行时，钩舌内侧受到磨损[见图3-12（a）]，在推进运行中，钩舌外侧受到磨损[见图3-12（b）]。因此，车钩在使用过程中，钩舌会逐渐磨损变薄，使车钩的强度减弱。同时，由于钩舌磨薄连接松旷，将增加列车的冲动量，使钩舌容易互相脱离。因此，应按车钩的磨耗限度随时注意检查，以确保行车安全。

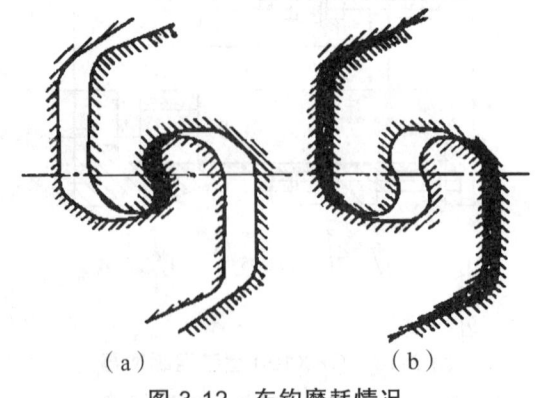

（a） （b）

图3-12 车钩磨耗情况

子任务三　密接式车钩缓冲装置

高速列车、城市地铁和轻轨车辆的车钩缓冲装置通常采用密接式车钩，这种车钩属刚性自动车钩，在两钩连接后，车钩的机械气路、电路均能同时实现自动连接，车钩间没有上下和左右的移动，而且纵向间隙也在很小的范围之内（1~2 mm），可以提高列车的运行平稳性，降低车钩零件的磨耗和噪声。

密接式车钩的构造和工作原理与上述一般车钩完全不同。目前，国内外常见的有4种结构形式：MJGH-25T型密接式车钩；日本新干线高速列车上所采用的柴田式密接式车钩（我国北京地铁车辆采用）；德国的沙库（Schafenberg）型密接式车钩（我国上海地铁车辆采用）；德国的 BSI-COMPACT 型密接式车钩。

为了满足旅客列车提速的要求，我国 25T 型和 19T 型部分客车试用了 MJGH-25T 型密接式车钩缓冲装置。

一、密接式车钩缓冲装置的组成

MJGH-25T 型密接式车钩缓冲装置主要由联挂系统、缓冲系统和安装吊挂系统三大部分组成。

1. 联挂系统

主要作用是实现车钩自动连接和分解，25T 型客车用密接式钩缓装置联挂系统只完成机械联挂功能。

2. 缓冲系统

主要在列车运行过程中起吸收冲击能量、缓和纵向冲击和振动的作用。

3. 安装吊挂系统

对整个钩缓装置提供安装定位和支撑，并包含一个回转机构，保证钩缓装置在各自由度方向上能产生足够的动作量，动作和复位灵活。

密接式车钩缓冲装置安装在车体底架牵引梁的专用安装板上，以4个 M38 螺栓固定，安装和拆卸工作量小。为了保证车钩解钩后自动联挂，密接式钩缓装置具有水平面内自动对中功能，以便解钩后车钩纵向中心线能保持在与列车纵向中心线平行的位置。

MJGH-25T 型密接式车钩缓冲装置的组成如图 3-13 所示。

二、密接式车钩缓冲装置的性能特点

（1）可实现自动联挂，联挂状态纵向平均间隙不大于 1.5 mm。

（2）在使两车可靠联挂的同时，保证列车能顺利通过现有线路所有平、竖曲线。

（3）缓冲和吸收列车运行过程中车辆之间的纵向冲击能量。

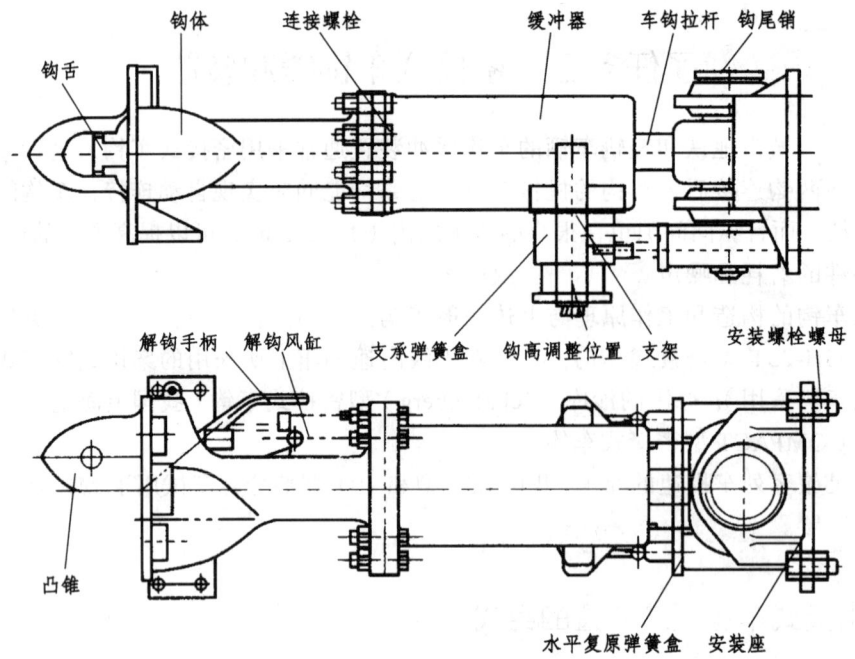

图 3-13 密接式车钩缓冲装置组成

（4）解钩采用人工作业。

（5）密接式车钩不能直接与普通车钩联挂，如特殊情况下要求车组与装普通车钩的机车车辆联挂，可采用配备的专用过渡车钩。

任务二　牵引缓冲装置日常检查和维修

【学习目标】

（1）熟悉牵引缓冲装置日常检查内容；

（2）能完成牵引缓冲装置日常维护保养；

（3）能完成牵引缓冲装置日常检查；

（4）能完成牵引缓冲装置常见故障处理。

【知识准备】

子任务一　牵引缓冲装置的技术要求

一、有关规定

为了保证列车运行安全，《铁路技术管理规程》（简称《技规》）规定，编入列车中的车辆应达到运用状态，车钩缓冲装置应符合下列质量要求：

（1）车钩、尾框、从板座、缓冲器无裂损。

（2）车钩中心水平线至钢轨顶面高度要符合表 3-2 中的规定。

表 3-2 车钩中心线高度差

项 目	车 种	高度/mm
最大	客车、货车	890
最小	空货车	835
	客车	830
	重货车	815

二、其他标准

（1）在钩头左侧突出部，应涂刷或铸有车钩类型标记。

（2）在车钩钩舌中心，沿钩舌外侧及钩头两侧，应按规定涂刷车钩中心线标记，以便测量车钩的高度。

（3）车钩中心线在空车状态时距钢轨顶面的标准高度：客车为 880^{+10}_{-5} mm，货车为 (880 ± 10) mm。

（4）货车上作用式钩锁销链松余量为 30～45 mm。

（5）按 TB/T 456－2008《车钩、钩尾框技术条件》规定，车钩的三态作用应在车钩轴线呈水平的状态下，通过解钩提杆，检查车钩的三态作用是否良好。

① 全开位置：将提杆用力持续提起，钩舌完全伸开，即为全开状态良好。

② 闭锁状态：在全开状态时，在钩舌上施加推力将钩舌缓缓地向钩头里推动，锁铁以自身质量完全落下，使钩舌不能伸出，即为锁闭状态良好。

③ 开锁位置：用手缓慢转动操纵提杆手把，使闭锁位的钩锁抬高到钩舌尾部以上。在此过程中钩舌不许有转动。然后将提杆回转并放松，此时钩锁开锁座锁面须坐落在钩舌推铁上。放下提钩杆，锁铁仍未落下，钩舌也未移动，同时应能用手从钩舌内侧顺利地将钩舌扳至全开位。

车钩及钩尾框主要技术参数如表 3-3 所示。

表 3-3 车钩主要技术参数

技术参数名称		技术参数值
车钩静拉破坏强度/kN		3 800
各主要部件最小破坏载荷/kN	钩舌	3 430
	钩体	4 005
	钩尾框	4 005
产生 0.8 mm 永久变形的最小载荷/kN	钩舌	1 780
	钩体	3 115
	钩尾框	3 340
断裂韧性（NDTT）		≤ －56 ℃
冲击性能：－40 ℃ 不低于/J		27
硬度	钩舌	241～291 HBS
	钩体	241～311 HBS
	钩锁	241～311 HBS
车钩开度/mm	锁闭状态	112～122
	全开状态	220～235

子任务二 牵引缓冲装置的检查和维修

一、牵引缓冲装置日常检查和维修

（1）车钩提杆座螺栓座不得松动。车钩有摆动时，提杆不得有抗劲。
（2）车钩托板、钩尾框托板、紧固螺钉及钩尾销止挡螺栓不得松动。
（3）检查车钩下锁销与下锁销杆的连接销轴及开口销状态是否正常。
（4）外观检查车钩及钩尾框状态，其松动量应不大于 1 mm。
（5）检查缓冲器在缓冲座内的状态，其松动量应不大于 1 mm。
（6）车钩三态作用良好。
（7）检查车钩水平中心线距轨面的高度（机车停在水平道上），应保持在 815～890 mm。
（8）车钩缓冲装置各活动部位应定期涂润滑脂。

二、牵引缓冲装置定期检查和维修

（1）车钩及钩尾框应定期清洗，按中国铁路总公司颁发的有关文件进行检查探伤焊补。
（2）当车钩处在全开状态时，从车钩前抬动钩锁铁，使其向上移动，其活动量不应大于 13 mm，超过时允许在下锁销顶焊补或更换销轴。
（3）检查钩耳销是否松动，它与钩舌销的间隙不大于 5 mm。
（4）检查钩舌套是否松动，它与钩舌销的间隙不大于 4 mm。
（5）钩舌与钩体上下承力面应接触良好，钩舌与钩锁铁侧面间隙不大于 5 mm。
（6）组装后车钩三态作用良好，钩舌开度：闭锁位时为 112～122 mm，全开位时为 220～235 mm。
（7）车钩检修完后表面涂清油，车钩内部及活动部位涂润滑脂。

三、牵引缓冲装置常见故障及处理

牵引缓冲装置常发生以下几种故障：
（1）列车在运行中或调车作业发生重大冲击时，易发生钩舌及钩舌销折损故障。在有列检所的车站，应通知列检所处理；在无列检所的车站或运行途中，机车乘务员与车站值班员配合，用机车前部或最后一辆车后部同型车钩配件更换（如有列尾装置，最后一辆车后部车钩不可使用）。
（2）列车发生重大冲击时，钩体、从板、从板座及缓冲器等易产生变形、裂纹或断裂。车钩、尾框发生裂纹，从板座、缓冲器裂损时可与列检人员联系。一般不允许现场焊修，冬季更不允许，因为难以保证焊修质量。现场更换困难，需要有吊装装置。
（3）车钩高度不符合规定。列车相互联挂的两车辆，车钩中心线的高度差超过限度时，由于两钩舌接触面小，受力面小，钩舌容易折损。

① 车钩高于 890 mm 时，可考虑适当抬高钩尾部，也可考虑适当降低钩头部。车钩高于 890 mm 的情况，现场一般不会发生。

② 货车重车低于 815 mm，空车低于 835 mm 时，可考虑适当降低钩尾部，也可考虑适当抬高钩头部，还可以考虑在轴箱与侧架轴箱支承面之间加垫板。

（4）车钩闭锁位置不良。

① 钩锁不能充分落下。这是因为钩舌尾部和钩锁两接触面磨耗而堆焊过多，造成作用不灵活；或因钩头内有煤、石、杂物等，卡住钩锁不能下落。

② 自动开锁。这是因为防跳不良，防跳部因磨耗未能卡住，在车辆运行时由于振动造成车钩分离；或钩锁销链过短，车辆冲击振动时也会引起自动开锁。

（5）车钩开锁位置不良。

① 钩锁栽头。在开锁时，由于钩头内各接触面之间的磨耗等各种因素使钩锁下降，当提起钩提杆时，钩锁因头部偏重而向前倾斜，使钩锁头部容易脱出钩腔而被卡住，造成提不起钩锁，使开锁作用不良。

② 开锁座锁面、锁座磨耗。开锁时虽然能提起钩锁，但放下车钩提杆时，钩锁又自动落下，原因是钩锁的开锁座锁面磨耗过限，或钩舌推铁锁座部分磨耗过限，或钩舌推铁严重变形，致使开锁作用不良。

此外，钩锁弯曲变形，钩锁与上锁销杆或与下锁销脱离等均会使车钩开锁作用不良。

提钩时遇此情况，须待车辆脱钩后方可将车钩提杆放下。

（6）车钩全开位置不良。

① 钩锁的前部突起（全开作用突起）高度不足或磨耗过多；车钩在进行全开作用时，钩锁的前部突起与钩腔的全开作用台不能充分接触，以致不能完全推出钩舌尾部。

② 钩舌推铁磨耗或钩舌推铁弯曲变形，致使全开作用不良。

此外，钩舌销弯曲、钩锁销链过长均会使车钩全开位置不良。

遇此情况时，可用手直接提链或一手提链一手扳动钩舌，使其达到全开位置。

子任务三　牵引缓冲装置日常保养

一、牵引缓冲装置的保养要求

（1）前、后磨耗板有裂纹及变形时需整修。

（2）从板座缓冲器与从板座及尾框各工作面必须接触，其组装中心偏差、尾框厚度及尾框安装从板处的磨合量，须符合限度规定。

（3）车钩尾框上的裂纹及销孔向前延伸的裂纹禁止焊修。

（4）各零件摩擦面必须涂润滑油。

二、车钩日常保养

（1）车钩"三态"作用必须良好。

（2）车钩在锁闭后，钩舌尾部与锁铁垂直面的接触高度、钩舌与锁铁的间隙、钩锁铁垂直活动量，须符合限度规定。钩体防跳凸台的作用面须垂直，钩舌与钩体的上下承力面接触良好。

（3）钩舌销与钩耳孔的间隙、钩舌销与钩舌孔之间的间隙、钩舌与上钩耳的间隙、车钩的开度、车钩的中心高度、钩尾销尺寸及钩尾销与钩尾销孔的间隙等符合限度规定。

（4）车钩复原装置作用良好，均衡梁与吊杆不得有裂纹。

（5）车钩各零部件不得有裂纹，下列情况禁止焊修：

① 钩体上的横向裂纹，销孔向尾端发展的裂纹，钩耳销孔处超过断面40%的裂纹；

② 钩舌的裂纹；

③ 锁铁及钩舌推铁有裂纹；

④ 钩舌销裂损。

（6）钩尾扁销及螺栓、钩身托板及螺栓等齐全、紧固。

三、缓冲器保养

（一）符合下列条件之一的需要修理

（1）按照缓冲器箱体上的制造年月算起，已到9年；

（2）在车辆上其动板间隙（动板与中心楔块的高度差）的平均值小于3 mm（测量时将动板向箱体内压实）；

（3）对卸下的缓冲器，其动板间隙（动板与中心楔块的高度差）的平均值小于4.5 mm（测量时将动板向箱体内压实）。

（二）符合下列条件之一的应予以报废

（1）箱体长度小于482 mm；

（2）箱体口部出现裂纹；

（3）箱体变形造成钩尾框不能套入；

（4）零件丢失。

任务三　车钩摘挂及制动软管摘接

【学习目标】

（1）熟悉车钩摘挂的注意事项；

（2）熟悉制动软管、折角塞门的结构；

（3）能完成车钩摘挂；

（4）能够完成制动软管摘接。

【知识准备】

子任务一 机车解钩装置

摘挂机车车辆时，为了保证工作人员的人身安全及工作方便，省时省力，在机车车辆两端车钩附近设有开启车钩的机构，称为解钩装置（亦称提钩装置）。

车钩提杆设在车钩钩头上方，向上扳动车钩提杆，通过钩锁销链带动钩锁销上升而使车钩打开的解钩装置称为上作用式解钩装置，如图3-14所示。

车钩提杆设在车钩钩头下方，向上扳动车钩提杆，使下作用式钩锁销上升，使车钩打开的解钩装置称为下作用式解钩装置，如图3-15所示。

车钩中心线距轨面高度为815～890 mm，可在车钩托板及尾框托板处增减垫板来调整车钩的高度。车钩尾端与前从板之间有2～9 mm的间隙，使车钩能左右摆动，有利于机车车辆在曲线地段联挂。

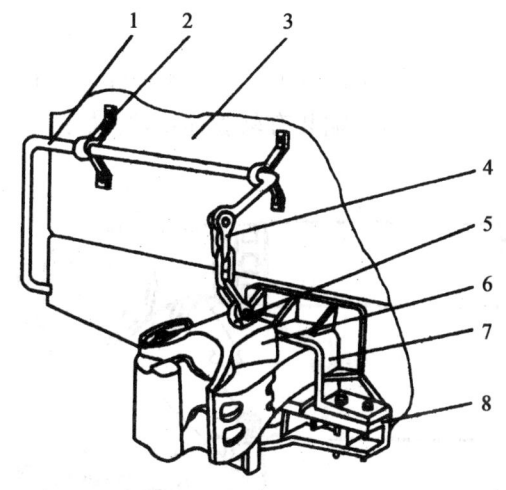
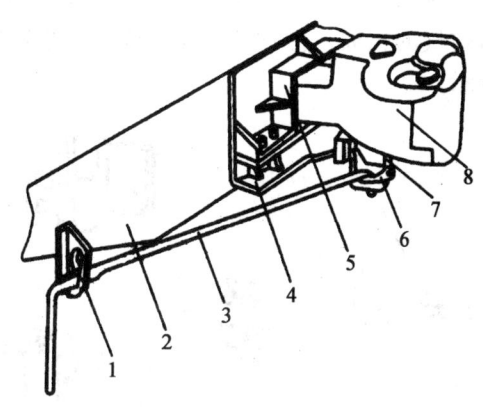

图3-14 上作用式解钩装置　　　　　　　　图3-15 下作用式解钩装置

1—车钩提杆；2—钩提杆座；3—车体端墙4—提钩链；　　1—钩提杆座；2—底架端梁；3—车钩提杆；4—车钩托梁；
5—上锁销；6—钩头；7—冲击座；8—车钩托梁　　　　　5—冲击座；6—下锁销体；7—下锁销；8—钩头

子任务二 车钩的摘挂

一、联挂车辆

联挂车辆时，一般应将一方车钩置于全开位置，另一方车钩置于闭锁位置。在曲线上联挂车辆时，由于车辆偏倚，两车钩纵向中心线偏离过大，联挂比较困难，除应将两车钩钩舌均置于全开位置，还可以利用货车钩身两侧的空隙（50～140 mm）左右移动钩头，使两车钩的纵向中心线接近，便于联挂。

车辆联挂后，必须确认是否成为完全连接状态。主要应观察钩锁足部（下端）是否露出钩头下部（应注意 13 号车钩露出较少，不易观察），或看上下锁销是否充分落下。如发现车钩未完全形成闭锁位置（钩锁未充分落下），又不能重新联挂时，可用适当的器物（木棍、旗杆等）由钩头下部锁销孔向上触动钩锁的足部（下端），使其充分落下即可形成闭锁位置。

二、摘解车辆

摘解车辆时，可扳动任何一方的车钩提杆，使钩锁上升成开锁位置。此时，钩舌虽未开放，但邻车向前移动，则钩舌立即被拉开从而摘开车钩。

子任务三 制动软管摘接

一、制动软管

制动软管连接相邻机车车辆的制动主管，能在列车通过曲线或车辆互相伸缩时保证压缩空气的畅通。它的一端装有接头，可与制动主管连接；另一端装有软管连接器，如图 3-16 所示。

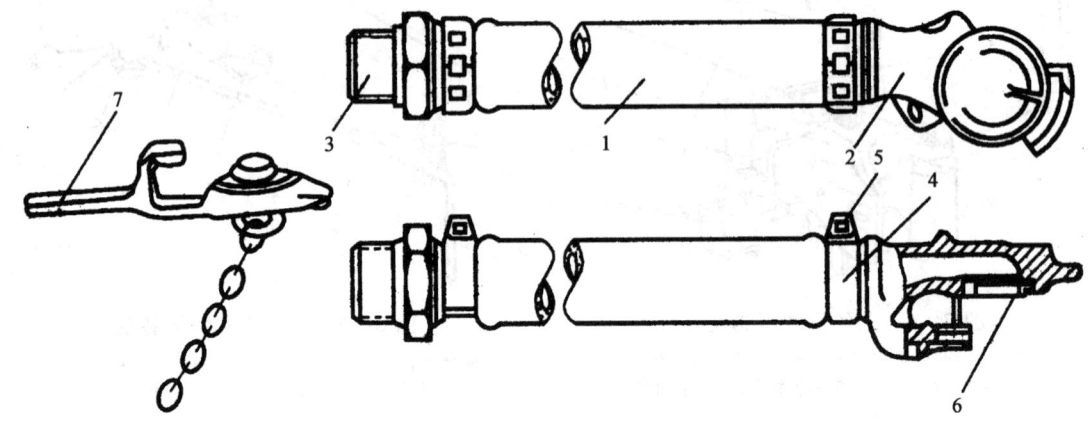

图 3-16 制动软管

1—制动软管；2—软管连接器；3—软管接头；4—卡子；5—螺栓和螺母；6—垫圈；7—防尘堵

二、折角塞门

折角塞门安装在制动主管的两端，用于开通或关闭主管与软管之间的压缩空气通路，以便车辆的摘挂。目前，折角塞门有锥芯式和球芯式两种，现大多数货车采用球芯式折角塞门，如图 3-17 所示。折角塞门上装有手把，扳动手把时，应先向上抬起使其离开正卡，然后才能向左或向右转动 90°。手把与主管平行时为开通位置，手把与主管垂直时为关闭位置。

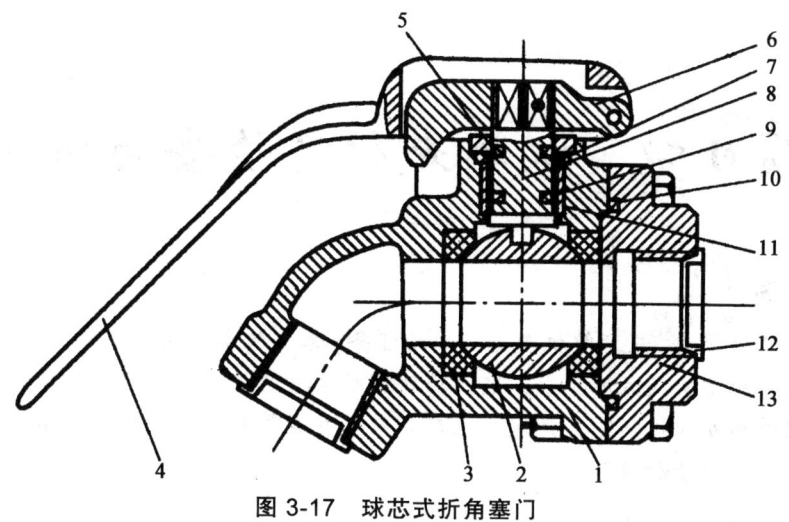

图 3-17 球芯式折角塞门

1—塞门体；2—球芯塞门；3—密封垫圈；4—手把；5，7，9，10—O 型密封圈；6—套口；8—塞门芯轴；11—塞门芯轴套；12—防尘堵；13—盖

三、摘接风管

当需要分解机车和车辆或车辆和车辆时，应先将两车的制动软管分开，然后才能扳动车钩提杆，将机车、车辆分解。摘风管时，应先关闭折角塞门，然后再摘开制动软管。

联挂机车车辆时，在车钩缓冲装置连接好后，将制动软管接好，再将折角塞门置于开通位置。

复习思考题

1. 牵引缓冲装置的主要作用是什么？
2. 牵引缓冲装置应满足哪些要求？
3. 牵引缓冲装置的主要组成部分有哪些？
4. 简述机车牵引和推送时力的传递顺序。
5. 简述车钩的三态作用。
6. 对缓冲器的基本技术要求有哪些？
7. 常用的缓冲器有哪几种？
8. 简述密接式车钩缓冲装置的性能特点。
9. 《技规》对牵引缓冲装置的技术要求有哪些？
10. 简述牵引缓冲装置日常检查和维修内容。
11. 牵引缓冲装置常见故障有哪些？如何进行故障处理？
12. 简述如何进行车钩的摘挂？
13. 摘接风管应注意哪些事项？

项目四　机车走行部检查与维修

【项目目标】

通过本项目的学习,应了解机车走行部的任务;掌握机车转向架的主要组成部件及作用;熟悉机车走行部的结构及运用要求;熟悉轮轨润滑装置的结构与原理;熟悉撒砂装置的结构与原理;能判断和处理机车轮箍弛缓、机车走行部异音等故障;能按机车走行部检查要求对走行部进行检查、维修和保养。

【项目任务】

任务一　机车转向架结构认知
任务二　机车转向架检查与维修

任务一　机车转向架结构认知

【学习目标】

（1）了解机车走行部的任务;
（2）掌握机车转向架的主要组成部件及作用;
（3）熟悉机车走行部的结构及运用要求。

【知识准备】

子任务一　机车走行部的任务及组成

一、机车走行部的任务

（1）承受机车车体、车架、其他设备等机车上部的全部质量,并通过轮对将机车重力作用于钢轨。

（2）将牵引电动机的输出力矩转变成机车牵引力,并经机车车体等将牵引力传递到牵引缓冲装置,牵引列车运行。

（3）缓和机车在运行中由于线路不平顺所受到的冲击和振动,保证机车平稳运行。

（4）能够使机车顺利通过曲线。

（5）当机车制动时产生必要的制动力,使机车减速或在规定的制动距离内停车。

二、机车走行部的组成

机车走行部采用转向架形式，机车转向架一般由构架、弹簧装置、连接装置、轮对、轴箱、驱动装置、基础制动装置等组成。

1. 构　架

构架是机车转向架的骨架，承受和传递机车所受到的垂向力、纵向力和横向力。

2. 弹簧装置

弹簧装置用来保证一定的轴重分配，缓和机车受到的由于线路不平顺引起的冲击和振动，保证机车的垂向平稳性。

3. 连接装置

连接装置连接机车车体与走行部，用以传递纵向力和横向力，使转向架在机车通过曲线时能相对于车体做一定角度的回转。在高速机车上，车体与转向架间还设置横动装置，以提高机车在水平方向的运行平稳性。

4. 轮对和轴箱

机车通过轮对将机车质量作用于钢轨，通过轮轨间的黏着作用产生机车牵引力或制动力，并通过轮对的回转实现机车在钢轨上的运行。轴箱是联系机车构架和轮对的活动关节，保证机车轮对进行回转运动，还能使轮对相对于构架上下、左右和前后活动，以适应线路情况。

5. 驱动装置

机车驱动装置是一个减速机构，将牵引电机的输出功率传递给机车动轮对。

6. 基础制动装置

基础制动装置将制动缸活塞杆推出的推力（或手制动机的人力），经杠杆系统增大一定的倍数，传递给闸瓦或闸片，使其压紧车轮踏面或制动盘盘面，使机车动轮和钢轨间相互作用产生制动力。

机车走行部的受力十分复杂，承担着机车上部结构的全部质量，以及机车运行中产生的牵引力、制动力和横向力，而且还经常受到各个方向的各种冲击载荷。随着铁路运输的发展，对机车的牵引质量及运行速度提出越来越高的要求，为保证运输安全，机车走行部在结构性能及强度等方面应满足以下要求：

（1）在满足机车总体强度要求的前提下，要尽可能减轻机车走行部质量；
（2）要使机车具有良好的动力学性能；
（3）机车走行部的结构要简单，以便于制造和维修。

三、机车转向架分类

1. 按转向架轴数分类

按转向架轴数分类，机车转向架可以分为二轴转向架、三轴转向架和多轴转向架，如韶山$_4$、韶山$_{4改}$、韶山$_5$、HXD$_1$、HXD$_2$等电力机车采用二轴转向架；韶山$_1$、韶山$_3$、韶山$_{3B}$、HXD$_{1B}$、HXD$_{1C}$、HXD$_3$、HXD$_{3B}$等电力机车采用三轴转向架。

2. 按机车速度分类

按机车速度分类，机车转向架可分为高速转向架和普通转向架。一般速度在 200 km/h 以上的为高速转向架，速度在 120 km/h 左右的为普通转向架。

3. 按弹簧装置形式分类

按弹簧装置形式分类，机车转向架可分为一系弹簧悬挂转向架和二系弹簧悬挂转向架。一系弹簧悬挂转向架适用于低速机车，二系弹簧悬挂转向架适用于中高速机车。

4. 按轴箱定位形式分类

按轴箱定位形式分类，机车转向架可分为有导框定位转向架和无导框定位转向架。我国主要型号电力机车均采用无导框定位转向架。

5. 按车体与转向架的连接装置形式分类

按车体与转向架的连接装置形式分类，机车转向架可分为有心盘转向架和无心盘转向架。我国主要型号电力机车均采用无心盘转向架。

四、机车轴重、单轴功率和结构速度

1. 轴 重

机车在静止状态下每个轮对作用在钢轨上的质量称为轴重。

轴重越大，机车每根轴所能发挥的黏着牵引力也越大。但轴重越大，机车运行中对线路的影响和破坏性也越大。

2. 单轴功率

机车每根轮轴所能发挥的功率称为单轴功率。

机车单轴功率反映了机车牵引电动机和转向架的设计制造工艺水准。在相同轴重下，单轴功率越大，机车所能达到的运行速度越高。单轴功率应根据运行速度和牵引力的设计要求而定。欧洲各国发展的结构速度大于 200 km/h 的机车，其单轴功率普遍大于 1 000 kW；结构速度达到 160 km/h 的机车，其单轴功率一般大于 800 kW。

3. 构造速度

转向架在结构上所允许的机车最大运行速度称为机车的构造速度。

子任务二 韶山4改型电力机车转向架

一、韶山4改型电力机车转向架的特点

韶山4改型电力机车有 4 台相同的 $B_0\text{-}B_0$ 转向架，如图 4-1 所示。

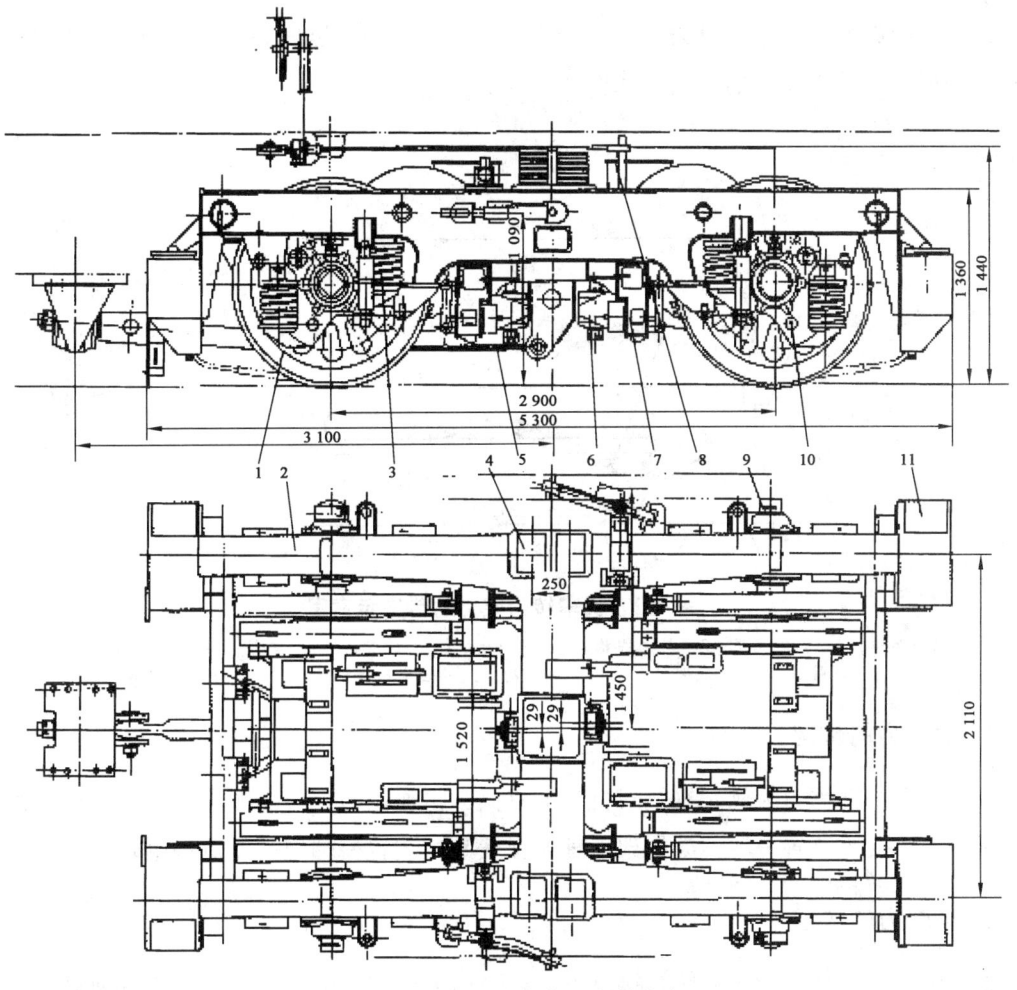

图 4-1 韶山4改型电力机车转向架

1—轮对电机驱动装置；2—构架；3—一系悬挂装置；4—二系悬挂装置；5—牵引装置；6—电机悬挂装置；
7—基础制动装置；8—手制动装置；9—防空转传感器；10—整体起吊连接装置；11—砂箱装置

（1）机车转向架一系悬挂采用轴箱螺旋钢弹簧与弹性拉杆定位的独立悬挂结构，并配置垂向油压减振器；转向架二系悬挂采用全旁承橡胶堆加横向油压减振器和摩擦减振器的简单悬挂结构。

（2）机车采用低位斜拉牵引杆方式传递牵引力和制动力。

(3）机车采用能承受轴向力和径向力的圆柱滚子轴承作为轴箱轴承。

(4）机车采用刚性半悬挂的电机悬挂方式。

(5）机车转向架构架受力状态和结构合理，工艺性好。

(6）机车基础制动采用单侧制动方式，闸瓦为高磨合成闸瓦。

二、韶山$_{4改}$型电力机车转向架力的传递

机车转向架的受力十分复杂，在运行中主要承受垂向、纵向和横向作用力，还受到许多其他冲击振动等动作用力的作用，如图4-2所示。

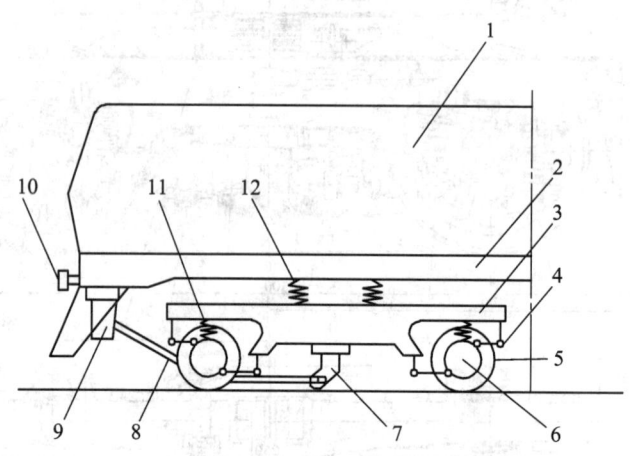

图4-2 机车转向架力的传递示意图

1—车体；2—车体底架；3—转向架构架；4—轴箱拉杆；5—车轮；6—轴箱；7—构架牵引梁；
8—牵引拉杆；9—底架牵引座；10—车钩；11—轴箱悬挂装置；12—车体支承装置

1．垂向力的传递

以车体及上部重力为例，钢轨对机车的垂向冲击作用力，传递顺序与重力相反：机车上部质量→车体支承装置→转向架构架→轴箱弹簧悬挂装置→轴箱→轮对→钢轨。

2．纵向力的传递

以牵引力、制动力为例：轮轨接触点产生牵引力或制动力→轮对→轴箱→轴箱拉杆→转向架构架→牵引杆装置→车体底架→牵引缓冲装置→车体。

3．横向力的传递

以轮轨侧压力为例，车体所受的离心力、风力等横向力将按与上述相反的传力顺序，由机车上部传到钢轨：钢轨（内侧面）→轮对（轮缘）→轴箱→轴箱拉杆→转向架构架→车体支承装置→车体底架→机车上部。

三、韶山$_{4改}$型电力机车转向架的组成

韶山$_{4改}$型电力机车转向架由构架、轮对、轴箱装置、弹簧装置、电机悬挂及传动装置等组成。

1. 转向架构架

韶山$_{4改}$型电力机车转向架构架由左右两根侧梁、一根前端梁、一根后端梁、一根牵引梁和各种附加支座等组成,各梁焊装后,构架成"日"字形结构,如图 4-3 所示。

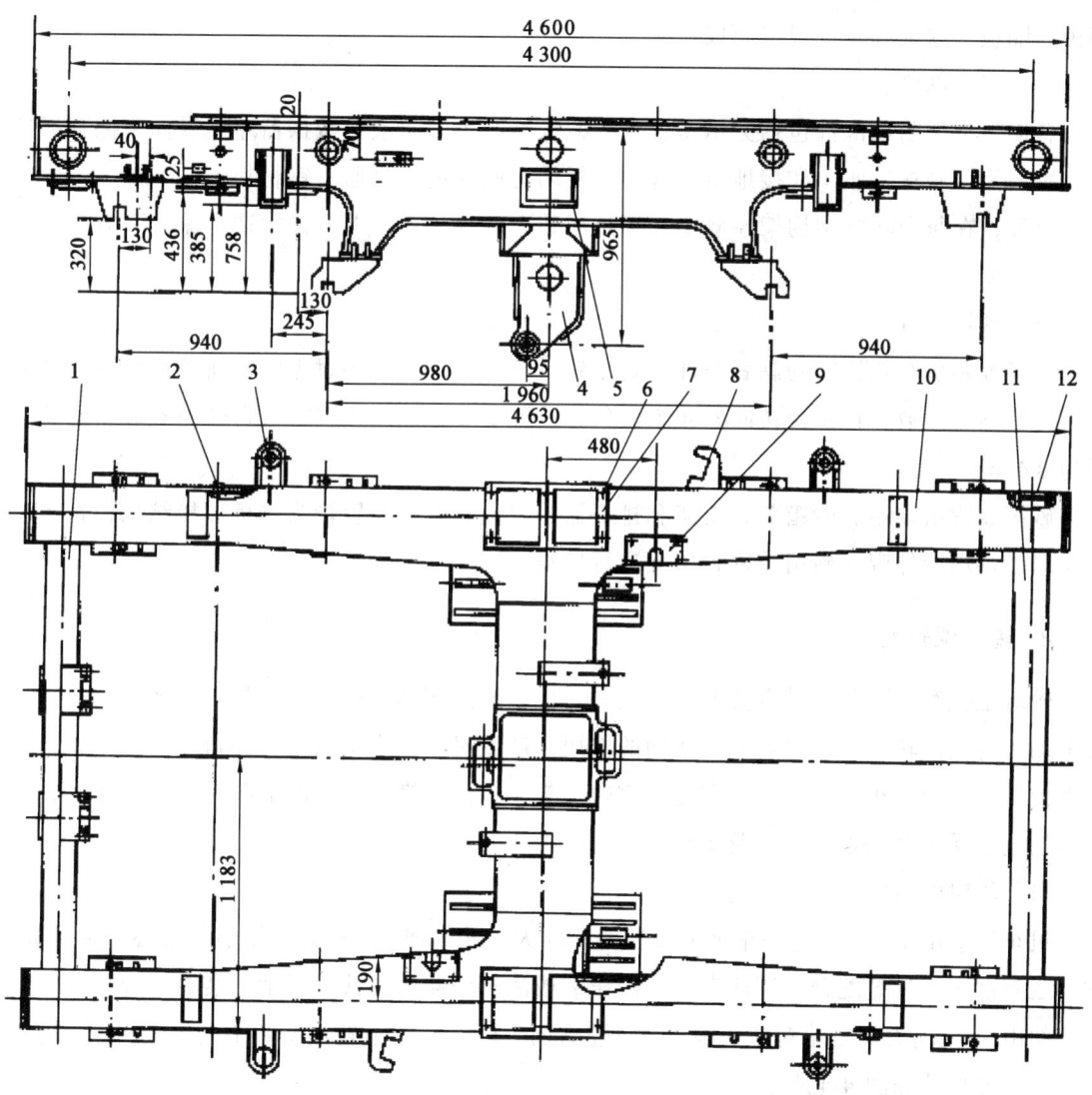

图 4-3 韶山$_{4改}$型电力机车转向架

1—前端梁;2—接地台;3—减振器上座;4—牵引梁装配;5—铭牌;6—螺钉;7—旁承座;
8—减振器座;9—横向油压减振器座;10—侧梁装配;11—后端梁;12—端盖

（1）侧梁。

转向架构架侧梁是钢板焊接箱形封闭截面，左右各一根，形状为倒"凸"形梁，梁体上焊装有弹簧座、圆弹簧座、圆弹簧拉杆座、拉杆座、定位块、吊座和端板等零部件。

（2）前、后端梁。

转向架构架前端梁上有端梁体和牵引装置三角形撑杆固定上支座。端梁体为无缝钢管，支座为普通铸钢件。后端梁采用一根无缝钢管，无其他部件。

（3）牵引梁。

转向架构架牵引梁为蝶形箱式梁体。它由上下盖板、定位销、防落框、电机悬挂吊座、筋板、隔板、立板和套等焊接而成。

（4）附属部件。

转向架构架附属部件包括旁承座、各种减振器座（横向液压减振器座、纵向摩擦减振器座和垂向液压减振器座）和接地台。各座材料均为低碳钢或普通铸钢材料。

另外，在每个转向架构架左侧梁立板处组装有铭牌一块，上方是制造厂家，下方是编号和制造日期。

（5）砂箱装置。

为了改善机车轮轨间的黏着条件，防止轮对发生空转，必要时需向钢轨轨面撒砂以增大轮轨间的黏着系数。在每台转向架4个顶角处设置了4个砂箱装置，每台转向架砂箱的总容积为 $0.4~m^3$。

砂箱装置由砂箱、砂箱盖、支架和排石器等组成。砂箱装置均为钢板焊接结构，在组装前应对砂箱焊缝外观、砂箱盖密封情况进行检查。

2. 转向架轮对

轮对是机车走行部中最重要的部件之一。机车的全部静载荷都通过轮对传递给钢轨；牵引电动机的输出转矩通过轮对和钢轨间的作用，产生机车轮周牵引力；通过轮对在钢轨上的滚动使机车牵引列车运行。当机车通过钢轨接头、道岔、辙叉及线路的各种不平顺处时，轮对刚性地承受了全部垂直方向及水平方向的冲击和振动。

（1）轮对的组成与组装工艺。

机车轮对由车轴、车轮和车轴上压装的传动大齿轮组成，车轮又由轮箍和轮心组装而成。它们之间都采用过盈配合，用热套装、冷压装或注油压装的方式紧紧地压装在一起。

韶山$_{4改}$型电力机车轮对由一根车轴、左右两个轮心和两个轮箍及两个大齿轮组成，轮对组成及主要尺寸如图4-4所示。

（2）车轴。

机车轮对的车轴用车轴钢锻制而成。车轴由轴颈、防尘座、轮座、抱轴颈和中间轴组成，如图4-5所示。

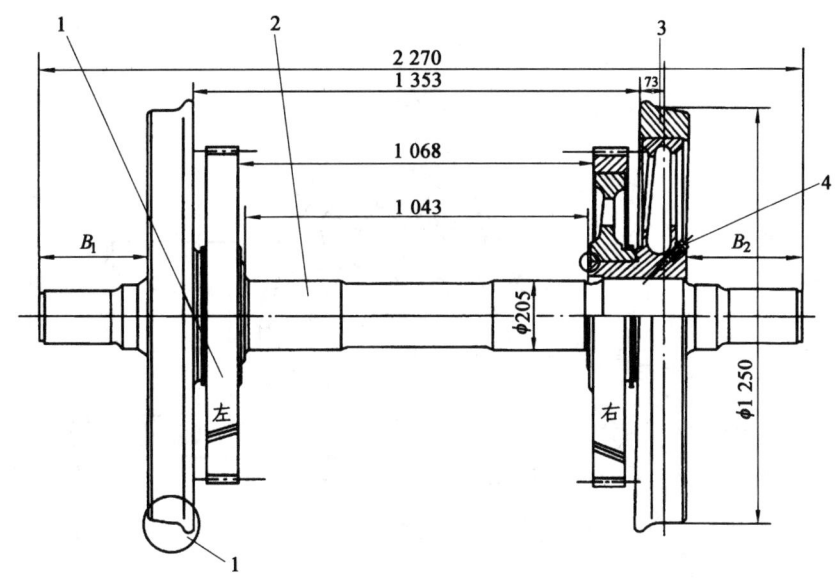

图 4-4 韶山 4改型电力机车轮对

1—大齿轮；2—车轴；3—车轮；4—油堵

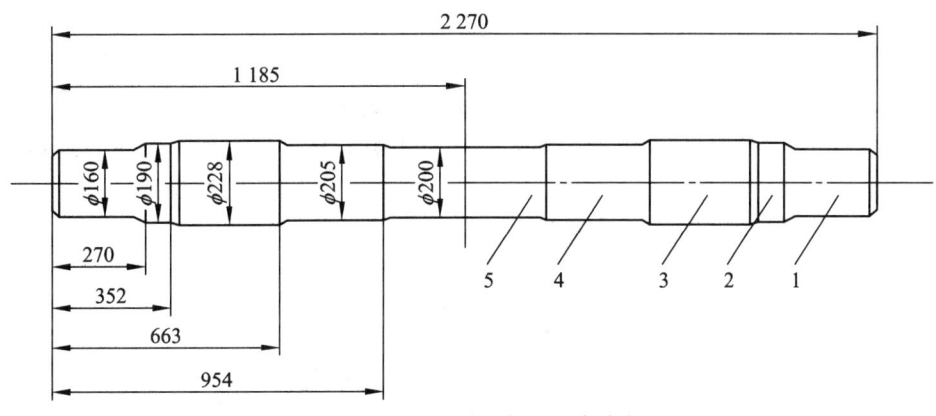

图 4-5 韶山 4改型电力机车车轴

1—轴颈；2—防尘圈座；3—轮座；4—抱轴颈；5—轴身

（3）轮心。

机车轮对轮心为辐板式结构，材料为 ZG230-450，质量为 370 kg，如图 4-6 所示。

轮心是车轮的主体，它的外周装设轮箍，中心安设车轴。轮心主要由以下部分组成：

① 轮毂：轮心上和车轴压装的部分称为轮毂。

② 轮辋：轮心上和轮箍套装的部分称为轮辋。

③ 轮辐：轮毂和轮辋之间的部分称为轮辐或辐板。

根据轮辐部分形式的不同，轮心可以分为辐板式轮心、辐条式轮心和箱式轮心等几种。

辐板式轮心具有质量轻、弹性好等优点，但强度较差；辐条式轮心质量大，铸造时内应力大，运用中易发生辐条断裂，目前已基本淘汰；箱式轮心采用了薄壁中空夹层的结构形式，其质量轻，强度大，还具有一定的弹性，可以适当减轻动作用力的危害，是目前大功率电力机车普遍采用的形式。

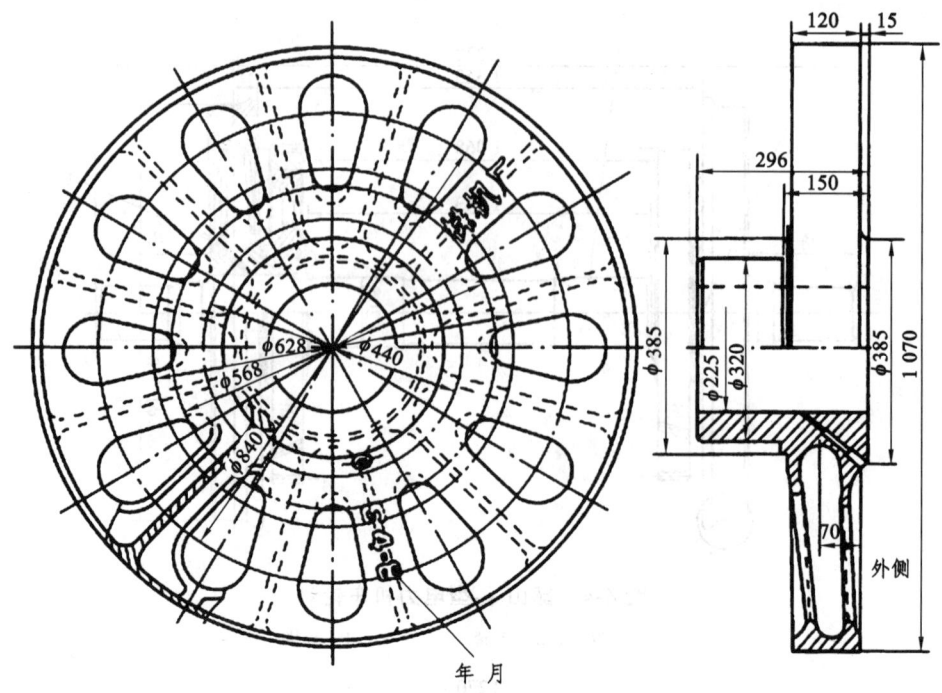

图 4-6　韶山 4改型电力机车轮对轮心

根据轮心上是否压装传动大齿轮，轮心可分为长毂轮心和短毂轮心两种。

在长毂轮心的轮毂部分压装传动大齿轮，这种组装方法可以减小车轴应力，避免压装时擦伤车轴，但轮对的质量必须有所增加。目前，长毂轮心在国外已经少见。

（4）轮箍。

机车动轮轮箍由轮箍钢轧制而成。轮箍踏面形状如图 4-7 所示。

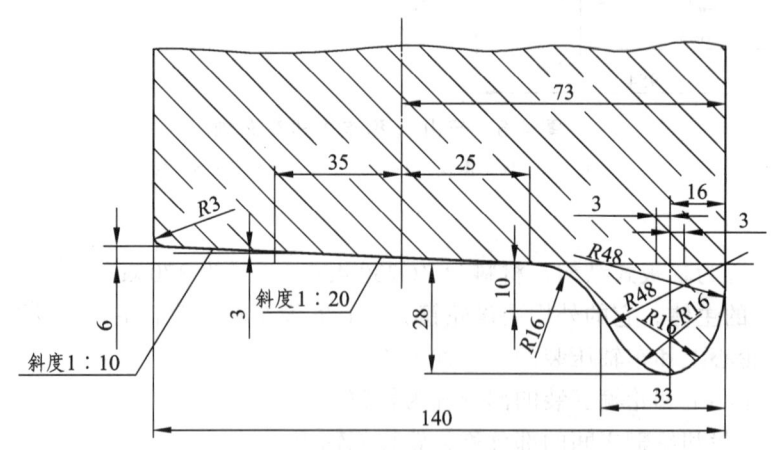

图 4-7　机车动轮轮箍踏面形状

轮箍是车轮直接在钢轨上滚动运行的部分。它用热套法套在轮心上，俗称"红套"。套装过紧会引起轮箍崩裂，特别是冬季气温低，材质脆性大，更易发生崩裂。套装过松，就很容易松缓，特别是在长大下坡道当连续施行空气制动调整列车运行速度时，轮箍发热，容易产生轮箍弛缓。

轮箍弛缓，俗称"动轮弛缓""活轮"，是机车重大惯性事故之一，对行车安全危害极大。发生动轮弛缓的原因主要是：手制动未缓解走车、制动不当使机车长时间带闸运行等易引起轮箍发热而造成动轮弛缓；机车动轮长时间空转，引起轮箍发热而造成动轮弛缓；机车动轮严重擦伤，造成冲击振动力过大，材质不良或装配工艺不当等也易引起轮箍弛缓。

为了检查轮箍是否发生了弛缓，在轮箍套装到轮心以后，用黄色油漆在轮箍和轮心结合处画一条径向宽线作为轮箍松弛标记，通过观察轮箍松弛标记有无错位来判断是否发生了轮箍弛缓现象。车轮轮箍在运用中须定期镟修，镟修或磨耗到限后必须更换新的轮箍。

（5）整体碾钢车轮。

为了适应机车运行速度的大幅提高和先进技术的应用，目前我国和国外的一些型号的电力机车多采用整体辗钢车轮，取消了车轮轮箍。

具体原因如下：

① 随着机车运行速度的大幅度提高，车轮高速转动产生的离心力对轮箍产生的应力会破坏轮心和轮箍的结合强度。因此，有必要改用整体车轮而不能采用带轮箍的车轮。

② 随着合成闸瓦的推广使用，闸瓦导热性能不良会引起制动时车轮轮箍温度过高而发生轮箍弛缓事故，为防止发生轮箍弛缓应使用整体车轮。

③ 对采用空心轴传动的电机全悬挂机车，轮心辐板要开设穿入连杆轴销或空心轴拐臂的孔，辐板强度被削弱，难以保证轮箍与轮心的配合强度。因此，有必要采用整体车轮。

机车轮对各部件之间均采用过盈配合，用热套装、冷压装或注油压装的方式紧紧地装在一起。不同型号的机车，轮对组装工艺有所不同。有的机车，大齿轮直接装在轴上，也有的机车，大齿轮装在轮心加长的轮毂部分，与车轮一起装在车轴上。车轮和车轴的装配工艺，有先套轮箍后压装车轴或先压装车轴后套轮箍两种，一般都采用后者。大齿轮和轮心、轮心和车轴的组装，由于直径较小，一般采用直接冷压装的方法（在专用的卧式水压机或油压机上进行）；而轮箍和轮心的组装，由于直径大，一般采用把轮箍加热后套装在轮心上，冷却后自然收缩抱紧的热套装方法。

3. 转向架轴箱装置

轴箱装置装设在机车车轴两端的轴颈上，用来安设轴承，并将机车簧上载荷（包括机车上部质量和垂直方向的动载荷）传递给车轴；将来自轮对的牵引力或制动力传递到转向架构架上去。另外，还传递轮对与构架间的横向作用力和纵向作用力。

（1）轴箱定位方式。

轴箱定位是指轴箱与转向架构架的连接方式。轴箱定位决定了轮对的位置，起到了固定轴距和限制轮对活动范围的作用。轴箱定位的结构、性能对机车的运行品质有较大的影响。目前，普遍采用轴箱拉杆式轴箱定位方式，在轴箱体的前后两侧设有两个高低不同的轴箱耳，各连接一根轴箱拉杆。通过轴箱拉杆，将轴箱与转向架侧梁下焊装的轴箱拉杆座连接起来。轴箱拉杆两端处装有橡胶套，销子两端有橡胶垫。

采用这种带有橡胶关节的轴箱拉杆定位方式，轴箱可以依靠橡胶关节的径向、轴向及扭转弹性变形，实现各方向的弹性位移，使轮对与构架的联系成为弹性联系。适当选择它的横向刚度和纵向刚度，可以显著地改善机车运行的平稳性。

（2）轴箱装置。

① 轴箱组成。

韶山$_{4改}$型电力机车轴箱采用独立悬挂、弹性定位拉杆式结构，主要由前、后盖，轴箱体，短圆柱滚子轴承，密封环，接地棒，轴圈和挡板等组成，如图 4-8 所示。

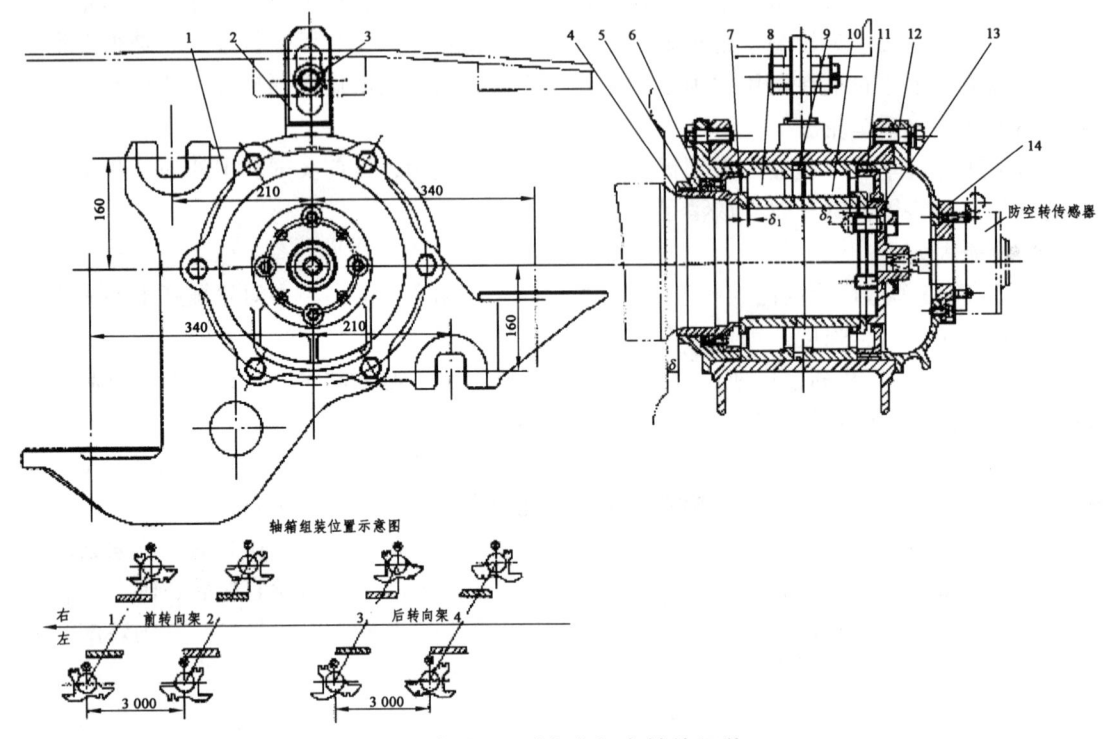

图 4-8　韶山$_{4改}$型电力机车轴箱组装

1—轴箱体；2—吊耳；3—销轴；4—轴圈；5—后盖；6—密封环；7—挡圈；8—轴承；
9—隔环；10—轴承；11—密封环；12—前盖；13—挡板；14—外盖

② 轴箱结构。

a. 前、后盖。

前、后盖采用铸钢件，用螺栓与轴箱体连接在一起。其突缘紧压短圆柱滚子轴承外圈，防止轴承外圈左右移动，同时起到传递轴向力、保护轴箱内部零件和防尘等作用。

b. 轴箱体。

轴箱体是中间成圆筒形的铸钢件，内孔与轴承外圈为动配合。左上方和右下方设有八字形切口，与轴箱拉杆相连接。两侧设有一系弹簧的弹簧座。

c. 轴承。

为了改善构架受力状态，韶山$_{4改}$型电力机车轴箱轴承在同一轮对上采用左右轴箱能同时承受轴向力和径向力的单列向心短圆柱滚子轴承。

d. 密封环。

在轴箱后盖与挡圈之间装设有两个橡胶密封环，主要是为了防止油污、水和灰尘进入轴箱内。

e. 接地棒和接地电刷。

每根车轴的一个轴箱内设置有一套接地棒和接地电刷装置，以防止轴箱滚动轴承电蚀，改善机车的导电性能。

f. 挡板。

轴箱挡板有与接地棒相连接的圆孔挡板和方孔挡板两种。方孔与测速传感器和防空转防滑传感器的方轴相配合，形成车轴与传感器的连接装置。

g. 吊耳。

为防止一系减振器在车体起吊或转向架起吊时超出其行程而受到破坏，在轴箱与构架之间设置了吊耳。吊耳限位为 30 mm，主要起到转向架整体起吊和保护一系减振器的作用。

（3）轴箱拉杆。

韶山$_{4改}$型电力机车轴箱均采用双扭动式弹性拉杆定位装置。

韶山$_{4改}$型电力机车轴箱拉杆由连杆体、长拉杆、短拉杆、橡胶圈、端盖、橡胶端垫组成，如图 4-9 所示。

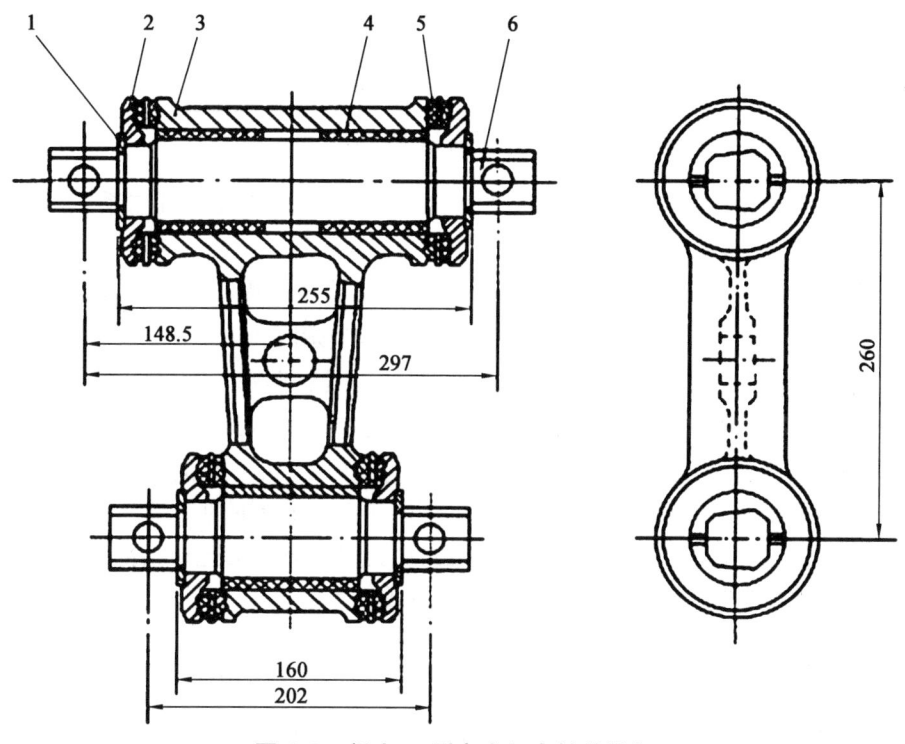

图 4-9 韶山$_{4改}$型电力机车轴箱拉杆

1—止块；2—端盖；3—连杆体；4—橡胶圈；5—橡胶端垫；6—拉杆

连杆体为呈双筒形的铸钢件，中间连接部分呈工字形。长短拉杆为 45 号锻钢。拉杆中间为圆柱形，两端呈八字形，八字形凸面与轴箱体和构架拉杆座凹八字形面相配合，并用螺栓紧固。橡胶圈为橡胶元件，长拉杆处有两个橡胶圈，短拉杆处有一个橡胶圈。

为增加橡胶端垫的刚度和强度，在其中部加 2 mm 厚的钢板金属夹层。端盖用半圆卡环固定，组合后的轴箱拉杆形成一个整体弹性组件，它传递各种负荷（牵引力、制动力、冲击作用力和横向力），缓和衰减各种激扰力、振动，改善机车性能。但橡胶件本身易老化，运用一段时间后对其进行外观和性能检查，不合格的元件应及时更换。

4. 转向架弹簧装置

转向架弹簧装置主要包括弹性元件及减振器。弹簧装置的结构形式及参数选择直接关系到机车动力性能的好坏。良好的弹簧装置，能降低振动，使机车平稳运行，保护机车内部各种设备免于振松、振裂、振坏；减缓机车乘务人员的疲劳，对保证行车安全具有一定的积极意义。同时，也可减轻机车簧上部分振动对线路的冲击破坏作用。

现代电力机车都采用两系弹簧悬挂装置，如图4-10所示。

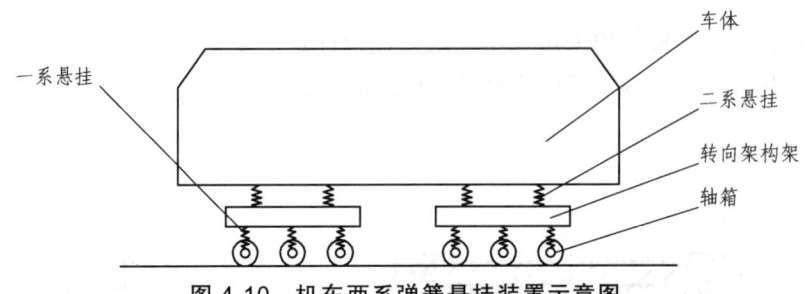

图4-10 机车两系弹簧悬挂装置示意图

主悬挂即一系悬挂，设置在机车转向架构架与轴箱之间。次悬挂即二系悬挂，设置在机车车体底架与转向架构架之间。

采用两系弹簧悬挂，可以减小整个机车弹簧装置的合成刚度，增大机车的总静挠度，改善机车在铅垂方向的运动平稳性，减少机车对线路的动作用力。

对于构造速度较低的机车（$v_{max} \leqslant 100$ km/h），要求具有良好的黏着性能，其悬挂装置的特点是：一系软，二系硬（能使轴重转移减少），总的静挠度不大（主要由一系来提供）。韶山$_4$改型电力机车的一系静挠度为139 mm，二系静挠度为6 mm，总的静挠度为145 mm。

通常把一系悬挂以上的质量称为"簧上质量"；一系悬挂以下的质量称为"簧下质量"或称为"死质量"，包括轴箱、轮对的质量（轴悬式电机悬挂转向架还包括部分电机质量）。

由于簧下质量对线路产生较大的动作用力，造成很大危害。因此，应减轻机车簧下质量。

（1）弹簧装置弹簧元件的性能特点。

机车上常用的弹性元件有板弹簧、圆弹簧和橡胶弹簧3种。不论采用何种弹簧元件，它们的作用原理都是相同的：利用弹性元件受到载荷时产生的弹性变形，将振动冲击能量转化为元件变形的位能，然后将位能释放出来，形成元件及簧上部分的振动，在振动过程中，冲击能量转化为热量散发掉，使振动加速度和动作用力大大降低。

每个轴箱设置两个弹簧组，韶山$_4$改型电力机车每个弹簧组有内外3个弹簧，除中间弹簧左旋外，其余内外两个弹簧均为右旋弹簧。

为了使内、中、外弹簧组合后受力均匀，应对其选配，使它们在各自工作负荷下内、中、外单个弹簧高度差≤3 mm，然后配成弹簧组，并对配成组的弹簧组进行工作负荷下的工作高度测定，做好记录，在弹簧组上做好标记，以便机车调簧之用。

（2）油压减振器。

减振器的作用是将机车所受的冲击振动能量通过各种阻尼形式变为热量散失掉，从而达到衰减振动的目的，以提高机车运行平稳性。机车所用减振器主要有具有摩擦阻尼的减振器和具有黏滞阻尼的油压减振器。

韶山$_{4改}$型电力机车转向架采用独立悬挂方式的螺旋弹簧，单纯应用螺旋弹簧时，振动太大，会加速机车各零件的磨损和疲劳损坏。配合减振器可以达到既衰减振动，又能保持弹簧装置正常工作的目的。

（3）韶山$_{4改}$型电力机车轴箱悬挂装置。

韶山$_{4改}$型电力机车每台转向架有4组完全相同的轴箱独立悬挂装置。每个悬挂装置由两组完全相同的弹簧组、上下压盖及一个上座和一个垂向液压减振器等组成。韶山$_{4改}$型电力机车轴箱悬挂装置如图4-11所示。

韶山$_{4改}$型电力机车轴箱悬挂装置具有结构简单、独立性强、维修方便、能克服上下压盖歪斜、无磨耗和易于调整一系弹簧等优点。

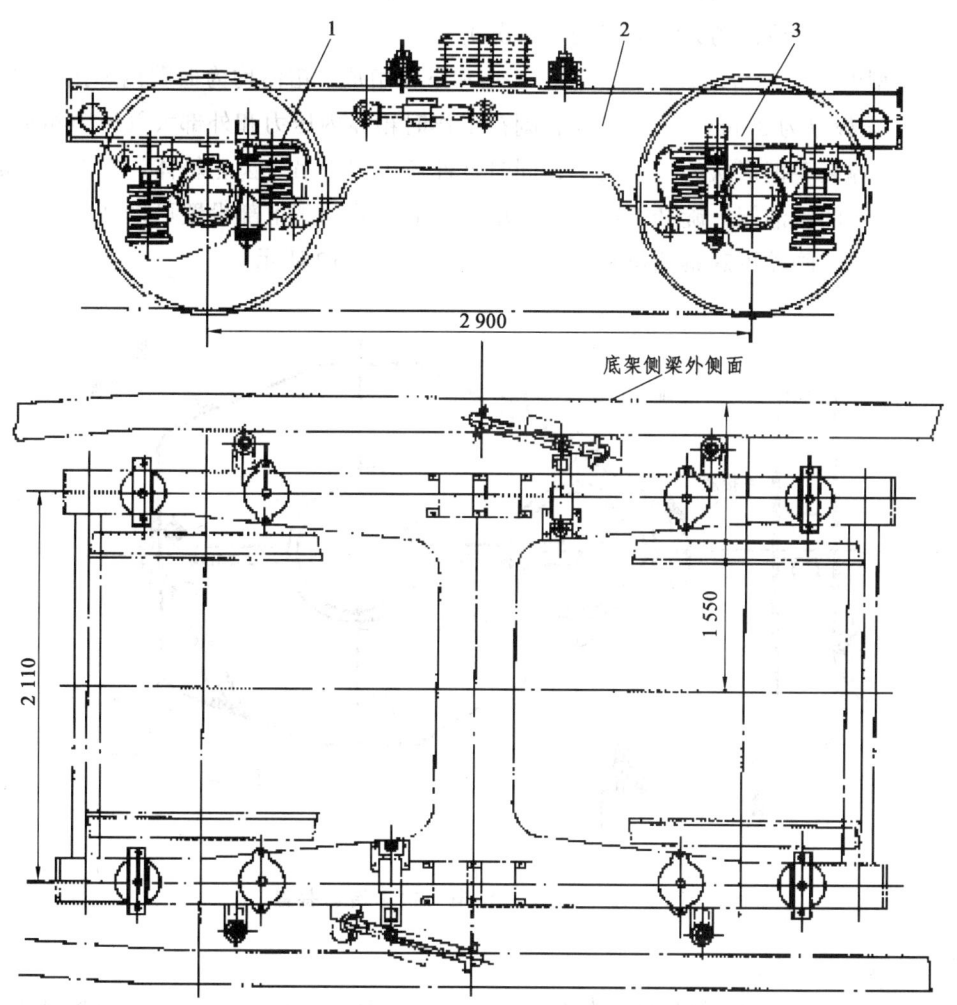

图 4-11 韶山$_{4改}$型电力机车轴箱悬挂装置

1—轴箱悬挂装置；2—构架；3—轮对

5. 电机悬挂及传动装置

机车牵引电机一般都采用弹簧悬挂的安装方法来安装，以减小动作用力对电机和线路的破坏作用。通常把牵引电动机在机车上的安装称为电机悬挂。

传动装置是将牵引电动机输出的功率和转矩传递到机车的动轮轴上，产生机车的牵引作用。

传动装置形式在一定程度上取决于电机的悬挂方式。不同的电机悬挂方式，传动装置也就不同。牵引电动机的悬挂方式大致可分为轴悬式、架悬式、体悬挂三大类。轴悬式（又称为半悬挂式）可分为刚性轴悬式和弹性轴悬式两类；架悬式和体悬挂又称为全悬挂式。

电力机车传动装置一般采用齿轮传动形式。

（1）齿轮传动装置。

韶山$_{4改}$型电力机车齿轮传动装置采用双边刚性斜齿轮传动，包括大齿轮（从动齿轮）、小齿轮（主动齿轮）和齿轮箱。它的作用是将牵引电动机产生的转矩通过大小齿轮啮合传递给轮对，产生牵引力或制动力（电气制动工况）。

韶山$_{4改}$型电力机车传动装置齿轮箱由上箱和下箱组成。箱体均为低碳钢焊接结构，侧板厚为5 mm，盖板厚为3 mm。为了使齿轮副在工作时箱体内压力和外部大气压力相平衡，在齿轮箱盖板上焊装手把形状的气管两个，同时该件还可用于吊装齿轮箱体，在下箱底部和内侧部安装有螺堵的验油阀，旋开下部放油螺堵可放油；验油阀上部设置可以开启的密封性能良好的阀盖，打开阀盖可观察油位和加注润滑油，如图4-12所示。

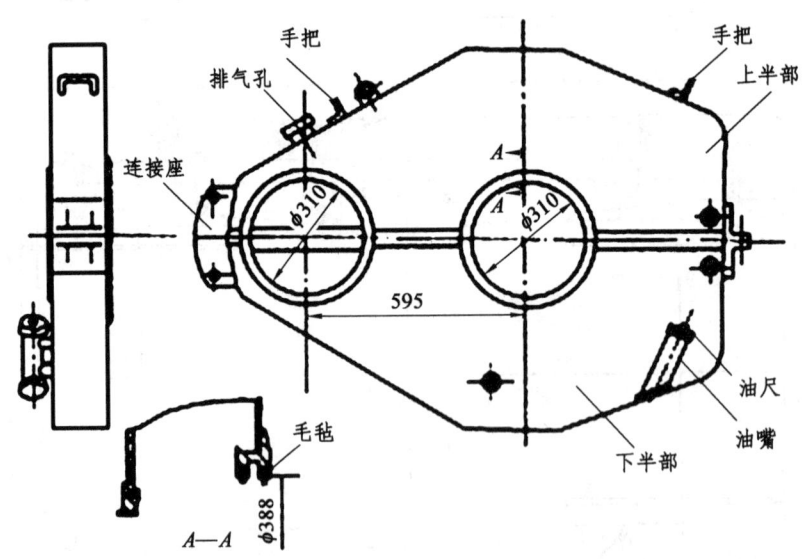

图4-12 韶山$_{4改}$型电力机车传动装置

（2）电机悬挂装置。

韶山$_{4改}$型电力机车牵引电动机为抱轴式半悬挂（刚性轴悬式）。一端通过抱轴承刚性地支承在轴上，另一端靠电机悬挂装置吊在转向架构架牵引梁电机悬挂座上，如图4-13所示。

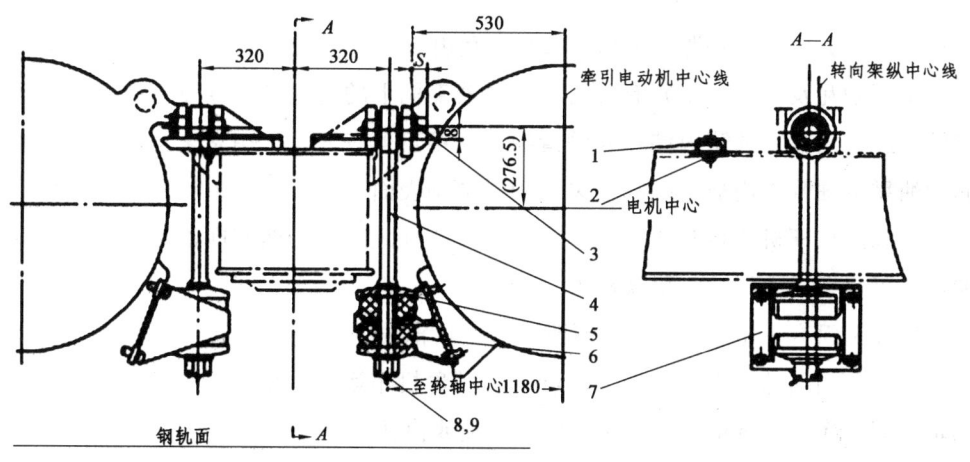

图 4-13　韶山 $_{4改}$ 型机车电机悬挂装置

1—防落板；2—销；3—油杯；4—吊杆；5—垫板；6—橡胶垫；7—吊座；8—垫圈；9—螺母

牵引电动机悬挂装置一方面能承受电机静载荷（约为电机质量的一半），另一方面能承受电机工作时产生的反力，同时在电机工作过程中，它可随电机纵向和横向自由摆动，并可缓和电机与构架间的振动。电机悬挂装置主要由防落板、销、吊杆、垫板、吊座、橡胶垫、螺母等零件组成。

电机悬挂装置的吊座为铸钢件，用螺栓紧固在牵引电机下方的槽形安装座上。吊座上下圆盘内安放两个橡胶垫，在橡胶垫上下安放垫板，然后插入电机吊杆，在吊杆下部用螺母紧固，使橡胶垫有一定的预压力，然后插入开口销，以防螺母脱落，吊杆上部内装关节球轴承，用销子与转向架构架上的电机悬挂吊座相连，用卡板固定以防止销子窜动。

电机悬挂装置组装完后，在吊杆销套和球轴承间注入润滑油脂，落车后还要检查防落板上平面与牵引电机外壳吊耳下平面的垂向间隙不小于 20 mm，防落板端部与电机外壳间间隙不小于 10 mm，且与吊耳的纵向搭接量不小于 20 mm。

抱轴箱通过左右两个抱轴承刚性地支承在车轴两端的抱轴颈上，抱轴承及润滑装置的结构如图 4-14 所示。

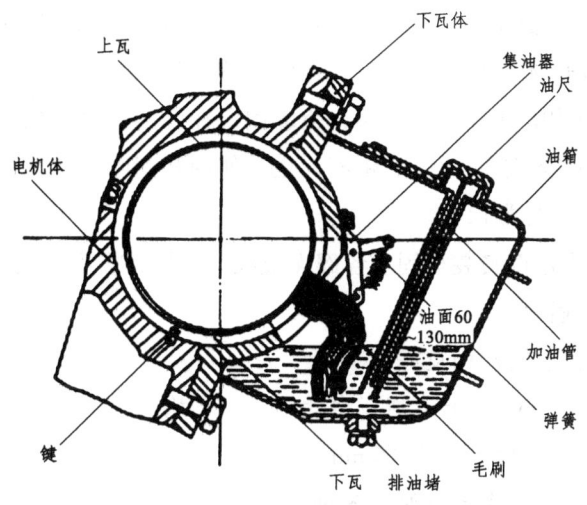

图 4-14　韶山 $_{4改}$ 型电力机车牵引电机抱轴承及润滑装置

抱轴承为剖分式，采用滑动轴承，每个半瓦由铜瓦背和巴氏合金组成（约 3 mm 厚），在每副抱轴承下轴瓦及油箱底座开有方孔，集油器毛刷上的毛线可以穿过方孔压在抱轴颈上，以便对轴承进行润滑。油箱内储存有润滑油，油箱盖上有油尺，用它来检查存油量的多少。

润滑油靠毛细管作用被毛线吸上去，润滑轴颈表面。为了保证毛线贴靠车轴轴颈，装设了集油器，利用杠杆机构将其压紧。润滑油在润滑轴颈后，仍然流回油室内。在油箱底部设有排油堵，可定期排出污油，更换新油。

为了保证瓦面有一定量的油膜，不至于产生热轴或烧损巴氏合金，保证齿轮的正常啮合，轴瓦与车轴轴颈间间隙要求在 0.25~0.4 mm。随着机车运行，轴瓦逐渐磨耗，间隙也越来越大，当轴瓦间隙大于 1 mm 时，必须重新挂合金或换瓦。

6. 机车基础制动装置

为满足机车及列车制动的需要，韶山$_4$改型电力机车设有基础制动装置，每个动轮有一组制动器安装在两轮之间，每个制动器都带有独立的制动缸、闸瓦间隙调整器、传动杠杆、闸瓦等，形成一个独立作用单元——单元制动器。该车制动器内径为 178 mm。

（1）单元制动器的构造。

制动器由缸体、活塞、活塞杆及圆锥复原弹簧等组成。为保持气密性，活塞上有耐油橡胶皮碗和胀圈等；杠杆是为增大制动倍率而设的，同时也是间隙调整螺母的安装基础；间隙调整器由传动螺杆 28、传动螺母 29、棘轮 27、棘钩 3 和脱钩装置组成，当闸瓦与轮踏面间隙因磨耗超过规定值时，能自动调整闸瓦间隙，使机车各轮闸瓦间隙保持一致，从而充分发挥制动效果。制动器的构造如图 4-15 所示。

（2）闸瓦间隙自动调整。

制动器在制动与缓解的过程中，杠杆沿上螺销旋转摆动，固定在杠杆上端侧面的支杆末端，有球轴承相连的棘钩随杠杆的摆动做上下移动和左右微摆，杠杆摆动角度越大，棘钩上下移动的距离也越大。正常情况下，闸瓦间隙为（6±3）mm，随着闸瓦的不断磨耗，闸瓦间隙增大，杠杆摆动角度也随之增大，此时棘钩向下移动的距离要超过 1 个齿距。当制动缓解时，杠杆恢复原位，棘钩随杠杆摆动上移，驱动固定在传动螺母上的棘轮，转动相应齿数的角度，使转动螺杆推向轮箍踏面相应的距离，也就使闸瓦间隙经常保持规定的数值。

（3）基础制动装置的日常保养。

① 经常检查制动器是否安装牢固，各部无裂纹、开焊，螺栓齐全、紧固；箱体、制动缸无破损、变形、漏泄，通气孔畅通。

② 脱钩装置、调整手轮作用良好。

③ 闸瓦间隙为 4~8 mm，上下闸瓦磨耗均匀，不均匀时通过调整螺栓加以调整。闸瓦无裂纹、偏磨，不反装，厚度不少于 10 mm。

④ 检查孔盖、传动螺杆密封良好，各轴销油润良好。

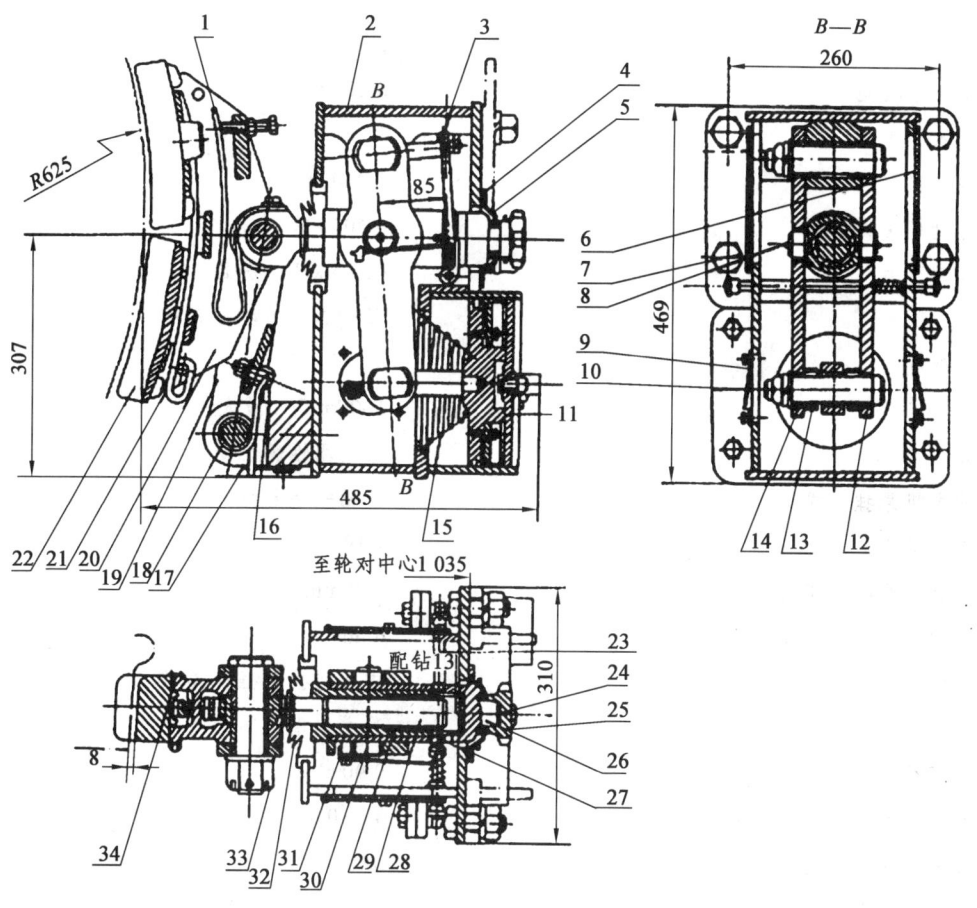

图 4-15 单元制动器的构造

1—闸瓦定位弹簧；2—箱体；3—棘沟；4—压环；5—密封套；6,7—门组装；8—油杯；9—护罩；10—滤尘网；11—制动缸；12,14—杠杆；13—隔套；15—圆锥弹簧；16—扭簧卡；17—扭簧止板；18—扭转弹簧；19—闸瓦托杆；20—闸瓦托；21—闸瓦钎；22—闸瓦；23—脱钩杆；24—开口销；25—手轮；26—螺盖；27—棘轮；28—传动螺杆；29—传动螺母；30—滑套；31—条簧；32—密封罩；33—螺母；34—闸瓦钎圆销

四、韶山$_{4改}$型电力机车的主要技术参数

轴列式	2（B_0-B_0）
机车总质量	2×92 t
轴重	23 t
转向架质量	21.2 t
机车宽度	3 100 mm
机车落弓高度	4 775 mm
车钩中心线距	2×16 416 mm
车钩中心线高度	(880±10) mm
固定轴距	2 900 mm

轴距	2 900 mm
转向架中心距	8 200 mm
牵引点高度	12 mm
车轮直径	1 250 mm
机车功率（持续制）	6 400 kW
机车牵引力	436.5 kN（持续制）
	628 kN（起动牵引力）
机车速度	51.5 km/h（持续制）
	100 km/h（最大）
传动方式	双侧刚性斜齿轮传动
牵引电机悬挂方式	抱轴式半悬挂
齿轮传动比	4.19
一系弹簧悬挂静挠度	139 mm
二系弹簧悬挂静挠度	6 mm
牵引方式	中间斜拉杆推挽式
基础制动装置	独立作用式闸瓦间隙自调
功率因数（额定工况）	0.90
机车总效率（额定工况）	$\eta \geq 0.80$
固定分路磁场削弱	$\beta = 0.96$
三级磁场削弱控制	$\beta = 0.70$、0.54、0.45
电制动方法	加馈电阻制动
轮周制动功率	5 300 kW
机车闸瓦最大总压力	409 kN（制动缸压力为 450 kPa 时）
机车曲线通过最小半径	125 m（相应速度为 5 km/h）

子任务三　韶山$_9$型电力机车转向架

一、韶山$_9$型电力机车转向架的结构特点

（1）转向架弹簧装置中的一系悬挂采用钢圆弹簧加油压减振器结构，二系悬挂采用高圆弹簧支承，配以横向、垂向油压减振器及抗蛇行油压减振器，使机车转向架具有较大的静挠度，可以满足客运机车高速运行的要求。

（2）转向架采用轮对空心轴六连杆驱动装置，牵引电动机架悬在构架上，减小了转向架的簧下质量，降低了轮轨间的冲击及振动，同时也使机车牵引电机的工作条件得到改善。

二、韶山₉型电力机车转向架的结构

韶山₉型电力机车的走行部由两台结构完全相同的转向架组成,转向架结构如图4-16所示。

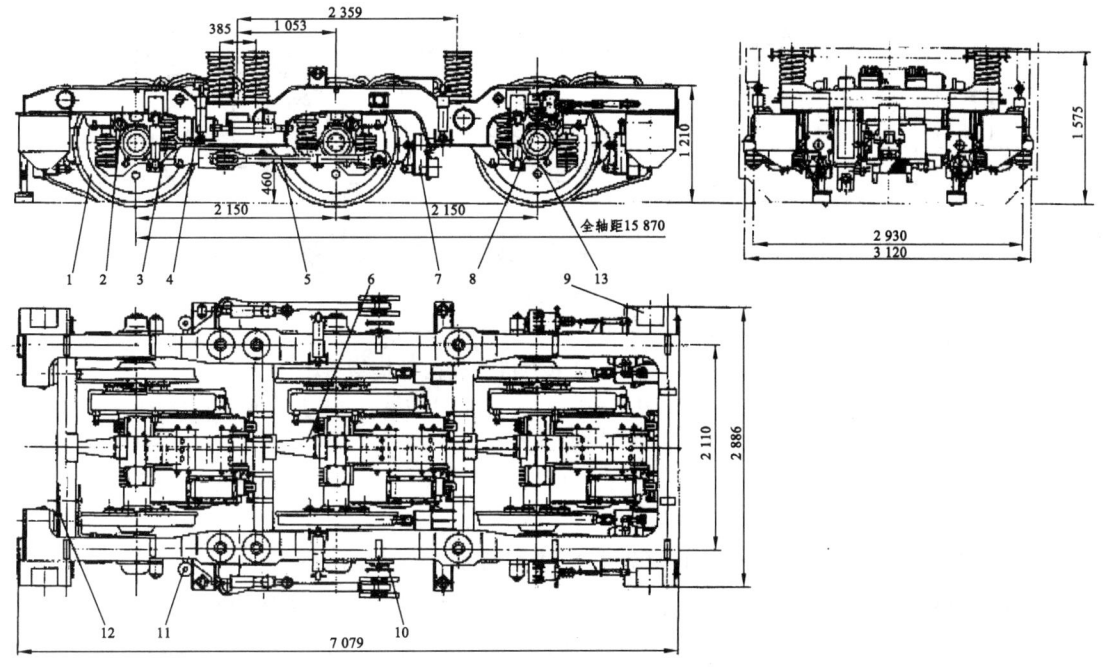

图 4-16 韶山₉型电力机车转向架

1—轮对驱动装置;2—构架;3—一系悬挂装置;4—二系悬挂装置;5—牵引装置;6—电机悬挂装置;
7—基础制动装置;8—停车制动装置;9—砂箱组成;10—附属装置;
11—轮轨润滑装置;12—空气管路;13—整体起吊连接装置

1. 转向架构架

构架是转向架的骨架,是转向架其他零部件的安装基础,用以联系转向架各组成部分和传递各方向的作用力,保持车轴在转向架内的正确位置。构架受力复杂的,构架的结构形式、受力状态与转向架总体布置密切相关。

韶山₉型电力机车转向架构架由一根前端梁、一根后端梁、两根中间横梁和两根侧梁等组成,如图4-17所示。

构架前端梁采用无缝钢管,其上焊装有电机悬挂支座和制动器安装板。

构架后端梁是由钢板焊接成的箱形结构,其上焊装有电机悬挂板和制动器安装板。

构架中间横梁采用无缝钢管制成,中间横梁上焊有电机悬挂支座、电机悬挂板和制动器安装板。

构架侧梁是由钢板焊接成双凸肚的箱形结构,侧梁上焊装有牵引座、止挡座、拉杆座、圆弹簧拉杆座以及弹簧座等。

构架各梁焊装后,组成"目"字形结构。

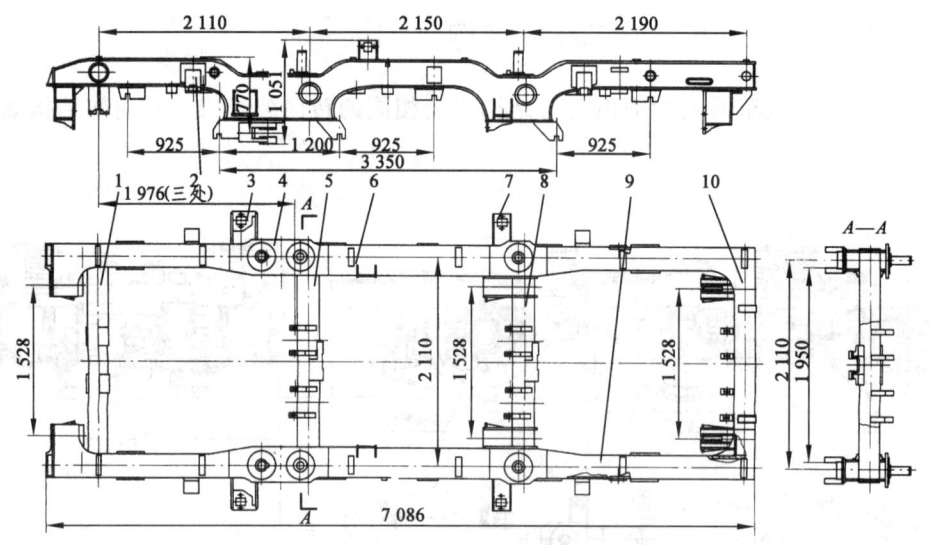

图 4-17 韶山₉型电力机车转向架构架

1—前端梁组装；2—减振器上座（一）；3—减振器支座（一）；4—侧梁装配（右）5—中间横梁装配（一）；
6—横向减振器座；7—减振器支座（二）；8—中间横梁装配（二）；9—侧梁装配（左）；10—后端梁组装

2. 转向架轮对驱动装置

韶山₉型电力机车转向架采用了轮对空心轴传动系统，为适应牵引电机架悬后，电机与轮对之间的垂向及横向运动位移，平稳地把牵引电机产生的扭矩传递到轮对。

轮对驱动装置主要包括轮对组装、齿轮空心轴传动装置、齿轮箱组装、轴箱组装、牵引电机、接地装置六部分，如图 4-18 所示。

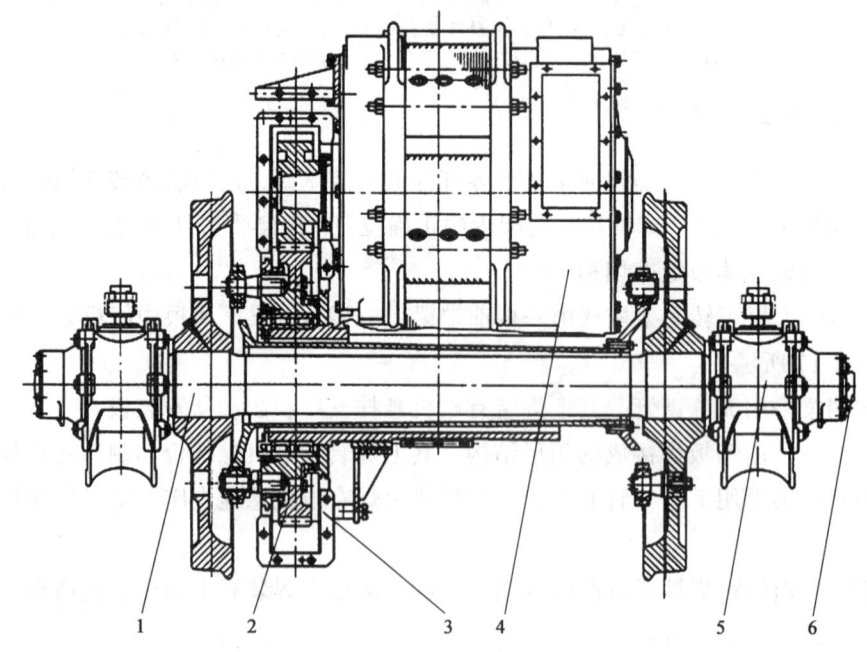

图 4-18 韶山₉型电力机车轮对驱动装置

1—轮对组装；2—齿轮空心轴传动装置；3—齿轮箱组装；4—牵引电机；5—轴箱组装；6—接地装置

（1）轮对组装。

轮对主要由车轴、主动车轮、从动车轮组成，如图4-19所示。机车的全部质量通过轮对传递到钢轨上，牵引电机输出的转矩经过轮对驱动装置传递到轮对，并和钢轨产生相互作用，通过车轮与钢轨的黏着产生机车轮周牵引力或机车制动力。机车在线路上运行时，机车轮对还要承受来自钢轨接头、道岔以及线路不平顺引起的全部横向和垂向作用力。

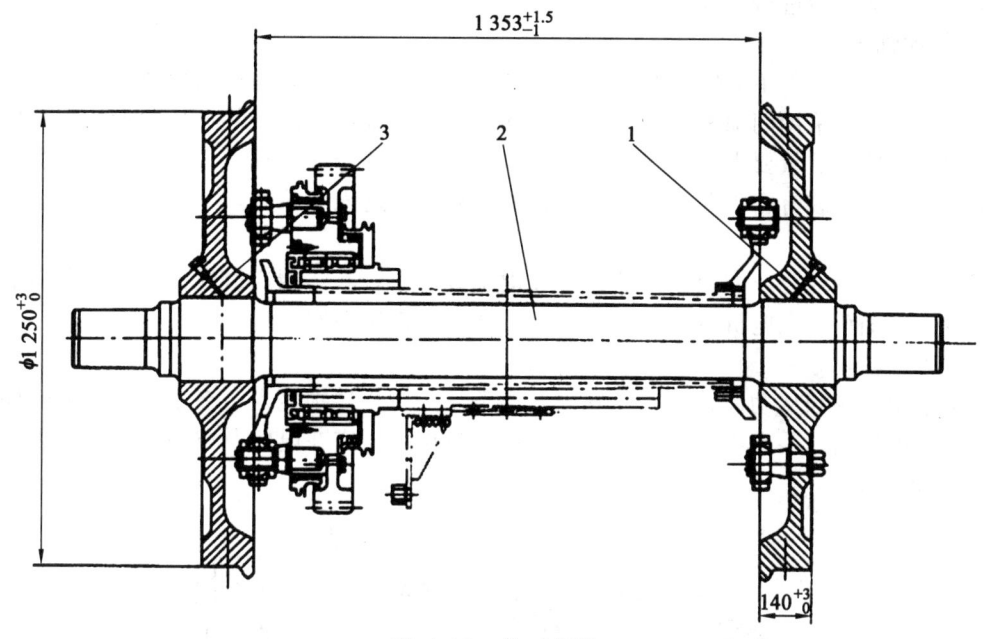

图4-19 轮对组装

1—主动车轮；2—车轴；3—从动车轮

① 车轴。

车轴是转向架重要的受力部件，通常采用高强度合金钢锻制而成。车轴主要由轴颈、轮座和轴身三部分组成。

② 主动车轮和从动车轮。

主动车轮和从动车轮采用整体辗钢车轮加工而成。车轮粗加工后经超声波探伤检查，确定无不良内部缺陷后再进行精加工并进行表面磁粉探伤和静平衡试验。

在车轮轮座（轮毂）部位设有注油孔和注油槽，以便于压装车轮、分解车轴和车轮。压装或分解时利用高压油泵向注油孔内注入高压油，可避免车轴和车轮的配合表面产生拉伤。

机车车轮踏面形状采用JM3型磨耗型踏面，以减少机车运行时的车轮踏面磨损。

（2）齿轮空心轴传动装置。

齿轮空心轴传动装置安装在牵引电机与轮对之间，牵引电机与轮对通过齿轮空心轴传动装置连接到一起。齿轮空心轴传动装置必须要有大的径向刚度，以便将牵引电机的扭矩传递给轮对；为适用机车的垂向、横向振动位移，齿轮空心轴传动装置还应有小的垂向及横向刚度及较大的位移补偿能力。

齿轮空心轴传动装置主要由主、从动齿轮，传动轴承，连杆，空心轴，传动盘，空心轴套，橡胶关节，传力销等组成。

① 主动齿轮。

主动齿轮一般采用低碳合金钢制成,与牵引电机轴采用过盈配合,装配时将主动齿轮加热到 160~190 ℃ 后热套在电机轴上,在电机轴上的轴向进入量为 1.6~2.2 mm。

② 从动齿轮。

从动齿轮由齿圈、齿轮心、传力销等组成,齿圈与齿轮心通过螺栓连接,齿圈采用低碳合金钢制成,加工后进行齿顶修缘处理。

③ 传动轴承。

传动轴承采用两种不同轴承配对使用,装配前应选配两轴承的径向游隙,两轴承内圈安装在空心轴套上,采用间隙配合,中间用隔环分开。两轴承外圈安装在从动齿轮内孔里,采用过盈配合,按过盈量要求进行选配,两轴承之间用隔环分开。轴承滚子及保持架上应涂上润滑脂。轴承两侧装有密封环,以防止齿轮油及灰尘等进入轴承室。

④ 空心轴套。

空心轴套要承受复杂的交变载荷,是关键承载部件。其一端通过螺栓紧固在电机上,另一端安装传动轴承,在电机端还要安装电机悬挂臂及齿轮箱座。

（3）齿轮箱。

为了主动齿轮和从动齿轮具有良好的润滑条件并防止异物进入,在主、从动齿轮外面装有齿轮箱,齿轮箱内装有齿轮润滑油。齿轮箱通过螺栓固定在电机及空心轴套上。齿轮箱结构如图 4-20 所示。

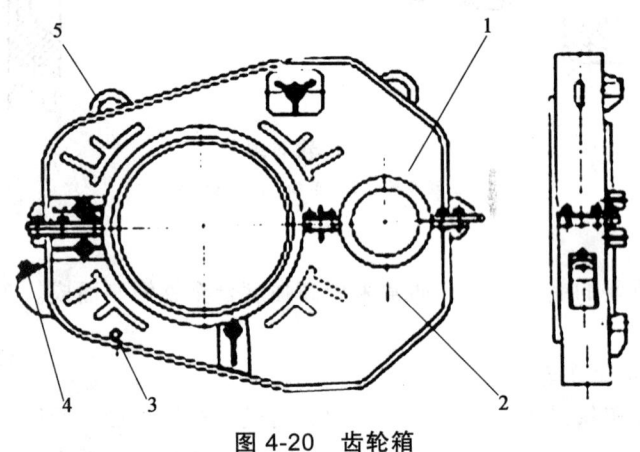

图 4-20 齿轮箱

1—上箱；2—下箱；3—放油堵；4—加油堵；5—呼吸器

齿轮箱由上箱、下箱、放油堵、加油堵、呼吸器等组成。上、下箱由压型钢板焊接成形,箱体上焊有各种安装座,焊完后进行整体退火,消除焊接应力。上、下箱通过螺栓连接,在齿轮箱上部装有呼吸器,以防齿轮箱内油压过高造成齿轮箱密封处漏油。在齿轮箱下部装有放油堵及加油堵,以便将齿轮箱内废的齿轮油放掉及添加新的齿轮箱油。为检查齿轮箱油位,在加油堵上装有油标尺。

（4）轴箱组装。

轴箱安装在车轴两端轴颈上。它是连接构架和轮对的活动关节,将机车簧上部分的静负荷及动负荷传递给轮对,并将来自轮对的牵引力或制动力传到构架上去,同时传递轮对与构架之间的横向和纵向作用力。

韶山9型电力机车轴箱采用独立悬挂弹性定位拉杆式结构,具有提高机车运行稳定性、改善机车曲线通过性能的优点。轴箱轴端有3种结构:第一种为普通轴端,第二种设有速度传感器轴端,第三种设有接地装置轴端。轴端设有速度传感器的轴箱组装如图4-21所示,主要由内外端盖、轴箱体、圆柱滚子轴承、接地装置、挡板和吊座等组成。

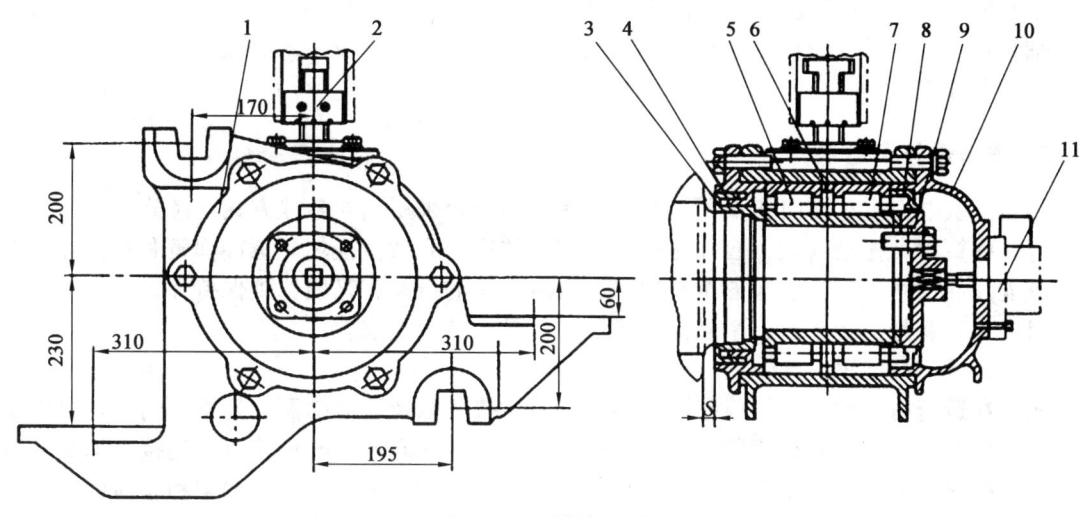

图 4-21 轴箱组装

1—轴箱体;2—吊座;3—轴圈;4—内端盖;5,7—轴承;6—隔环;
8—挡油环;9—挡板;10—外端盖;11—速度传感器

轴箱密封内侧采用迷宫式密封,外侧采用挡油环式密封,一方面防止润滑脂泄漏,另一方面防止灰尘进入轴箱体内污染润滑脂,从而保证轴箱轴承的良好润滑和正常运转。

轴箱定位采用双扭线弹性轴箱拉杆装置,如图4-22所示。

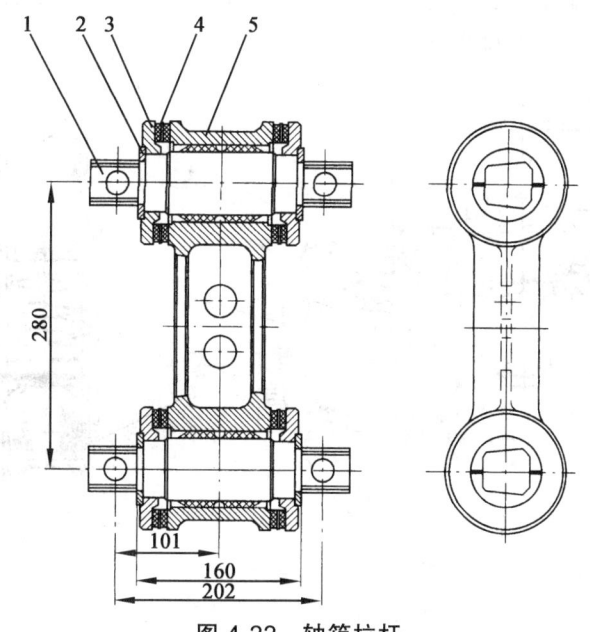

图 4-22 轴箱拉杆

1—拉杆组件;2—止块;3—端盖;4—橡胶垫;5—连杆体

轴箱拉杆由连杆体、拉杆组件、端盖、橡胶垫和止块等组成。连杆体为C级钢铸钢件，呈双筒形，中间连接部分呈工字形。拉杆组件由拉杆和橡胶组成，橡胶硫化在拉杆上，主要提供一系弹簧的径向刚度，橡胶垫是带有金属夹层的橡胶硫化件，它被端盖压死在连杆体的侧面，而端盖则用两个半圆止块固定，主要提供一系弹簧的横向刚度。组合后的轴箱拉杆形成一个整体弹性体，它传递牵引力和制动力及各种负荷，并缓冲各种振动，以改善机车性能。由于轴箱拉杆采用了橡胶件，而橡胶容易老化，因而在运用一段时间后应对其进行外观检查和性能参数抽查。

3. 弹簧悬挂装置

韶山$_9$型电力机车转向架采用垂向油压减振器配合采用独立悬挂方式的螺旋弹簧，单纯采用螺旋弹簧时，振动太大，会加速机车各零件的磨损和疲劳损坏。螺旋弹簧和减振器配合使用既能缓和线路不平顺引起的机车冲击，衰减机车的振动，又能达到保持弹簧装置正常工作的目的。弹簧悬挂装置由一系悬挂装置和二系悬挂装置组成。

（1）一系悬挂装置。

机车在运行时，由于受到线路不平顺、钢轨的接头以及轮对踏面磨耗不均匀等很多因素的影响，轮对会受到来自线路的冲击而引起机车振动。如果构架与轴箱直接连接，那么轮对所受来自线路的冲击和振动直接通过轴箱传至构架，进而传至车体，使构架和车体因受力复杂而引起裂纹和变形，走行部的各种紧固件会松动，车体内的各种电器设备工作可靠性下降。同时，车轮的刚性冲击对线路也具有很大的破坏作用。为了缓和线路对机车的冲击和振动，改善簧上零部件的工作条件和乘务员的舒适度，在构架和轮对轴箱之间设置了弹簧和液压减振器系统，称为一系悬挂装置。

每台转向架有6组相同的一系悬挂装置（2、5位不装油压减振器）。每个一系悬挂装置由2组完全相同的圆弹簧、轴箱拉杆、上下压盖、橡胶垫及1个上座、1个油压减振器和1个减振器下座等组成，如图4-23所示。一系悬挂装置的优点是：结构简单、无磨耗、能克服上下压盖歪斜、调簧容易及易维护保养等。

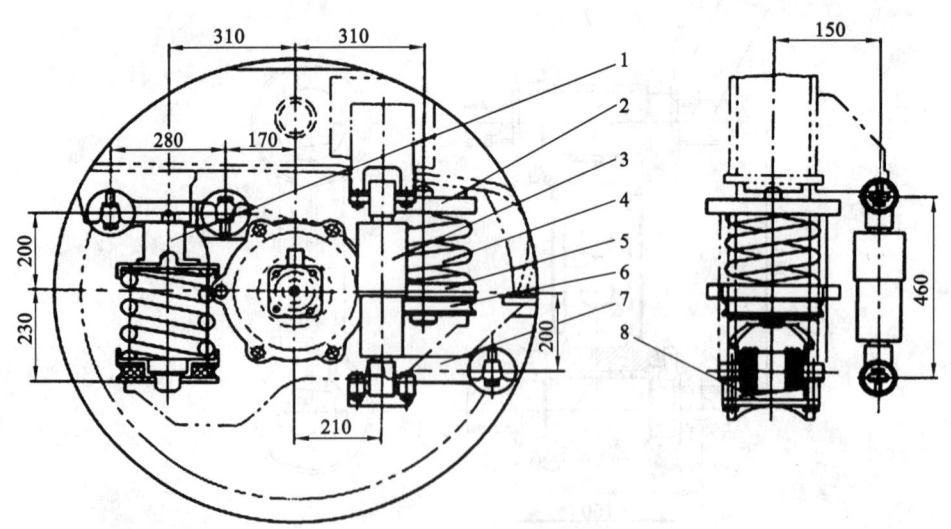

图4-23 一系悬挂装置

1—上座；2—弹簧上压盖；3—垂向油压减振器；4—圆弹簧；5—弹簧下压盖；
6—橡胶垫；7—轴箱拉杆；8—减振器下座

① 一系悬挂装置主要技术参数如下：

圆弹簧静挠度	44.5 mm
橡胶垫静挠度	5 mm
垂向油压减振器阻尼系数	80 kN·s/m

② 一系悬挂装置结构。

每个轴箱设置了2个相同的右旋圆弹簧。圆弹簧的基本参数：簧条外径为ϕ40 mm；平均直径为ϕ190 mm，有效圈数为3.6；总圈数为5.1；自由高为276.5 mm；工作高为232 mm。

一系悬挂装置组装时应对圆弹簧进行选配，保证同一转向架各个圆弹簧的工作高相差不超过1 mm。

（2）二系悬挂装置。

在转向架构架和车体之间设置二系悬挂装置，主要是为了进一步减少由于来自钢轨的冲击而使机车产生的振动，提高车体内设备的可靠性和机车运行的平稳性。通过二系悬挂装置可以把车体以上的质量均匀地、弹性地分配到转向架构架上。当机车通过曲线时，可通过车体和转向架之间产生的相对位移，使机车顺利通过曲线。当机车通过曲线后，恢复转向架与车体之间原来的平衡状态。

二系悬挂装置由圆弹簧、橡胶垫、垂向油压减振器、横向油压减振器和抗蛇行油压减振器等组成，如图4-24所示。

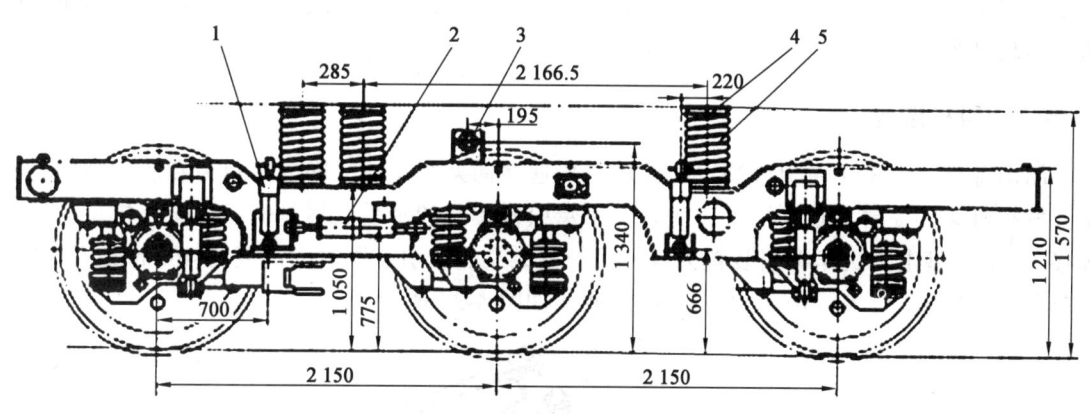

图 4-24 二系弹簧悬挂装置

1—垂向油压减振器；2—抗蛇行油压减振器；3—横向油压减振器；4—橡胶垫；5—圆弹簧

① 二系弹簧悬挂装置主要技术参数如下：

圆弹簧静挠度	89 mm
橡胶垫静挠度	7 mm
垂向油压减振器阻尼系数	120 kN·s/m
横向油压减振器阻尼系数	90 kN·s/m
抗蛇行油压减振器阻尼系数	1 000 kN·s/m

② 二系弹簧悬挂装置结构。

a. 圆弹簧。

在构架侧梁上部设置了6个旋向为右旋的圆弹簧。圆弹簧的基本参数如下：

簧条外径	ϕ48 mm
平均直径	ϕ238 mm
有效圈数	6.2
总圈数	7.7
自由高	489 mm
工作高	400 mm

b. 橡胶垫。

在每个弹簧的上下两端都设置了橡胶垫，以使弹簧工作时有较小的横向刚度，同时改善圆弹簧的应力状态。橡胶垫由上盖板、下盖板和橡胶硫化成整体。

韶山$_9$型电力机车由于速度较高，机车振动加剧，为了提高机车运行的平稳性和稳定性。其悬挂装置具有以下几个特点：一系硬，二系软，总的静挠度较大（主要由二系来提供）。二系弹簧软，可显著减小车体的振动加速度，有利于机车的高速平稳运行。当机车运用最高速度为170 km/h，一系静挠度为54 mm，二系静挠度为110 mm，总的静挠度为164 mm。

c. 油压减振器。

转向架与车体之间布置了2个横向油压减振器和4个垂向油压减振器，同时，还布置了2个抗蛇行油压减振器。它们起到衰减车体振动，改善机车动力学性能的作用。抗蛇行油压减振器主要应用在高速机车上，在机车高速运行时，抗蛇行油压减振器遏制转向架的蛇行运动，提高机车运行的稳定性。

4. 牵引杆装置

韶山$_9$型电力机车牵引杆装置的作用是传递转向架与车体之间的牵引力和制动力。为了充分发挥机车的黏着质量利用率，一般要求牵引杆装置的牵引点尽量低，以减小机车的轴重转移。韶山$_9$型电力机车牵引装置为双侧平拉杆结构，牵引点距轨面高度为460 mm。该结构简单灵活、质量轻、销套磨耗少、拆卸方便，如图4-25所示。

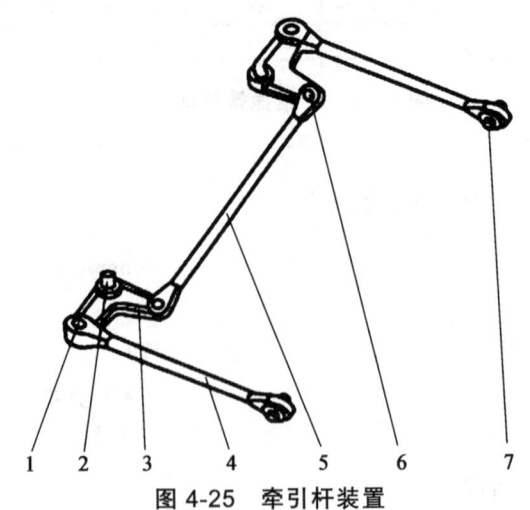

图4-25 牵引杆装置

1—牵引杆销（一）；2—拐臂销；3—拐臂组装；4—牵引杆组装；
5—连接杆组装；6—连接杆销；7—牵引杆销（二）

牵引杆装置主要由牵引杆组装、连接杆组装、拐臂组装、牵引杆销、牵引杆销、连接杆销、拐臂销、衬套和关节轴承等零部件组成。

(1) 牵引杆组装。

牵引杆组装由牵引杆、关节轴承、挡圈组成，一端通过牵引杆销（一）、关节轴承与拐臂组装连接，另一端通过牵引杆销（二）、关节轴承与焊接在车体侧面的牵引座连接，通过关节轴承适应车体与转向架之间的沉浮和偏摆，传递转向架与车体之间的牵引力和制动力。

(2) 连接杆组装。

连接杆组装由连接杆、衬套组成，转向架两边的拐臂组装通过连接杆用连接杆销连接起来，以保证两侧牵引杆同步运动，特别是在机车通过曲线时，对车体产生一个阻力矩，提高机车的曲线通过能力。

(3) 拐臂组装。

拐臂组装由铸造的拐臂、关节轴承、挡圈、衬套组成，通过拐臂销安装在转向架构架的牵引座上，可以绕拐臂销自由转动，以适应车体与转向架之间的回转等。

5. 电机悬挂装置

韶山$_9$型电力机车转向架的电机悬挂方式为轮对空心轴全悬挂。电机前端通过固定在空心轴套上的悬挂臂支承在构架前端梁或者中间横梁上，后部通过固定在电机上的2个悬挂支座固定在构架中间横梁或者后端梁上的八字槽内。电机悬挂装置主要由心轴（一）、悬挂臂、悬挂座、心轴（二）、托板等组成，如图4-26所示。

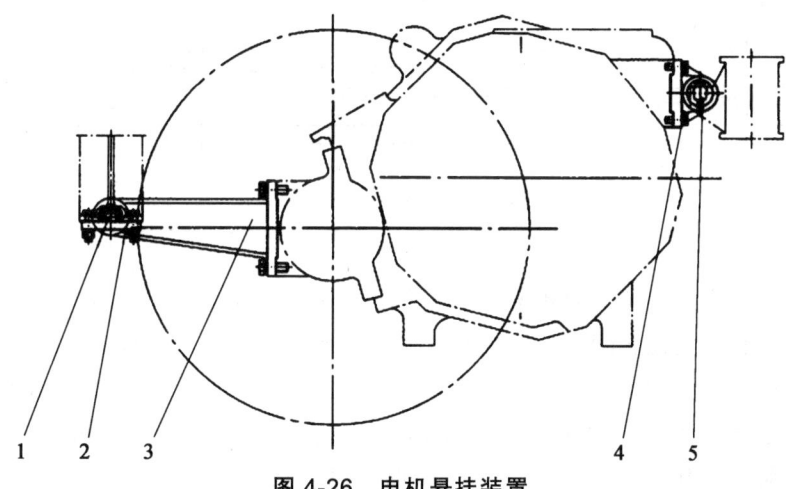

图 4-26 电机悬挂装置

1—心轴（一）；2—托板；3—悬挂臂；4—悬挂座；5—心轴（二）

电机悬挂装置除承受电机全部载荷外，还要承受大小齿轮、固定空心轴、齿轮箱、传动轴承的质量，与大齿轮相连的六连杆、传动盘、空心轴的一半质量，使它们成为簧上质量，大大降低簧下质量，以降低机车运行时的轮轨动作用力，改善机车的动力学性能。

心轴（一）由心轴、球铰组成。它压装在悬挂臂端头的孔内，一端靠弹簧挡圈使其固定在悬挂臂上。心轴（二）与心轴（一）基本相同，但心轴（一）的心轴两端为方轴，而心轴（二）的心轴两端为八字形梯形轴。悬挂臂另一端有6个ϕ32 mm的螺栓孔，用于悬挂臂与固定空心轴的连接。悬挂臂前端用托板托住心轴（一）与构架前端梁或者中间横梁上的电机支座相连。电机后端用 8 根 M24 螺栓固定 2 个悬挂座，悬挂座的另一端靠组装在它上面的心轴（二）与构架横梁或者后端梁相连。电机悬挂装置的调整是通过调节在心轴（一）与构架前端梁或者中间横梁上的电机悬挂座的方形槽内的调整垫的方式来实现的。用增减调整垫的数量、规格（当然应尽可能使调整垫的数量为最小）来保证活动的空心轴与车轴之间的间隙均匀。空心轴与车轴之间的同轴度应控制在 5 mm 以内。

6. 基础制动装置

韶山$_9$型电力机车基础制动装置采用单侧踏面单元制动器加粉末冶金闸瓦形式。每台转向架装有 6 套具有自动调整闸瓦间隙功能的单元制动器，如图 4-27 所示。

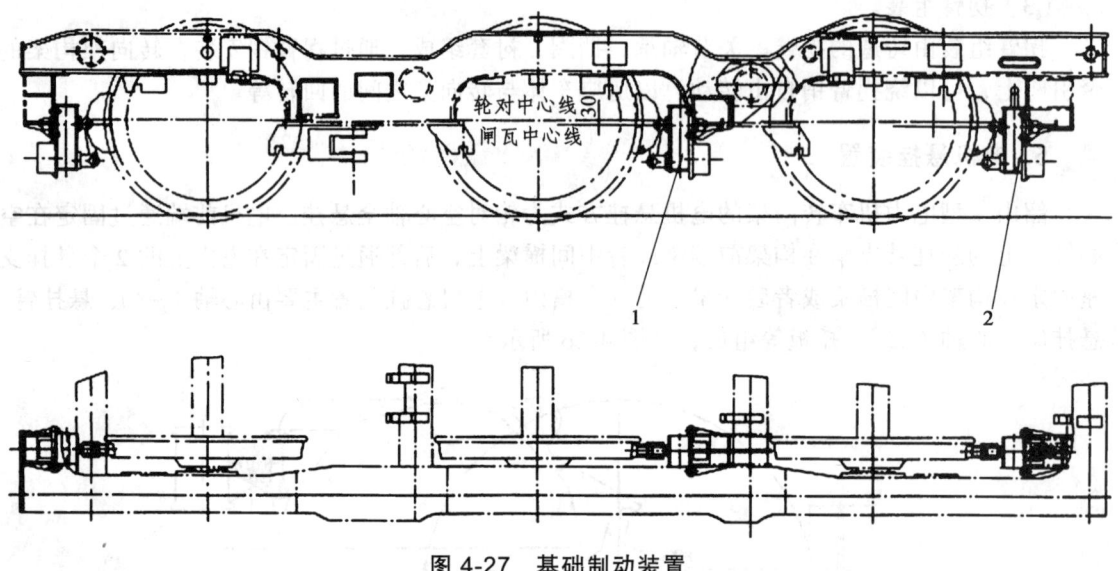

图 4-27 基础制动装置

1—JDYZ-4A 型单元制动器；2-JDYZ—4B 型单元制动器

韶山$_9$型电力机车基础制动装置采用独立单元式单侧制动，闸瓦间隙可以自动调节，保证机车运行时车轮与闸瓦之间有一定的间隙。基础制动装置采用 JDYZ-4A 型和 JDYZ-4B 型两种结构形式的单元制动器，它们的区别只是后者能与停车制动装置相连。JDYZ-4A 型基础制动装置结构示意图如图 4-28 所示。该单元制动器具有结构紧凑、制动效率高、制动性能可靠等特点。组装好的制动器可作为一个独立部件直接用螺栓连接在构架的制动器安装座上。

（1）单元制动器的基本工作原理。

如图 4-28 所示，当制动缸 9 内充气时，活塞 11 推动杠杆 12，杠杆推动间隙调整机构 4，调整机构带动传动螺杆 7 及闸瓦托 17 一起向车轮踏面方向移动，从而实现机车制动。

如图 4-29 所示，螺杆的左移带动导向螺母 8、导向螺母套 9、调隙挡 11 左移，如果制动前闸瓦与踏面的间隙小于调隙挡与压圈 10 间的间隙 X，则在制动全过程中，导向螺母、导向螺母套、调隙挡与螺杆左移量相等。当制动缸排气时，活塞在弹簧的推动下，分别带动杠杆、间隙调整机构、传动螺杆、闸瓦托一起向相反方向运动，闸瓦离开车轮踏面从而实行缓解。

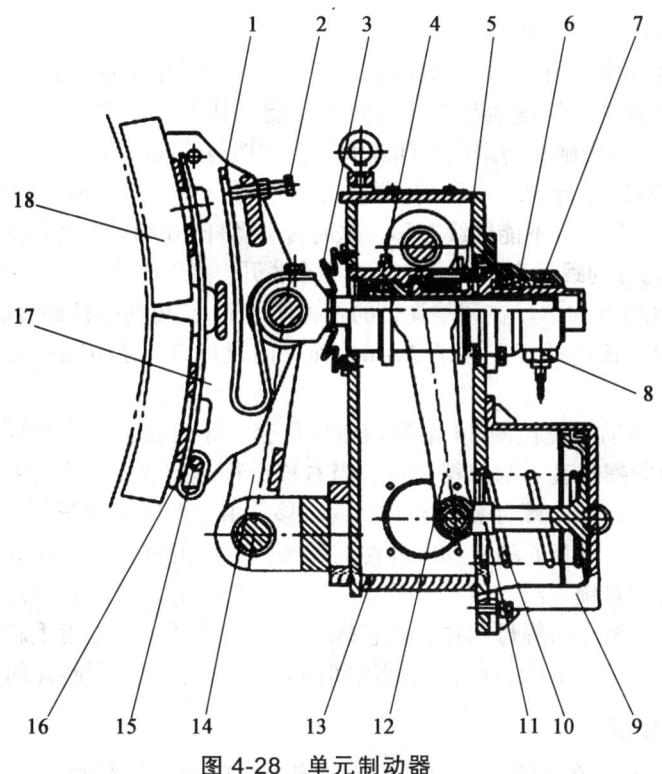

图 4-28 单元制动器

1—闸瓦定位弹簧；2—调整螺钉；3—防尘罩；4—调整机构；5—引导机构；6—挡套螺母；7—传动螺杆；
8—锁紧机构；9—制动缸；10—弹簧；11—活塞；12—杠杆；13—箱体；14—闸瓦托杆；
15—销；16—闸瓦钎；17—闸瓦托；18—闸瓦

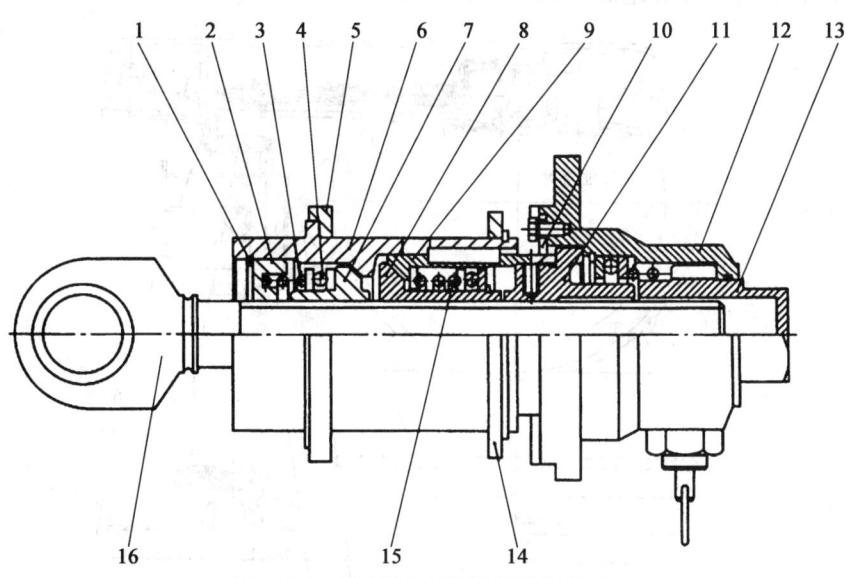

图 4-29 单元制动器间隙调整机构

1—卡环；2—导向套；3—调整弹簧；4—轴承；5—力推挡圈；6—调整螺母套；7—调整螺母；
8—导向螺母；9—导向螺母套；10—压圈；11—调隙挡；12—端盖；13—挡套螺母；
14—复位挡圈；15—弹簧；16—传动螺杆

（2）单元制动器的闸瓦间隙自动调整功能。

机车在运用过程中，由于闸瓦和轮箍踏面的磨耗，闸瓦间隙会越来越大，为了消除增大的间隙，该制动器有自动补偿闸瓦磨耗间隙的功能。其作用原理如下：

如果制动前和制动中闸瓦与踏面的间隙大于调隙挡与压圈间的间隙 X，为 $X+a$，则当传动螺杆 16 带动导向螺母 8、导向螺母套 9、调隙挡 11 左移 X 后，由于调隙挡被压圈 10 挡住，不能继续左移，导向螺母套 9 也不能继续左移，这时传动螺杆 16 和导向螺母 8 的左移使调整弹簧 3 压缩，导向螺母 8 与导向螺母套 9 间的锥形齿啮合脱开。由于传动螺杆与导向螺母间是通过不自锁螺纹连接的，故此时导向螺母在调整弹簧的弹力作用下，绕传动螺杆旋转后退而不再随之左移。

在制动过程中，传动螺杆左移了 $X+a$，而导向螺母 8、导向螺母套 9 和调隙挡 11 只左移了 X。

缓解时，杠杆推动复位挡圈 14 带动调整螺母套、导向套、调整弹簧、调整螺母、传动螺杆、导向螺母、导向螺母套、调隙挡右移，当右移行程达到 X 后，调隙挡 11 被端盖 12 挡住，传动螺杆、导向螺母、导向螺母套也不能继续右移。由于此时传动螺杆不能右移，调整螺母 7 也不能右移。而调整螺母套 6 的继续右移便与调整螺母 7 的锥齿啮合脱开。由于调整螺母与传动螺杆间也是通过不自锁螺纹连接的，所以调整螺母在调整弹簧 3 的弹力作用下绕螺杆旋转后退，直到调整螺母套被导向螺母挡住，调整螺母套与调整螺母的锥齿重新啮合。此时，缓解到位。在该过程中，间隙被消除，闸瓦与踏面间的间隙仍保持 X，即闸瓦间隙得到了自动调整。

7. 停车制动装置

当机车停在较大坡道或较长时间停留在轨道上，应采用停车制动装置对机车进行制动，以免机车发生溜车引起事故。韶山 9 型电力机车停车制动装置采用蓄能制动器，在每台转向架第三位轮对处设置 2 套停车制动装置，每套停车制动装置由蓄能制动器、调整螺母、拉杆、水平杠杆、连杆、竖杠杆等组成，如图 4-30 所示。

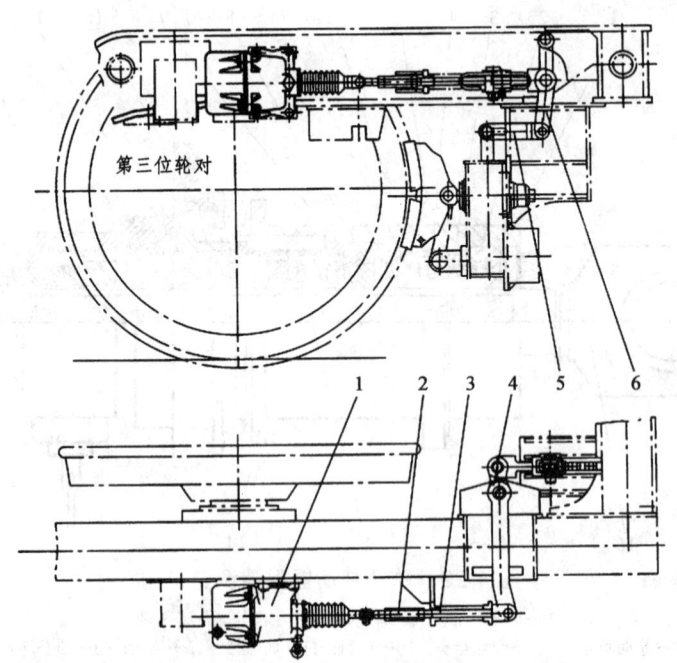

图 4-30 韶山 9 型电力机车停车制动装置

1—蓄能制动器；2—调整螺母；3—拉杆；4—水平杠杆；5—连杆；6—竖杠杆

蓄能制动器所产生的制动力依次通过拉杆、水平杠杆、竖杠杆和连杆传递到制动器闸瓦上，以实现车轮踏面制动。蓄能制动器通过螺栓直接安装在转向架构架上，机车停车后通过蓄能制动器的弹簧力来对车轮踏面进行制动。蓄能制动器有运行缓解、停车制动、手动缓解3种状态，分别用来对机车进行制动与缓解。

（1）蓄能制动器结构。

蓄能制动器主要由制动缸体、主压缩弹簧、压缩弹簧、锁紧机构、棘轮机构、导向机构、丝杆、调整螺母等部件组成。蓄能制动器结构如图4-31所示。

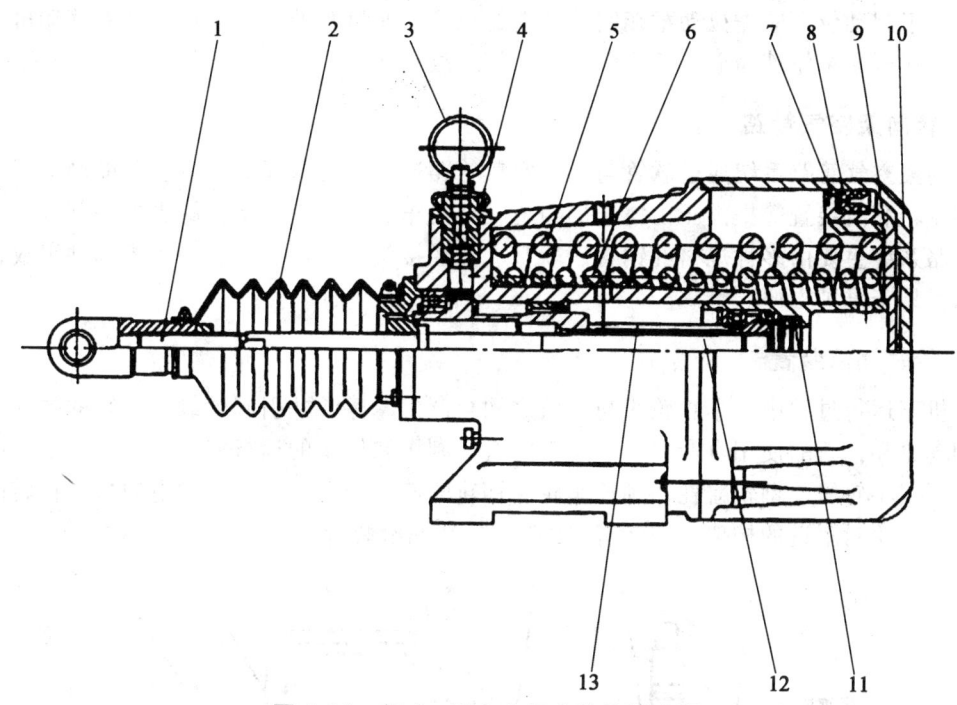

图4-31　韶山$_9$型电力机车蓄能制动器

1—调整杆；2—护尘罩；3—锁紧机构；4—棘爪；5—主压缩弹簧；6—压缩弹簧；7—导向环；8—皮碗；9—活塞；10—缸体；11—弹簧；12—丝杆；13—调整螺母

（2）蓄能制动器的功能和作用原理。

① 运行状态（缓解状态）。

机车正常运行时，蓄能制动器应处在缓解位。当总风缸的压缩空气（600 kPa）向蓄能制动器的制动缸内充气时，空气推动活塞，压缩制动弹簧，与此同时螺母在丝杆上旋转，并带动棘轮套同时旋转，而丝杆没有伸长或缩短，保持原有状态。因此，蓄能制动器保持缓解位，不起制动作用。

② 制动状态。

当机车制动缸排风到风压低于300 kPa时，压缩弹簧推动活塞向后移动，此时棘轮机构具有反锁作用，锁住棘轮套和螺母不能在丝杆上转动，在活塞往后移动时丝杆随之一起向后移动，使蓄能制动器处于制动位。

③ 手动缓解状态。

机车在停车后需要移动而又无司机操纵机车时，拉动蓄能制动器上的手动拉环可使机车制动进行缓解。蓄能制动器在制动时主压缩弹簧没有全部伸长，拉动拉环后棘爪提起，棘轮和螺母可在丝杆上自由旋转，由于主压缩弹簧的伸长，推动活塞向后移动直至尽头。同时，在复位弹簧的作用下，使丝杆伸长，蓄能制动器缓解。当蓄能制动装置处于完全缓解状态后要实行制动时，必须先对制动缸充风，使蓄能制动装置恢复到运行状态（缓解状态），然后制动缸排风转入制动状态。只要制动缸风压下降到 300 kPa 以下，蓄能制动器就会自动进行工作。随着制动缸中风压的减小，施加在闸瓦上的压力越来越大。所以，在机车运行时必须要注意观察风压。在无风压的情况下，移动机车要先检查蓄能制动器是否处于缓解位，若蓄能制动器处于制动位，应先拉动蓄能制动器上的拉环，使机车处于缓解位后才能移动机车，以防发生闸瓦压紧车轮踏面造成轮缘踏面擦伤等事故。

8. 转向架空气管路

转向架空气管路系统通过软管与车体空气管路连接，为单元制动器、蓄能制动器、砂箱装置和轮轨润滑装置等提供压力空气的通道，是机车制动系统中不可缺少的一部分。转向架空气管路系统主要由多种规格的钢管、软管、异径接头、管卡、管卡垫等零部件组成，其结构简单，易于维护方便。

9. 轮轨润滑装置

在机车运行过程中，车轮轮缘与钢轨之间会产生摩擦，并引起轮缘及钢轨的磨耗，直接影响到车轮和钢轨的使用寿命、机车功率的有效利用和机车的运行安全。

为了减小轮缘、钢轨磨耗，延长车轮和钢轨的使用寿命，韶山 9 型电力机车在转向架第一位、六位轮对附近的构架上安装有 HB-2 型轮轨润滑装置，如图 4-32 所示。

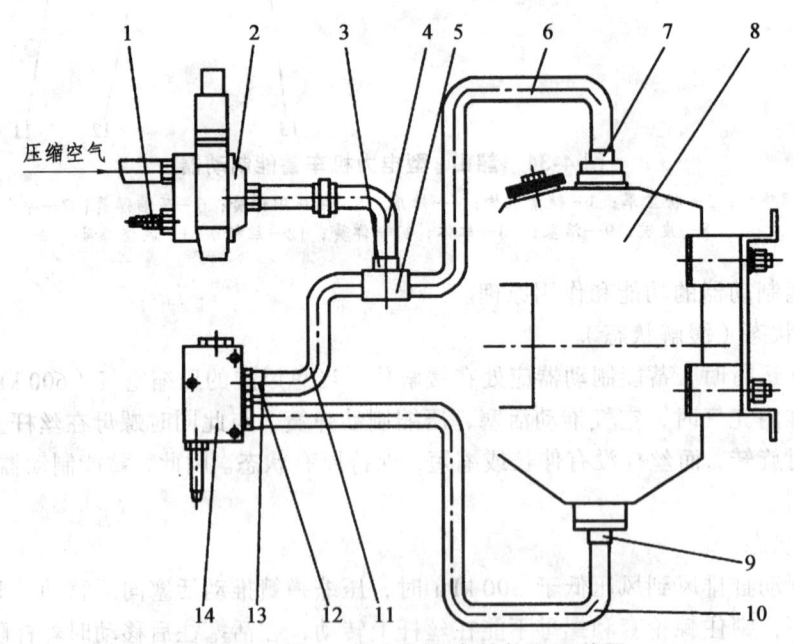

图 4-32　韶山 9 型电力机车轮轨润滑装置

1—消音器；2—电空阀；3—三通进气口接头；4—气路软管；5—三通；6—油脂罐气路软管；
7—油脂罐进气口；8—油脂罐；9—油脂罐出脂口接口；10—油脂管路；11—气路软管；
12—喷头进气口接口；13—喷头进脂口接口；14—喷头

HB-2 型轮轨润滑装置工作过程如下：

当电空阀 2 开通后，管路中的压缩空气经过三通（或四通）5 分为两路，一路通过气路软管 4、进气口 7、进入油脂罐 8，在油脂液面上形成压力，将油脂挤入油脂管路 10，到达油脂喷头进脂口 13；另一路压缩空气通过气路软管 11 直接进入油脂喷头进气口 12，通过进气口的压缩空气将油脂喷头内的柱塞推到喷脂位置，从喷嘴喷射出雾化油脂。

当电空阀 2 关断后，管路中的压缩空气通过电空阀上安装的消音器 1 放出，油脂喷头内的柱塞在弹簧力的作用下恢复原位。当机车走过设定距离后，又重复以上的过程。

韶山 $_9$ 型电力机车转向架的主要技术参数如下：

轨距	1 435 mm
轴式	C_0-C_0
轴重	21 t
轮径	1 250 mm（新）
	1 200 mm（半磨耗）
运用最大速度	170 km/h
通过最小曲线半径	125 m（$v \leq 5$ km/h）
转向架轴距	2 150 mm + 2 150 mm
一系悬挂：	
弹簧静挠度	49.5 mm
垂向减振器阻尼	80 kN·s/m
二系悬挂：	
弹簧静挠度	96 mm
垂向减振器阻尼	120 kN·s/m
横向减振器阻尼	90 kN·s/m
抗蛇行减振器阻尼	1 000 kN·s/m
牵引装置：	
牵引方式	双侧低位平拉杆
牵引点高度	460 mm
起动工况黏着质量利用率	91.6%
传动装置：	
传动方式	直齿轮双侧六连杆万向节驱动
齿轮传动比	77∶31
齿轮中心距	650 mm
基础制动：	
制动方式	带闸瓦间隙调整器的单元制动器
制动缸制动倍率	4
机车制动率	42%
车轮与闸瓦之间的间隙	5～8 mm
160 km/h 速度时的紧急制动距离	1 320 m

停车制动：
制动方式   弹簧蓄能制动
轮对横动量   1 mm—8 mm—1 mm
车体与转向架横向间隙   30 mm
车体与转向架垂向间隙   40 mm
转向架质量（包括电机）   31.5 t

子任务四　HXD₁型电力机车转向架

一、HXD₁型电力机车转向架的主要技术特点

（1）转向架轴列式采用 B_0-B_0 形式，牵引电机采用对置方式布置。
（2）转向架构架由侧梁、牵引梁、前端梁和后端梁焊接而成，各梁体均为焊接的箱形结构。
（3）转向架采用带抱轴箱的抱轴悬挂单侧传动驱动系统。
（4）转向架轴箱轴承采用免维护的双列圆锥滚子轴承，轴箱采用单拉杆轴箱定位。
（5）转向架采用两系弹簧悬挂系统，其中一系悬挂系统采用螺旋弹簧配装垂向减振器方式，二系悬挂系统采用高圆螺旋弹簧加橡胶垫结构并辅以各向减振器方式。
（6）为提高机车的黏着质量利用率，机车采用低位推挽牵引杆牵引装置。
（7）转向架基础制动装置采用轮盘制动。

二、HXD₁型电力机车转向架的结构组成

HXD₁型电力机车转向架主要由构架、轮对驱动装置、一系悬挂装置、二系悬挂装置、牵引装置、制动装置、转向架空气管路、整体起吊装置、附属装置等部件组成，如图4-33所示。

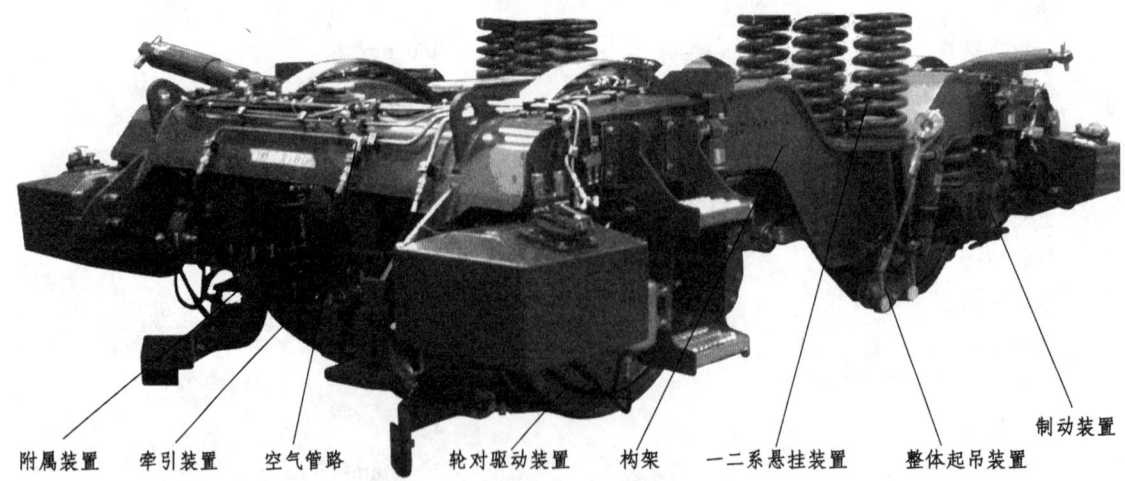

图 4-33　HXD₁型电力机车转向架总体结构

1. 构 架

转向架构架是各部件的安装基础,承受和传递转向架受到的各种载荷,因此,必须保证具有一定的强度和刚度。HXD$_1$型电力机车转向架构架由侧梁、牵引梁、前端梁和后端梁组成,构架为焊接结构,采用等刚度设计,构架变形小,残余应力分布均匀;各安装座结构简单。构架结构如图 4-34 所示。

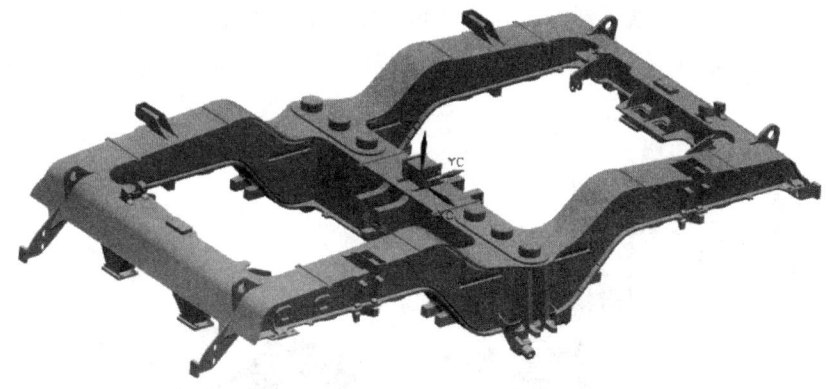

图 4-34　HXD$_1$型电力机车转向架构架

2. 轮对驱动装置

轮对驱动装置包括轮对、轴箱、齿轮驱动系统、电机悬挂装置和牵引电机组成等主要零部件,主要作用是为机车安全运行提供直接驱动力。牵引电动机为交流异步电动机,功率为1 225 kW。

(1) 轮对。

轮对组装由整体车轮、制动盘及锻造车轴组成,轮对内侧距为 1 353 mm,如图 4-35 所示。

图 4-35　轮对组装

1—车轮；2—车轴

HXD₁型电力机车车轮采用整体碾钢车轮；在车轮两侧装有制动盘，制动盘通过螺栓与车轮连接；车轮踏面采用磨耗型踏面。新轮踏面滚动圆直径为 1 250 mm，磨耗到限为 1 150 mm。车轴轴颈部分直径为 160 mm，轮座部分直径为 252 mm，轴身部分直径为 240 mm。

轮对组装时，车轮与车轴采用压装配合，压装过盈量为 0.27～0.327 mm。

（2）轴箱。

HXD₁型电力机车轴箱采用的是整体式圆锥滚动轴承（双列圆锥滚子轴承单元），能够控制轴箱横动量和保证轴承油脂不泄漏，实现 100～120 万公里免维护，如图 4-36 所示。

不同位置轴箱轴端分别安装有速度传感器、防滑速度传感器和接地装置等，如图 4-37 所示。

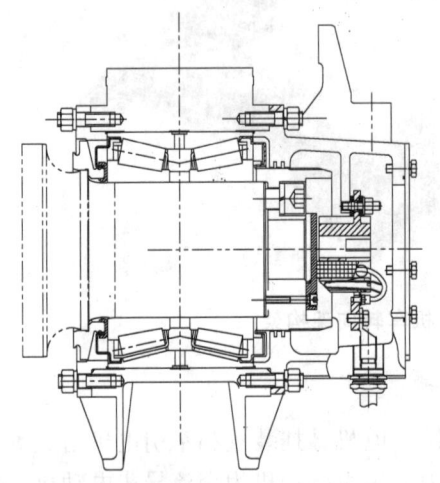
图 4-36　HXD₁型电力机车机车轴箱装置

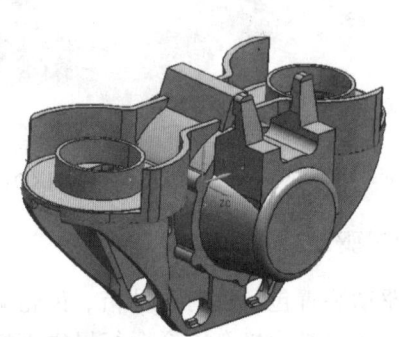
图 4-37　机车轴端设备

（3）齿轮驱动系统。

齿轮驱动系统采用斜齿轮传动，其传动比为 6.235（106/17），牵引电机通过抱轴箱用一对圆锥滚子轴承悬挂在车轴上。大齿轮安装在车轴上，小齿轮悬臂安装在电机轴上，齿轮箱为非承载式齿轮箱，分为上、下两箱，安装在电机输出端端盖和抱轴箱上。牵引电机采用对置式排列，以提高机车的黏着质量利用率。齿轮驱动系统结构如图 4-38 所示。

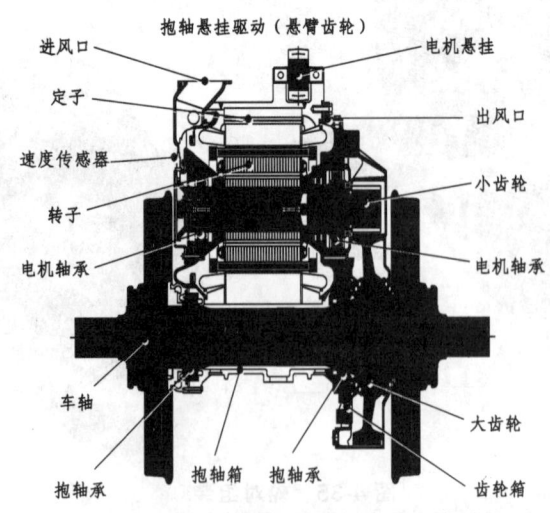
图 4-38　HXD₁型电力机车驱动系统结构

（4）电机悬挂装置。

牵引电机一端通过吊杆吊挂在构架横梁安装座上，另一端通过抱轴箱轴承支承在轮对车轴上。吊杆两端安装球形橡胶关节，可缓和牵引电机在运行中受到的冲击和振动，并和轮对与构架之间的相对运动相适应。在牵引电机与转向架构架之间设有牵引电机防落安全装置，该装置在电机吊杆失效后，可限制电机的脱落与抬起，以保证转向架运行的绝对安全。电机悬挂装置如图4-39所示。

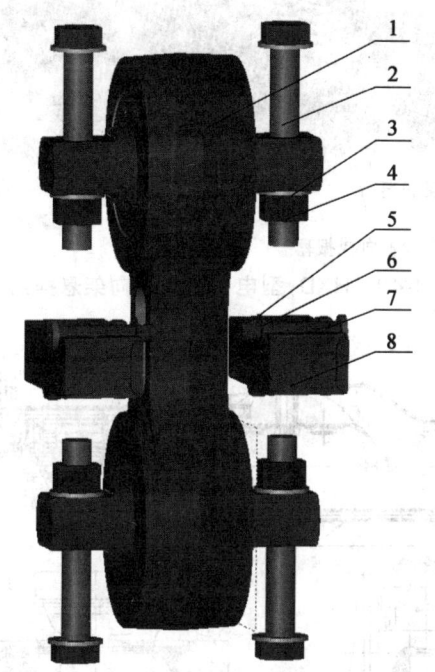

图4-39　HXD₁型电力机车电机悬挂装置

1—吊杆组件；2—六角螺栓；3—高压安全垫；4—六角锁紧螺母；5—开口销；
6—平垫圈；7—销轴；8—电机防落挡块

3. 一系悬挂装置和二系悬挂装置

HXD₁型电力机车转向架悬挂系统由一系弹簧、二系弹簧、减振器及轴箱定位装置等组成，是保证机车安全运行的关键结构。HXD₁型电力机车转向架悬挂结构如图4-40所示。

HXD₁型电力机车转向架悬挂结构的特点：

（1）二系弹簧采用了高扰弹簧；

（2）轴箱采用单侧轴箱拉杆定位，轴箱拉杆两端采用球形橡胶关节。

4. 牵引装置

HXD₁型电力机车牵引装置安装于构架牵引横梁和车体间。牵引杆与转向架和车体连接端装有厚橡胶层的圆橡胶套筒关节，能适应转向架和车体间的相对运动，有效传递牵引力和制动力，并承受一定的冲击力。

HXD₁型电力机牵引装置由牵引杆（一）、牵引杆（二）、连杆、销套及橡胶关节组成。如图4-41所示。

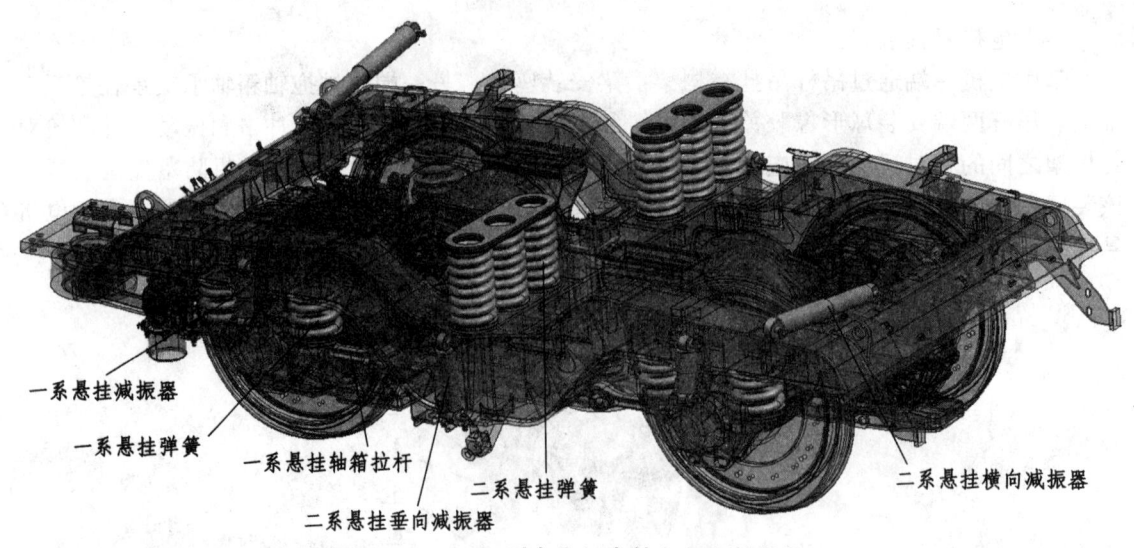

图 4-40 HXD₁型电力机车转向架悬挂结构

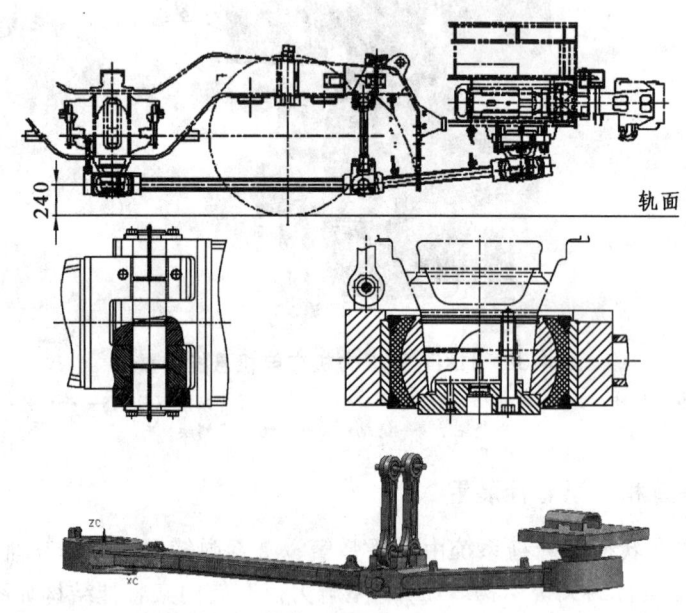

图 4-41 HXD₁型电力机车牵引装置

5. 转向架空气管路、扫石器安装等辅助装置

HXD₁型电力机车转向架空气管路由空气制动、蓄能制动及轮缘润滑空气管路组成,采用不锈钢管通过接头或软管连接。

HXD₁型电力机车在位于转向架前部安装有 2 套扫石器装置;扫石器由安装座和橡胶板组成。

HXD₁型电力机车在位于构架后端安装有 4 套撒砂管装置。

在每台转向架的车轮位置设置了防护板以阻止轨道上的异物对转向架及车体底下设备的损坏。

6. 轮缘润滑装置

HXD₁型电力机车轮轨润滑装置分别配置于机车第一位、第四位、第五位和第八位轮对附近。由微机集中控制系统、喷头和油脂罐、风路系统（包括截断塞门、减压阀、无缝钢管、橡胶软管、连接件等）三部分组成，如图4-42所示。

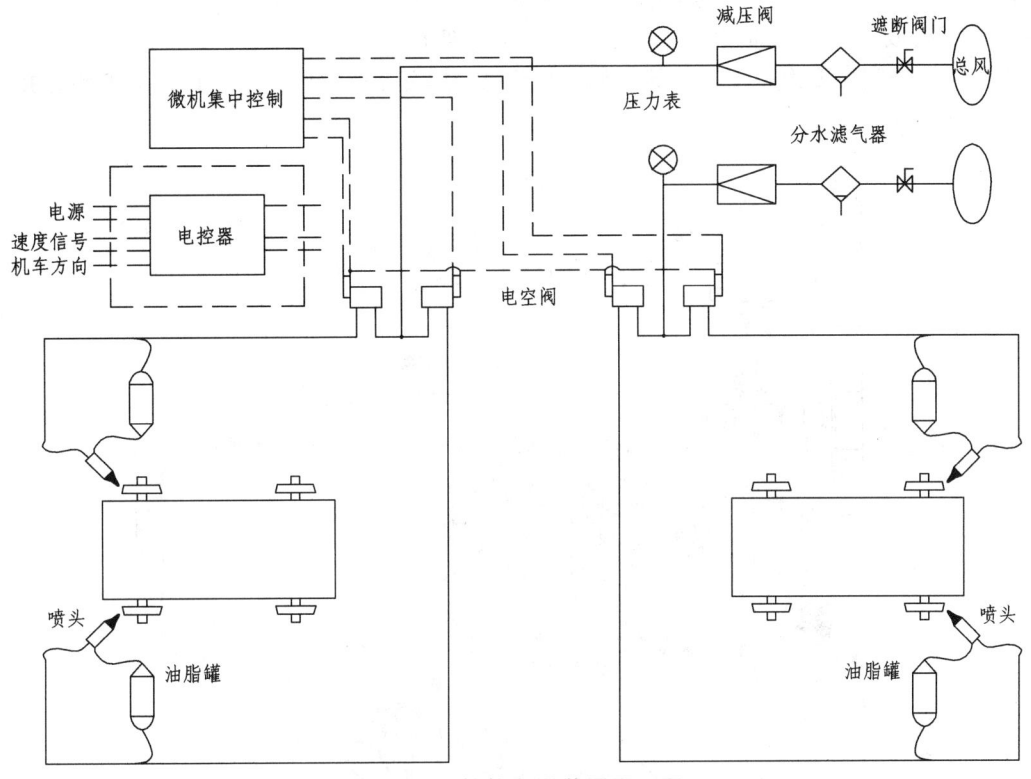

图4-42 轮轨润滑装置原理图

当机车停止或速度小于5 km/h时，机车控制电压和工作风压处于正常状态，此时电空阀关闭，轮缘润滑装置处于停止润滑状态。

当机车运行至设定的喷脂距离时，微机集中控制系统按照设定程序接通相应的电空阀电源。电空阀动作，接通机车空气管路系统，推动喷头柱塞运动并将储脂槽里的定量油脂呈雾化状由喷嘴喷射到轮缘根部，并随机车动轮转动将油脂传递到钢轨内侧，达到润滑轮缘以减小轮轨磨损的目的。电空阀得电工作约2 s后，微机集中控制系统关闭电空阀电源，电空阀切断压缩空气通路，喷头停止喷脂，此时电空阀至喷头之间、电空阀至油脂罐之间管路内的压缩空气经电空阀排气口排出，喷头柱塞在复位弹簧作用下复位。

在油脂罐进气口处安装有单向阀，使油脂罐内部始终为正压，可为复位后的喷头柱塞储脂槽补充油脂，为下一次喷脂做好准备。

7. 转向架安全监测装置

HXD₁型电力机车走行部车载监测装置用于对轴箱轴承、齿轮箱轴承、电机轴承进行在线故障诊断、检测和预警功能，充分保证机车的运行安全可靠。车载监测装置监测的轴承主要包括轴箱轴承、抱轴箱轴及电机轴承。

所有被监控轴承中，轴箱轴承的温升≤40 ℃；其他轴承温升≤55 ℃；所有轴承的绝对温度≤120 ℃。

8. 扫石器

HXD$_1$型电力机车转向架的前端安装有扫石器以清扫轨面。扫石器由扫石器支架、排石器橡胶板等组成。扫石器通过弹性套螺栓安装在构架上，位于导向轮（一位轮对）的前沿；扫石器距轨面规定高度为30 mm，随着车轮的磨耗，扫石器可以调整与轨面的高度保持30 mm的规定值，如图4-43所示。

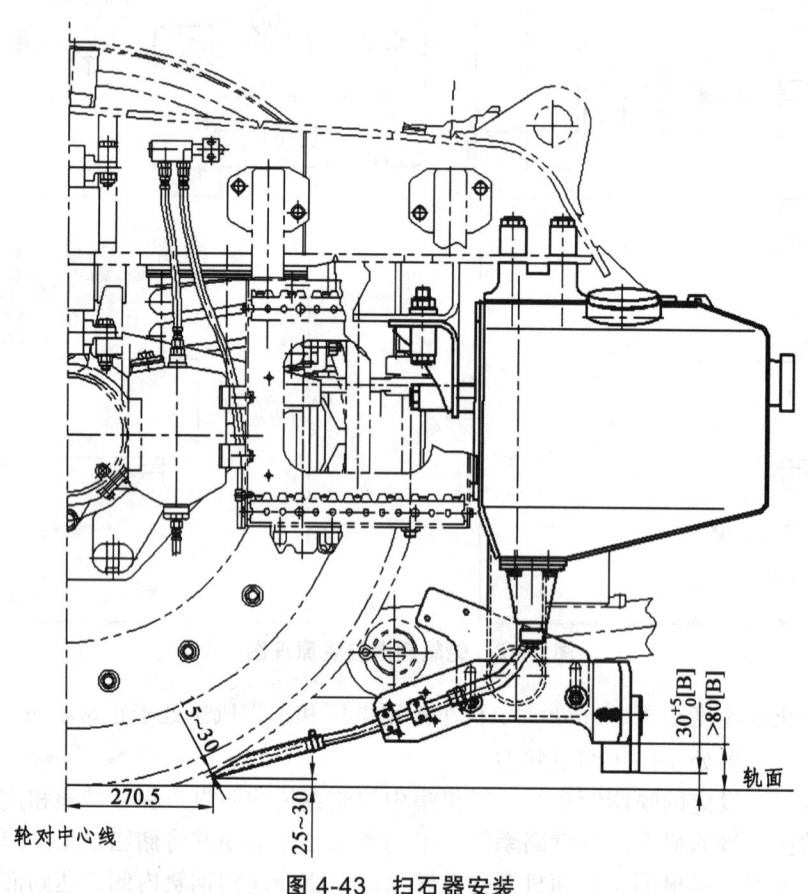

图4-43 扫石器安装

三、HXD$_1$型电力机车转向架的主要技术参数

轴重	25 t
转向架总重	20 060 kg
电机质量	2 450 kg
单轴簧下质量	4 572.5 kg
牵引电机悬挂方式	抱轴悬挂
轴距	2 800 mm

轨距	1 435 mm
转向架中心距	8 900 mm
轮对左右轴箱中心线间距	2 080 mm
二系支承点横向间距	2 080 mm
牵引方式	中间斜拉杆推挽式
电机功率	1 225 kW
牵引点距轨面高度	240 mm
最大启动牵引力	95 kN（每轴）
传动方式	交流电机、滚动抱轴承
齿轮传动比	106/17
轮径	1 250 mm（新轮）
	1 200 mm（半磨耗）
	1 150 mm（全磨耗）
最大运用速度	120 km/h
一系悬挂方式	钢弹簧+单轴箱拉杆+垂向减振器
一系弹簧静挠度	38 mm
二系悬挂方式	钢弹簧+垂向减振器+水平减振器
二系弹簧静挠度	103 mm
基础制动方式	轮盘制动单元（带蓄能）
限界	满足 GB 146.1-83-1B

子任务五　HXD$_{3B}$型电力机车转向架

一、HXD$_{3B}$型电力机车转向架的主要技术特点

（1）HXD$_{3B}$型电力机车转向架为三轴转向架，轴列式为 B$_0$-B$_0$。

（2）HXD$_{3B}$型电力机车传动方式采用交-直-交型。

（3）HXD$_{3B}$型电力机车转向架构架采用箱形梁焊接结构。

（4）HXD$_{3B}$型电力机车基础制动采用轮盘制动。

（5）HXD$_{3B}$型电力机车转向架轮对采用进口整体辗钢车轮。

（6）HXD$_{3B}$型电力机车采用低位倾斜单牵引杆的牵引装置。

（7）HXD$_{3B}$型电力机车采用单级斜齿轮传动驱动装置，整体承载式齿轮箱，牵引电机采用滚动抱轴悬挂方式。

（8）HXD$_{3B}$型电力机车转向架轴箱采用螺旋弹簧加单轴箱拉杆结构。

（9）HXD$_{3B}$型电力机车的二系悬挂装置采用高圆簧结构，配合横向减振器、二系垂向减振器、横向止挡、垂向止挡、摇头止挡、点头止挡等。

二、HXD₃B型电力机车转向架的主要组成

HXD₃B型电力机车转向架主要由构架、轮对装配、一系悬挂装置、二系悬挂装置、驱动装置、基础制动装置、电动机悬挂装置、牵引装置、附件、车梯、轮缘润滑装置、配管及进风道等组成，如图4-44所示。

图4-44　HXD₃B型电力机车转向架

1. 构　架

转向架构架是转向架其他部件连接的机体，同时起到承担载荷和传递各种作用力的作用，通过构架与轴箱拉杆和一系悬挂与驱动装置相连，传递车体的垂直载荷和承受轮对向上传递的作用力，承受来自车体及其上部设备质量的垂直载荷和由于机车振动引起的垂直附加动载荷；承受机车牵引或制动时产生的牵引力或制动力；承受机车通过曲线时的水平横向力和离心力等。因而要求机车转向架构架必须具有足够的强度、刚度和良好的抗疲劳性能。

HXD₃B型电力机车转向架构架采用高可靠性和轻量化结构。构架由两个侧架、一根牵引梁、两根横梁和一根前端梁及各种附加支座组成，构架组焊后成框架式"目"字形结构，如图4-45所示。

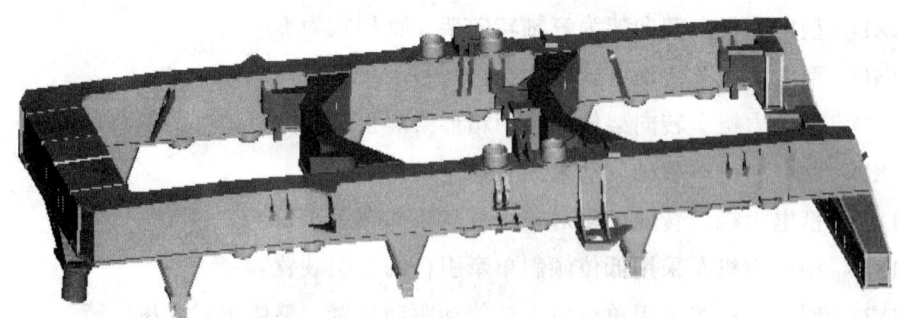

图4-45　HXD₃B型电力机车转向架构架

2. 轮对装配

轮对是转向架最重要的关键部件之一。机车绝大部分载荷通过轮对传递给钢轨，牵引电动机所产生的扭矩也是通过它传至钢轨产生牵引力。机车运行时，它还承受钢轨接头、道岔、

曲线通过和线路不平顺时的垂向和水平作用力。

HXD_{3B} 型电力机车轮对主要由车轴、车轮、制动盘等组成。车轴采用车轴钢锻造而成，车轮为德国进口整体辗钢车轮，车轮踏面采用 JM3 磨耗型踏面，能够减少轮缘磨耗，提高了车轮的使用寿命；制动盘采用德国标准铸铁盘；从动齿轮采用冷压的压装方法，车轮采用冷压或注油压装，如图 4-46 所示。

图 4-46　HXD_{3B} 型电力机车轮对

3. 一系悬挂装置

HXD_{3B} 型电力机车一系悬挂装置主要由轴箱、轴箱拉杆、一系弹簧、一系垂向减振器等组成。

HXD_{3B} 型电力机车一系悬挂装置采用单侧轴箱拉杆定位，轴箱通过轴箱弹簧和轴箱拉杆与转向架的构架弹性相连，把机车簧上部分的质量传递给轮对，同时将来自轮对的牵引力、制动力、横向力等传递到构架上。轴箱采用独立悬挂，靠轴箱弹簧、橡胶元件的弹性变形来获得轴箱相对构架的上、下和横向移动。轴箱弹簧采用较高螺旋弹簧，弹簧工作高度为 232 mm，弹簧底部增加绝缘衬板，厚度为 5 mm，使构架与轴箱之间具有良好的绝缘。轴箱装配主要由轴箱体、端盖、后盖、防尘圈、压盖、轴承、接地装置等组成。HXD_{3B} 型电力机车一系悬挂装置如图 4-47 所示。

图 4-47　HXD_{3B} 型电力机车一系悬挂装置

机车转向架每轴有一个轴箱安装接地装置,保证构架与车轴之间具有良好的导电性,避免轴承产生电蚀。端轴轴箱加垂向减振器,减振器同时具有整体起吊轮对功能。中间轴轴箱安装速度传感器,中间轴箱采用吊环与构架相连,实现轮对与转向架的整体起吊功能。两个端轴的轮对相对轴箱没有自由横动量,轴箱内的轴箱轴承提供给中间轴具有 ±15 mm 的自由横动量。轴箱轴承采用进口自密封型轴承,轴承的计算寿命满足 300 万公里。机车每运行 40 万公里后进行 180～200 g 的油脂补充。所有轴箱轴承运行 80 万公里或运行 5 年后,轴承应解体清洗、检查,并重新加入 360～400 g 油脂。

4. 二系悬挂装置

HXD$_{3B}$ 型电力机车二系悬挂装置由二系高圆弹簧、橡胶垫、二系垂向减振器、二系横向减振器、横向止挡、垂向止挡、起吊装置等组成。每台转向架上有两组高圆弹簧(每组两个)布置在左右侧架中央部分,工作高度为 594 mm。HXD$_{3B}$ 型电力机车二系悬挂装置如图 4-48 所示。

图 4-48 HXD$_{3B}$ 型电力机车二系悬挂装置

HXD$_{3B}$ 型电力机车二系弹簧主要技术参数:

弹簧中径	269.5 mm
钢丝直径	60.5 mm
垂向刚度	959.5 N/mm
挠度	118.6 mm

二系垂向减振器主要技术参数:

安装尺寸	444 mm
工作行程	185 mm
0.1 m/s 测试速度下的阻尼力	15 kN
0.3 m/s 测试速度下的阻尼力	25 kN

二系横向减振器主要技术参数:

安装尺寸	465 mm
工作行程	185 mm
0.1 m/s 测试速度下的阻尼力	7.5 kN
0.3 m/s 测试速度下的阻尼力	14.7 kN

5. 驱动装置

HXD$_{3B}$型电力机车驱动装置主要由牵引电动机、抱轴箱、齿轮箱、主动齿轮、从动齿轮等组成，如图4-49所示。驱动装置为单级斜齿轮传动，传动比为4.95。牵引电动机为滚动抱轴结构，牵引电机、齿轮箱、抱轴箱组成刚性结构，一端通过电机吊杆悬挂在转向架构架上，另一端通过两个分别安装于抱轴箱内和齿轮箱内的滚动轴承支承在车轴上。驱动扭矩从电机轴通过薄板式联轴器传递给主动齿轮、从动齿轮，主动齿轮两端各装设一个轴承。从动齿轮用螺栓连接在齿轮毂上，齿轮毂直接通过过盈配合安装在车轴上。齿轮箱轴承润滑采用飞溅润滑，由齿轮油提供润滑，非齿轮端抱轴承和电机非齿端轴承采用油脂润滑。

HXD$_{3B}$型电力机车驱动装置主要技术参数：

电机额定功率	1 632 kW
额定电压	2 183 V
额定电流	498 A
额定转速	1 494 r/min（半磨耗）
最高转速	3 198 r/min
冷却风量	1.8 m^3/s
电机质量	2 150 kg
齿轮箱质量（包括齿轮和抱轴箱）	1 420 kg

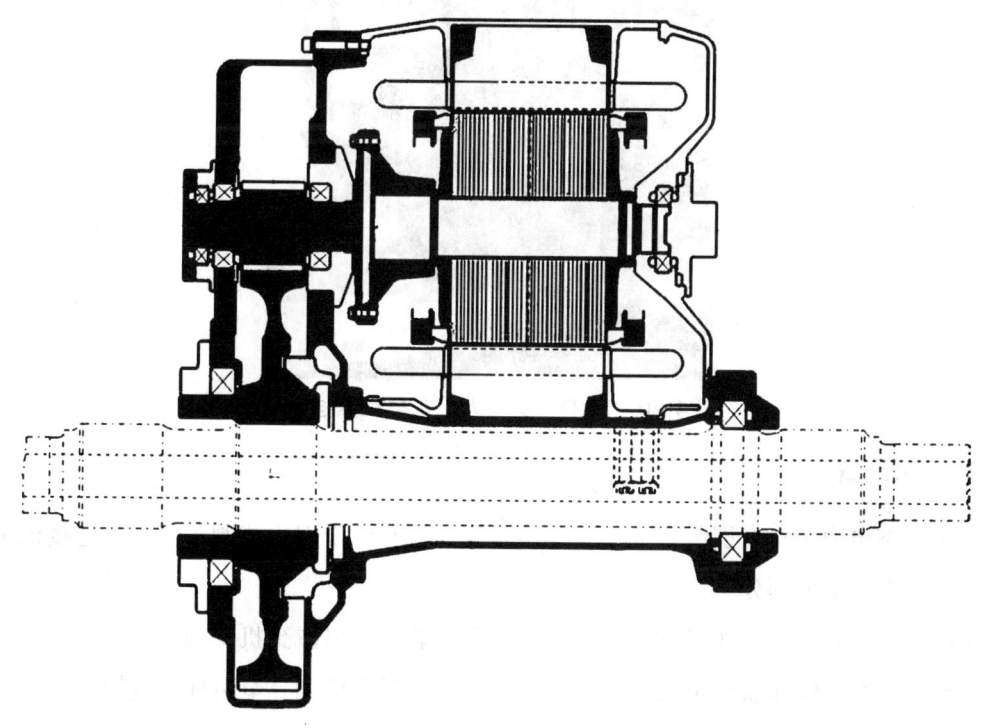

图4-49 HXD$_{3B}$型电力机车驱动装置

HXD$_{3B}$型电力机车驱动装置维护：

（1）首次投入运用的一个月或1.5万公里进行齿轮油更换。

（2）每个月或1.5万公里检查一次泄漏，每运行1万公里检查一次螺钉连接。

（3）每运行20万公里（最长不超过4年）更换一次齿轮油，每运行25万公里补充一次轴承润滑油脂，最长8年更换一次非齿端抱轴承和牵引电机轴承润滑脂。

6. 电机悬挂装置

HXD$_{3B}$型电力机车电机悬挂装置主要由安装板、电机吊杆、安全托等组成。电机吊座和安全托板与安装板组焊在一起，通过8个螺栓安装到电机上，安全托通过螺栓安装到构架的安全托座上。电机吊杆两端采用橡胶球关节，即能使吊杆做轻微的摆动，又能减少电机对构架的冲击和振动。吊杆安装采用橡胶球关节芯轴受力的方式，电机作用在吊杆上的垂向力主要由芯轴来承受，避免直接作用在螺栓上，提高了安全性。HXD$_{3B}$型电力机车电机悬挂装置如图4-50所示。

图4-50 HXD$_{3B}$型电力机车电机悬挂装置

7. 牵引装置

HXD$_{3B}$型电力机车牵引装置的主要作用是传递机车的牵引力或制动力，是连接机车车体与转向架的重要组成部分。

HXD$_{3B}$型电力机车采用低位倾斜单牵引杆牵引装置，以减少机车轴重转移，提高机车的黏着质量利用率。HXD$_{3B}$型电力机车牵引装置布置在机车内侧，牵引杆通过螺栓分别与两端的关节体相连，便于拆卸，如图4-51所示。

图 4-51 HXD₃B 型电力机车牵引装置

8. 基础制动装置

HXD₃B 型电力机车基础制动采用轮盘制动，每个车轮安装一套独立的制动单元，制动单元采用 KNORR 三点吊挂式制动单元，无踏面清扫装置，采用 KNORR 制动盘，闸片采用合成闸片。每个转向架有两个带弹簧停车制动的制动单元，分别布置在每个转向架的一轴和三轴右侧，以满足在 30‰坡道停车的要求，制动倍率为 3.23，其余制动单元的制动倍率为 2。HXD₃B 型电力机车制动单元如图 4-52 所示。

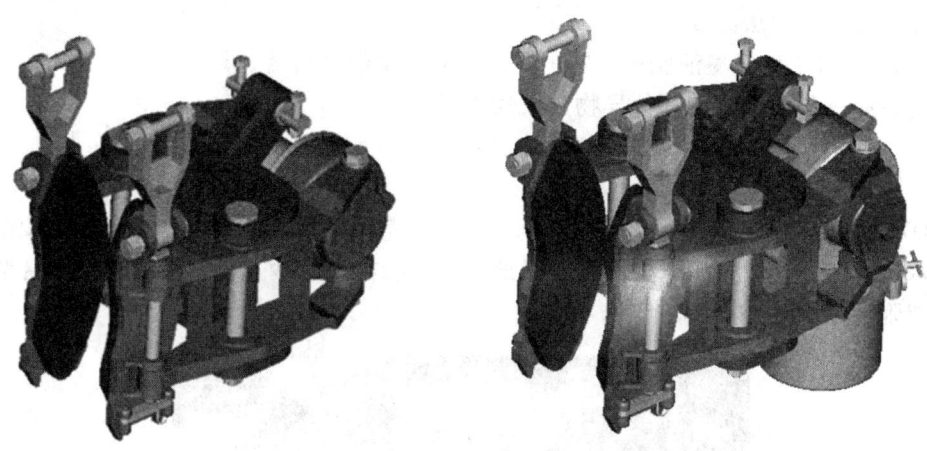

图 4-52 HXD₃B 型电力机车制动单元

9. 轮缘润滑装置

HXD₃B 型电力机车采用 HB-3 型轮缘润滑装置，由油脂罐、喷头、支架等组成，轮缘润滑装置安装在机车的一、六位车轴。HB-3 型轮缘润滑装置具备前后、左右（对角）两种喷脂模式，能够提前识别弯道，能够实现定时喷脂和定距喷脂两种控制模式，实现了轮轨润滑的智能化。采用 4 套独立的气动控制单元，有利于喷脂模式的转换，具有更灵活的设置空间。HXD₃B 型电力机车轮缘润滑装置如图 4-53 所示。

图4-53 HXD₃B型电力机车轮缘润滑装置

HXD₃B型电力机车轮缘润滑装置运用注意事项：

（1）轮缘润滑装置安装喷头后，应确保在机车运行的动态条件下，喷头与车轮无碰撞。

（2）定期检查固定喷头和油脂罐的螺栓和安装支架，避免出现松动和脱落。

（3）拆卸连接油脂罐和喷头的橡胶软管以前，先缓慢松动油脂罐的密封盖，释放罐内压力，然后拧紧，再拆卸橡胶软管；否则将有大量石墨油脂溢出。

（4）喷头体与喷头柱塞之间是单一对应关系，各个喷头间不允许互换柱塞。

（5）用户必须使用与HB-3型装置配套的专用JH-1型石墨油脂。如果使用其他油脂，可能损害部分装置并无法修复。

（6）加装JH-1型石墨油脂前，先缓慢松动油脂罐的密封盖，释放压力后再完全打开。加装油脂时，应避免颗粒物和其他异物进入油脂罐。

10. 附 件

HXD₃B型电力机车转向架附件主要包括砂箱、撒砂装置、扫石器、车梯等。砂箱盖采用密封防水型，撒砂装置采用电加热烘干系统，防止砂箱内的砂子受潮板结。HXD₃B型电力机车转向架附件如图4-54所示。

图4-54 HXD₃B型电力机车转向架附件

三、HXD$_{3B}$型电力机车转向架力的传递

HXD$_{3B}$型电力机车转向架在运行中主要承受纵向力、横向力和垂向力3种力的作用。
垂向力(机车自身的重力和机车运行时的垂向振动引起的附加载荷)的传递途径：
车体→二系弹簧→构架→轴箱弹簧→轴箱体→轴承→车轴→车轮→钢轨。
纵向力(牵引力或制动力)的传递途径：
钢轨和车轮相互作用产生的牵引力或制动力→车轴→轴箱→轴箱拉杆→构架→牵引杆→车体→车钩→列车。
横向力(通过曲线时的离心力和横向振动引起的附加力)的传递途径：
车体→横向和摇头止挡→构架→轴箱止挡→轴箱→轴承→车轴→车轮→钢轨。

四、HXD$_{3B}$型电力机车转向架的主要技术参数

项目	参数
轴重	25 t
最高运行速度	120 km/h
轴式	C_0-C_0
轴距	2×1 950 mm
两转向架中心距	12 950 mm
轨距	1 435 mm
轮对内侧距(空载)	1 353 mm
轮径(新/半磨耗/磨耗)	1 250 mm/1 200 mm/1 150 mm
制动倍率	2/3.23
转向架自重	28.4 t
簧下质量	5.4 t
轴箱与构架间横动量	±15 mm/±10 mm/±15 mm
轴箱内轴承横动量	0 mm/±15 mm/0 mm
弹簧静挠度	48.3 mm(一系) 118.6 mm(二系)
一系垂向止挡间隙	25 mm
二系横向止挡自由间隙	40 mm
二系横向止挡弹性间隙	10 mm
二系垂向止挡自由间隙	30 mm
二系垂向止挡弹性间隙	5 mm
最小曲线	干线300 m，能以5 km/h速度通过125 m的曲线
转向架与车体最大允许转角	3.5°
点头止挡允许的最大角度	1.5°
齿轮箱最低点距轨面高度	120 mm(新轮)
转向架扫石器距轨面高度	30 mm

任务二 机车转向架检查和维修

【学习目标】

(1) 熟悉机车转向架检修程序和检修方法；
(2) 掌握机车转向架段修技术要求；
(3) 掌握机车转向架解体、清洗和检修的方法；
(4) 掌握机车转向架各组成部件的检修技术要求和检修方法；
(5) 能够依据转向架的检修技术要求对转向架进行解体、清洗、检修和组装。

【知识准备】

子任务一 机车转向架检修工艺

一、机车转向架解体

1. 转向架解体工装准备

专用吊具、专用扳手、常用钳工工具等。

2. 转向架解体前准备工作及注意事项

(1) 清理工作现场不得有异物与其他零件，工作现场保持干净。
(2) 排空各砂箱及油箱。
(3) 准备各种工具、吊具及支撑架等。
(4) 抱轴承油箱、轴箱体、抱轴瓦、齿轮箱作好对位标记并对应放置。
(5) 主轴承、抱轴瓦避免碰撞。
(6) 安全注意事项：
① 解体转向架应单面展开，避免上下同时作业；
② 起吊重物下面不可站人，起吊前应确认各连接装置是否拆除完毕。

3. 转向架解体工艺

(1) 拆除砂管支架及砂管。
(2) 拆除横向油压减振器、侧向摩擦减振器、橡胶堆。
(3) 拆除纵向油压减振器。
(4) 拆除轴箱拉杆大端连接螺栓，再用楔铁使方轴与拉杆座分离。
(5) 拆除圆簧上座紧固螺栓。
(6) 拆除齿轮箱。
(7) 拆除抱轴承后吊开牵引电动机。

(8)用专用吊具将构架吊起,利用双钩天车将构架翻转180°后放置于4个支承凳上,构架放置后应平稳。

(9)拆除单元制动器。

(10)拆除轮缘喷脂器。

(11)解体轮对、轴箱,按《轮对检修工艺》《轴箱检修工艺》进行。

(12)低牵引拉杆装置解体按《低牵引拉杆装置检修工艺》进行。

二、转向架检修及组装

1. 转向架组装工装及量具

工装:钳工工具、专用吊具、专用扳手、牵引电动机支承凳、止轮器、轴箱木垫块。

量具:尺、钢卷尺、百分表、轮距规、内外卡钳。

2. 转向架组装技术要求

(1)各机件安装应紧固、防缓件齐全;

(2)各部机件安装后清洁度应符合电力机车清洁标准要求;

(3)转向架组装后各尺寸限度应符合表4-1的要求。

表4-1 转向架尺寸限度　　　　　　　　　　　　　　　　　mm

序号	名称	尺寸限度		禁用
		原形	限度	
1	喷嘴至轮缘距离	40±5	40±5	
2	喷嘴至踏面距离	23±2	23±2	
3	排石器距轨面高度	70~80	70~80	
4	扫石器距轨面高度	20~25	20~25	
5	砂管距轨面高度	30~50	30~50	
6	轴箱与构架距离	43±10	30~75	
7	构架与轴箱的垂直距离差不大于	10	10(同轴) 20(同一转向架,同一侧)	
8	轴箱横动量:一、二、四、六位 二、五位	3 28	3±1 28±2	
9	轴箱拉杆方轴与槽底间隔		2~8	
10	轴箱拉杆方轴的接触面积		≥80%	
11	圆簧组装后压缩高	293	270~295	
12	圆簧吊杆螺母与下压盖间隙		30~40	
13	橡胶堆自由高	258	254~258	
14	橡胶堆自由高度之差:一、二位 二、三位		≤1 ≤2	

续表

序号	名称	尺寸限度		禁用
		原形	限度	
15	轮对轮径差：同轴 同一转向架 同一机车		≤1 ≤4 ≤8	
16	抱轴瓦与抱轴颈径向间隙	0.25～0.4	0.25～0.6	
17	手制动杆与单缸手轮间隙	2～5	2～5	
18	横向止挡间隙（单边）	25^{+2}_{-2}	25^{+2}_{-2}	
19	电机防落板纵向搭接量		≥15	
20	电机防落板与机壳水平间隙		≥10	
21	制动器闸瓦与踏面间隙	6～9	6～9	
22	尾销与框纵向间隙	30	≥15	

3. 转向架检修工艺

（1）准备工作。

① 清除工作场地附近杂物和废弃零件，专用工具吊具齐全。

② 各零件按组装位置配齐，抱轴承油箱对应放置。

③ 各配合销孔、拉杆轴方头涂少量润滑脂。

④ 在地沟轮对电机下方放支承凳，以备组装电机时用。

⑤ 轮对摆放、测轴距：轮对轴线与钢轨垂直，第一位与第二位轮轴距为 2 300 mm，第二位与第三位轮轴距为 2 000 mm，轴距调整后轮对用木止轮器塞死。

注意轮对齿轮方向有前后之别，在水平位置从转向架向前端梁看，其斜齿的延长线交叉点应在下方。

（2）转向架组装。

① 轮对电机组装。

② 轴箱组装。

③ 齿轮箱组装。

④ 悬挂装置组装。

⑤ 低牵引装置组装。

⑥ 构架组装。

⑦ 构架附属装置组装。

（3）转向架组装、调整、给油。

① 转向架组装待机车落成后应调整喷嘴位置，排障器、排石器高度、砂管高度应符合技术要求。

② 轴箱与构架距离及差值、轴箱横动量、轴箱拉杆方轴与座槽底间隙应符合技术要求；允许在橡胶堆与座之间加垫来达到技术要求。

③ 圆簧组装压缩高度、圆簧吊杆螺母与下压盖间隙应符合技术要求。

④ 橡胶堆自由高度及差值应符合技术要求。
⑤ 横向止挡间隙应符合技术要求。
⑥ 抱轴瓦与抱轴颈径向间隙应符合技术要求。
⑦ 轮对轮径差应符合技术要求。
⑧ 电机防落板搭接量及与机壳的间隙应符合技术要求。
⑨ 齿轮箱、喷脂罐、抱轴承油箱按规定加油。
⑩ 转向架组装完成后应做常规检查；待机车落成后须对转向架做落成检查。

子任务二　机车转向架组成部件检修

一、机车轮对检修

1. 带箍轮对检修工艺

（1）工装、量具、材料。

工装、量具：车轮车床、立式车床、轮箍加热器、清洗设备、吊车、超声波探伤仪、电磁探伤仪、扳手、油石、150～175 mm外径千分尺、手锤、175～200 mm外径千分尺、钢丝刷、150 mm游标卡尺、扁锉、500 mm游标卡尺、齿形样板尺、塞尺、机车轮径测量器、机车车轮踏面检查器、踏面检验样板、轮辋外径测量尺、车轮内侧距测量尺。

材料：汽油、棉丝、砂布、耦合剂、磁粉、电焊条、白布、除漆剂、油漆、毛刷。

（2）带箍轮对基本技术要求（见表4-2）。

表4-2　带箍轮对基本技术要求　　　　　　　　　　　　mm

序号	名称	原形	限度 中修	限度 禁用
1	车轮内侧距	1353^{+1}_{-3}	1353 ± 3	
2	轮箍宽度	140^{+1}_{-3}	136	
3	轮箍厚度	90	Ⅰ、Ⅱ级线路：60 Ⅲ级线路：75	≤40
4	轮箍各处厚度差		1	3
5	轮缘厚度	$33^{0}_{-0.5}$	$33^{0}_{-0.5}$	23
6	轮缘高度	28^{0}_{-1}	28^{0}_{-1}	
7	车轮踏面滚动圆表面偏差		0.5	
8	车轮踏面： 擦伤深度不大于 磨耗深度不大于 缺陷（孔眼、剥离等）			0.7 7 1（深）×40（长）
9	轮缘垂直磨耗高度			18

续表

序号	名称	原形	限度 中修	限度 禁用
10	轮箍铲沟允许深度不大于 外侧面 内侧面			7 3
11	同轴车轮内侧距差	≤1	≤1	
12	轴径拉伤深度			1
13	抱轴颈直径不小于	$205_{-0.09}^{0}$	200	
14	轮径差：同轴 同一转向架 同一机车	1 2	1 4 8	 8 12
15	轮辋外径不小于 圆柱度不大于 圆度不大于	$1070_{-0.3}^{0}$ 0.2 0.3	1065 0.2 0.5	
16	轴身铲沟深度			4

（3）带箍轮对（见图4-55）检修工艺。

① 清洗。

② 检查。

③ 修理。

④ 探伤检查：

a. 电磁探伤检查齿轮，不得有裂纹。

b. 磁粉探伤检查轮毂、轮辐、轮辋。

c. 按相关工艺对车轴可见部进行磁粉探伤检查，不得有裂纹。

d. 按相关工艺对车轴进行超声波探伤，须符合技术要求。

e. 做好探伤记录。

⑤ 更换轮箍（见图4-56）：

a. 退箍。

b. 轮箍加工。

c. 轮箍镶装。

d. 轮对镟修。

e. 检验验收。

f. 轮对油漆。

对检验合格的轮对进行涂漆，轮芯内外侧面涂红漆，轮辋外侧面涂白漆；对带轮箍的轮对画弛缓标记，弛缓线宽为25 mm、长70 mm，三条弛缓标（黄色）互成120°角。

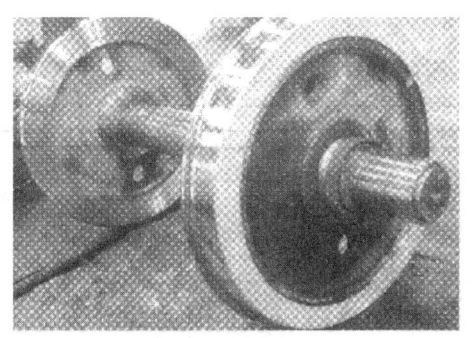

图 4-55 带箍轮对

图 4-56 轮箍

2. 整体轮对检修工艺

（1）设备、工具、量具及材料。

设备、工具、量具：超声波探伤仪、轮对车床、吊车、油盘、油石、铜棒、一般钳工工具、轮对内距尺、200～225 mm 外径千分尺、150 mm 游标卡尺、JL86C 轮径测量器、踏面外形样板、机车车轮检查器、齿厚游标卡尺、齿形样板、塞尺。

材料：汽油、棉丝、绸布、油漆、毛刷、砂布。

（2）整体轮对基本技术要求。

轮对外观清洁，符合清洁度标准要求，油漆及标记按油漆工艺。

轮对内侧距离为 $1\,353^{+1.5}_{-1}$ mm，同轴车轮内侧距离差不大于 1 mm。

轮辋宽度为 136～143 mm。

轮缘厚度为 $33^{0}_{-0.5}$ mm。

轮缘高度为 28^{0}_{-1} mm。

新轮直径为 $1\,250^{+3}_{0}$ mm，中修轮径为 1 220 mm，到限轮径为 1 150 mm。

在正常运用条件下，轮缘的平均磨耗量不超过 0.3 mm/10 万公里。

踏面偏差用外形样板检查不大于 0.5 mm。

踏面上无缺陷。

轮辋铲沟允许深度不小于：外侧面 7 mm，内侧面 3 mm。

轮径差不大于：同轴 1 mm，同一转向架 2 mm，同一节机车 4 mm，同一台机车 8 mm。

两轮辋内侧与轴端面距离偏差不大于 3 mm。

抱轴颈直径不小于 200 mm，拉伤深度小于 1 mm。

车轴上的裂纹限度按专用探伤标准执行。

齿形偏差不大于 0.2 mm。

单侧齿面剥离面积不大于 6 mm^2，剥离深度不大于 0.3 mm。

单侧齿面点蚀包罗面积不大于 15%，点蚀深度不大于 0.3 mm。

齿轮崩角不多于 2 处，沿齿高方向不大于 25%，沿齿宽方向不大于 12%。

(3) 整体轮对各部位限度（见表4-3）。

表 4-3　整体轮对限度　　　　　　　　　　　mm

序号	名　称	原形	限　度	
			中修	禁用
1	轮缘厚度	$33_{-0.5}^{0}$	$33_{-0.5}^{0}$	23
2	踏面擦伤深度			≥0.7
3	踏面缺陷、孔眼、剥离等			深≥1.0，长≥40
4	踏面磨耗深度			≥7
5	轮缘垂直磨耗高度			≥18

（4）整体轮对检修工艺。

① 清洗。

将轮对组装从轮对电机总装上解体出来后，用专用清洗设备煮洗轮对装置，然后对煮洗干净的轮对装置放置到轮对检修工作区。用汽油棉丝及毛刷清理各死角，特别是需要检查和测量的部位。其中包括：轴颈、车轮内外表面、从动齿轮表面等。其清洁度符合有关标准。

② 检修。

a. 检查；

b. 检测；

c. 车轮镟修；

d. 车轮踏面探伤。

③ 按油漆工艺进行轮对油漆。

（5）轮对日常保养。

① 机车进行整备作业和中间站停车时，检查轮箍弛缓标记有无错位，漆皮有无裂、翘、变色，踏面有无擦伤、剥离、沟槽、碾堆等现象。

② 精心操纵，避免空转、滑行，合理使用机车制动力，每个区间不少于两次瞬间缓解空气制动阀。

③ 动车前确认手制动缓解到位，重联转换阀位置正确。

④ 加强走廊巡视，当电测压力表故障时，密切监视非操纵节机车制动缸的压力。

⑤ 机车加挂运行或无火回送时，制动系统按规定处理，机车不能提供总风源时，制动系统须按无火回送处理。

⑥ 经常检查轮缘喷油器状态，确保作用良好。

⑦ 发生动轮弛缓时禁止牵引列车。

二、侧向摩擦减振器检修

1. 设备、工装、量具、材料

设备：侧向摩擦减振器阻力测试机。

工装：尖嘴钳、固定扳手、250 mm 螺丝刀、卡钳、空心冲销。
量具：游标卡尺。
材料：5 mm 石棉带、中灰磁漆、白调和漆。

2. 技术要求

（1）侧向摩擦减振器行程在 600～750 mm 时，其阻力值应为 4 790×（1±10%）N。
（2）弹簧的自由高度不得低于 96 mm（原形 100 mm）。
（3）铰链球橡胶件不得破损、老化。
（4）各焊接部不得开焊。
（5）清洁度符合电力机车清洁度标准。

3. 检修工艺

（1）解体。
① 取出铰链环的方式：用卡钳取出孔用挡圈，然后用空心双级冲销将铰链球冲出；
② 拆除弹簧外罩连接器螺栓后即可将定位板与摩擦杆分离，后用螺丝刀和叉口扳手取下摩擦片。
（2）用汽油棉丝擦净各部污渍。
（3）各零部件检修。
① 摩擦杆、定位板焊接应无裂纹开焊，否则应焊修；
② 摩擦杆拉伤允许消除后继续使用；
③ 测量弹簧的自由高度符合规定；
④ 摩擦片厚度小于 3.5 mm 时更换；
⑤ 检查铰链球不得有破损、老化和分离现象。
（4）组装。
① 摩擦杆、摩擦片组装应抹去油污和灰尘。
② 摩擦减振器组装：摩擦片安装在定位板上。将摩擦杆装入定位板中。装弹簧、弹簧外罩和连接螺栓，调整两铰球中心距为 640 mm，再紧固连接螺栓。安装铰链及孔用挡圈。目测检查两铰链球平行。
（5）试验：摩擦减振器组装完毕后测试其阻力值应符合基本技术要求，允许在弹簧支座上增减垫片厚度来达到技术要求。
（6）摩擦减振器检修完毕后涂中灰醇酸磁漆，摩擦杆、橡胶件不得涂漆，并用白油漆在弹簧外标明阻力值。

三、二系旁承橡胶堆检修

1. 工装、量具、材料

工装、量具：100 kV 静挠度测试台、300 mm 深度游标卡尺、钢尺、角尺、塞尺、平台。
材料：油漆、毛笔、毛刷、棉丝等。

2. 基本技术要求

（1）垂向压缩性能：在 60 kN 垂向压缩载荷下，橡胶堆的挠度为（7±1）mm。
（2）橡胶堆自由高度不小于：原形 260 mm；中修（256±2）mm；禁用 252 mm。
（3）橡胶堆在自由状态下，上下两钢板错位不得超过 5 mm，平行度不超过 2 mm，平面度不超过 2 mm。
（4）橡胶堆的钢板和橡胶间无剥离分层，橡胶无老化、裂纹，龟裂深度不大于 2 mm。
（5）编号、自由高度、静挠度值均用油漆标注在橡胶堆侧面上。
（6）清洁度符合电力机车清洁度标准。

3. 检修工艺

（1）外观检查。
① 淘汰钢板严重锈蚀的橡胶堆。
② 淘汰钢板严重变形、错位的橡胶堆。
③ 淘汰橡胶老化、裂纹、剥离、分层及龟裂超限的橡胶堆。
（2）清扫。
用毛刷和棉丝刷洗、擦拭，使橡胶堆无灰垢，清扫时不得使用汽油或柴油清洗。
（3）检测。
① 用钢尺和塞尺测量，钢板平面度不大于 2 mm。
② 用钢尺和角尺测量，两端钢板平行度和错位不超限。
③ 用钢尺测量自由高不超限。
④ 允许有龟裂，但深度不超过 2 mm。
⑤ 测量垂向压缩性能：在静挠度测试台上，向橡胶堆垂直施压 60 kN，此时测得橡胶堆的平均高度为工作高。自由高与工作高的差值即为该橡胶堆的挠度，应为 6~9 mm，否则应判报废。

施压过程中，应注意安全保护，同时仔细观察钢板与橡胶结合处的状态，橡胶明显外延，即表明该处钢板和橡胶间已发生脱离分层。

（4）涂写标记。
对经检测合格的橡胶堆用油漆在侧面标注编号、自由高、静挠度。

四、齿轮箱检修

1. 工装、量具、材料

天车、专用清洗设备、压缩空气装置、裁剪设备、储油容器、盛废油油箱、气割电焊设备、套筒扳手、风动扳手、风铲、刮刀、扁铲、撬棍、油壶、钢丝刷、毛刷、号码钢印、电烙铁、钢板尺、塞尺、游标卡尺、内外卡钳、机械钳工常用工具、铆钉、棉丝、焊条、黏合剂、领圈毛毡条、焊锡丝、耐油密封胶、成型橡胶条、耐油胶皮、抱轴承橡胶垫、齿轮润滑油。

2. 齿轮箱检修工艺过程

（1）解体。

① 用手锤和 5 mm 号码钢印对未打号的齿轮箱打号；拧开下箱底部放油堵，让旧油流入盛废油油桶内，放完油后拧紧放油堵。

② 用 30 mm 套筒扳手（也可采用同规格套筒的风动扳手，下同）拆除上下箱连接的螺栓；再用天车吊住上箱后，用 36 mm 套筒扳手拆除上箱与牵引电机连接螺栓和与抱轴承连接的螺栓，并用顶丝分离上下箱体，吊去上箱；用 36 mm 套筒扳手拆除下箱与牵引电机和抱轴承连接的螺栓，用 55 mm 套筒扳手松动与牵引电机下部连接的螺栓，然后用专用钢丝绳吊住下箱两端，拧出螺栓，将下箱吊放在地沟并吊出，连同上箱倒置于废油槽上滴尽余油。

（2）检查与修理。

① 齿轮箱表面经人工除垢后，送至专用煮洗间清洗；对大领圈的 23 个 $\phi15$ 孔及 4 个 $\phi2.5$ 孔应人工清扫干净，不得有残留杂物；再用风铲清除上箱嵌槽内残胶；箱体内不许有污垢，清洁度符合有关标准。

② 检查箱体焊缝是否有裂纹，如有则对裂纹处焊修；若因整修箱体变形而影响大小领圈者，箱体报废；箱体鼓包者，用平垫和手锤修复平整。

③ 上、下箱合口距离应调整一致；用 150 mm 钢板尺和塞尺检查下箱合口部位直线度（平度）不大于 1 mm。用游标卡尺检测大小领圈直径圆度不大于 1.0 mm。

④ 用手锤、扁铲除去领圈的铆钉、毛毡条。检查领圈，不许有变形、开裂、缺损，领圈槽深不小于 7 mm（中修限度），超限则更换领圈或整体换新；将上下箱合在一起并用全部合口螺栓紧固，外观检查上下合口面应密贴，板面及领圈侧面应平齐，用塞尺检查领圈合口处间隙应小于 1 mm，超限时用锡焊处理；用 500 mm 游标卡尺检测小领圈直径不大于 $\phi313.25$，圆度应不小于 1.0 mm。

⑤ 外观检查油阀应畅通，阀盖阀面密贴，开闭自如，关节处涂润滑油脂；目视检查放油堵密封良好，呼吸孔应通畅。

⑥ 中修时齿轮箱所有橡胶、毛毡密封件全部更新。

（3）齿轮箱组装。

① 将经检修后的齿箱拆开，上、下箱均垂直放置以备用，在领圈上嵌装毛毡条，并用铆钉固定，毛毡条凸出量应为 1.5~3.5 mm。

② 在上箱合口部位用黏合剂粘贴成型橡胶条，应粘贴平直，拼接完整，不得有开胶、歪斜现象，将密封胶均匀、饱满地涂入合口部位。

③ 将大胶皮内圈涂胶后固定在电机抱轴承上，搭接处尽量吻合，各处不得有凸起，并在搭接处补胶，需特别注意固定前应去除抱轴承合口密封垫在两端的外露部分，并涂胶填缝。

④ 吊装箱前应认真检查抱轴承领圈大胶皮位置，松紧适宜；电机小领圈胶圈应完好，大小齿轮状态良好。确认齿轮箱箱号正确，密封胶固化程度适宜，合口填充饱满，领圈毛毡条牢固，箱内干净，不许有异物。

⑤ 用天车和专用钢丝绳将下箱吊入组装好的牵引电动机和抱轴承上，确认位置正确后，带上与牵引电机和抱轴承连接螺栓（此时不必紧固）。

⑥ 吊入上箱并与下箱合口对正，注意成型橡胶条不得移动或脱落，紧固合口的螺栓后紧

固上下箱与电机的全部连接螺栓，注意检查合口胶皮及领圈大胶皮不许有歪斜、鼓起。

⑦ 检查齿轮箱外侧面与轮毂内侧面距离不小于 15 mm，齿轮箱与轮毂内侧面上、下距离偏差不大于 5 mm，超限时，在侧面连接螺栓处加垫圈进行调整。

⑧ 用专用加油桶给每个齿轮箱注油 6 L，并用油标尺确认油位应在最低油位与最高油位之间。

（4）检查与试验。

① 动车或试运中，齿轮箱内部不许有异音、过热现象，试运后检查箱体不许有鼓包、开裂，不良时，应检查处理。

② 目视检查齿轮箱是否漏油，如漏则进行处理。检查齿轮箱油位应符合要求。

3. 技术安全及注意事项

（1）在转向架上拆卸和组装齿轮箱体时，应注意吊装状态及人身安全。

（2）箱体应轻拿稳放，并且不得任意敲打。

（3）给箱体放油和注油时，不得随意抛洒，以保持场地整洁。

五、牵引装置检修

1. 工装、量具、材料

天车、油镐、液压小车、专用支撑座、油枪、开口扳手、绳子、钳子、撬棍、手锤、管钳、专用扳手、电磁探伤设备、汽油、棉丝、砂布、脱漆剂、轴承润滑脂、除锈剂、螺栓松动剂。

2. 牵引装置检修工艺过程

（1）牵引装置解体。

① 拆开牵引杆与牵引叉头的连接。

a. 用撬棍、手锤拆除连接销上的开口销。

b. 用管钳拧松六角槽形螺母，注意不要全部拧掉。

c. 拆除销子，将专用支撑座放在牵引杆头部下方，上面放油镐支柱，调整高度，用手锤轻振六角槽形螺母，振松销子，然后拧下螺母，拆除压盖及销子。

d. 松动衬套，将一长螺栓从销孔内顶住另一侧衬套的边缘，用手锤打出使其卡住牵引杆部分即可。用同样的方法松动另一侧衬套。

e. 固定牵引杆。放低牵引杆，穿上销子及螺母。将绳套先固定在转向架端梁中部，在牵引杆上绕一圈后套在销子上。

f. 用手锤锤击拆除衬套。

② 拆除牵引座。用 55 mm 开口扳手先拆除其固定螺栓中的 6 根（留对角的 2 根），然后将专用液压小车支撑在下面，再拆除剩余的螺栓，降低小车，推出后用天车吊往工作场地。

③ 从转向架上拆下牵引装置。

a. 用 30 mm 开口扳手拆除三角撑杆座上固定螺栓中的 6 根（对边各留 1 根）。

b. 放低牵引杆,去掉固定牵引杆的绳子,放低牵引杆至地沟。

c. 吊住三角撑杆。绳子打活套,从三角撑杆横板孔穿过,用天车吊起即可。

d. 置放三角撑杆于地沟。拆除三角撑杆座剩余的固定螺栓,用天车将三角撑杆吊落至地沟。

e. 吊住三角架。将绳子从三角架中心穿过,用天车吊住其横板边的中心位置。

f. 拆除三角架与转向架的连接。先拆去开口销,用管钳和专用扳手同时操作。

g. 用天车吊放三角架至地沟。

h. 将牵引装置吊往工作场地。

④ 拆除各连接销。

a. 拆除各销上的六角槽形螺母。先用钳子或撬棍拆除各销子上的开口销,然后用开口扳手拧下牵引叉头螺母上的固定螺栓,再用管钳和扳手同时操作拧下螺母。

b. 拆除销子、衬套。可先用松动剂喷涂,稍等片刻再拆。

(2)清洗、检查与修理。

① 牵引杆、牵引叉头进行煮洗,其余各部件清除油垢。

② 检查修理。

a. 牵引叉头、牵引杆的检查。要求外观不许有变形。牵引叉头、牵引杆进行探伤,不许有裂纹,否则应更换。

b. 牵引座、三角撑杆座的检查。牵引座进行除漆探伤,不许有裂纹。检查牵引座及三角撑杆座不得有开焊、变形,局部缺损时允许开坡口焊修。

c. 三角撑杆的检查。外观检查不许有变形。对叉部进行除漆探伤,不许有裂纹。

d. 三角架的检查。外观检查不许有变形。对各连接销孔周围及焊接处进行探伤检查,不许有裂纹。

e. 各销的检查。检查各销子磨耗量不大于 0.5 mm,与衬套间隙不大于 1.0 mm,超过时应更换。销子进行探伤,不许有裂纹,否则应更换。检查销子各中心油孔应畅通。

f. 检查各橡胶元件不许有老化、龟裂和严重变形,否则应更换。更换各关节轴承处密封橡胶圈。中修时更换各橡胶件。

g. 检查各螺栓,调整垫圈,不许有变形、破损,否则应更换。

h. 检查各关节球轴承、各类套、压盖应完好,不得有破损。

(3)组装,按解体的反序进行组装。

① 各圆销装配时,应在圆销上、衬套内、各关节轴承及叉头摩擦处涂润滑脂。

② 有固定圆柱销的连接销,圆柱销应紧配合,不得松动。

③ 组装后各关节部分应转动灵活,不得有卡滞现象。

④ 更换连接销上的油杯,并压入适量润滑脂。

⑤ 调整牵引叉头前后压盖与橡胶垫的调整垫,使压盖与牵引座间隙为(10±2)mm。

(4)检查。

组装后检查各紧固件、防缓件完好,不许有松弛。检查压盖与牵引座隙为 8~12 mm。

六、抱轴承装置检修

1. 工装、量具、材料

天车、清洗设备、压缩空气装置、吊具、储油箱、挂瓦设备、车床、铣床、手电钻、风动扳手、套筒扳手、锉刀、撬棍、刮刀、钢丝刷、瓦卡子、油桶、钢板尺、游标卡尺、外径千分尺、内径千分尺、塞尺、汽油、棉丝、耐油密封胶、砂布、纯毛线、细毛毡、润滑脂、锡基合金、氯化铵、氯化锌溶液、锡、瓦背脱膜剂。

2. 抱轴承限度（见表4-4）

表4-4 抱轴承限度表

序号	名 称	原形	限 度 中修	限 度 禁用
1	轴瓦拉伤/mm			≥1（深）、60（宽）
2	轴瓦合金剥离总面积/cm²			≥5
3	轴瓦与抱轴颈径向间隙/mm	0.2~0.35	0.2~0.6	≥1
4	同轴瓦与轴颈径向间隙差/mm	不大于0.2	不大于0.2	
5	抱轴瓦轴向总间隙/mm	1.1~2.2	1.1~4	
6	抱轴瓦键在机座内孔面凸出高/mm		5~6	

3. 抱轴承装置检修工艺过程

（1）解体。

① 外观检查抱轴承的泄漏情况和变形，并记录。拧开底部放油堵，将润滑油放入桶内。

② 在抱轴油箱及电机的醒目处焊同号铭牌，铭牌号码应清晰，焊接应牢固。

③ 用天车吊住下体后，用36 mm风动扳手取下全部合金螺栓，并利用顶丝撑开合口，吊出抱轴承下体（注意下瓦不要跌落），取出下瓦，并将下体吊至储油槽上倒置滴尽余油。

④ 装好上瓦卡子，吊出电机后，取下卡子及上瓦键。

⑤ 确认抱轴瓦号应清晰、正确，对模糊不清者应重新打号。

⑥ 从滴尽余油的下体上拆下集油器。

（2）清洗、检查与修理。

① 在专用清洗设备上对抱轴承下体进行清洗，各残角及局部污垢应人工清洗干净，清洁度符合有关标准。

② 在通风处用汽油清洗毛线刷，清洁度符合有关标准。

③ 外观检查抱轴承上、下体，不许有碰伤及较大变形；用刮刀或锉刀清除合口处残余杂物；用1 000 mm钢板尺或塞尺检查上、下体合口直线度不小于0.2 mm；检查上体键槽宽度不大于12.2 mm；检查下体回油孔应畅通，各焊缝不许有开裂，各油室不许有污垢及残留水。

④ 松开全部螺栓，取出副油箱，检查箱体不许有开裂，密封应良好；检查弹簧作用良好，

橡胶塞门及 O 型圈应完好,不许有老化,否则应更换。同时,应保证副油箱补油及止流作用良好。

⑤ 检查观察孔盖,作用应良好,更换油位透镜及不良的密封垫。

⑥ 检查集油器状态,毛线刷头有焦损、缩头、缺损等时应更换。调整修理不良刷架,更换断裂、开圈的拉簧。检修及更换后的集油器应整体浸入机油中 30 min 以上方可组装。

⑦ 外观检查并消除轴瓦碰伤及变形,变形无法消除者报废;用 300 mm 钢板尺及 225 mm 内径千分尺检查内孔状态,有以下状态之一者重挂合金并按图加工,即拉伤深度大于 1 mm 且宽度大于 60 mm 者;剥离总面积大于 5 cm^2 者;轴瓦与抱轴颈间隙大于 0.6 mm 者。

⑧ 清理导油槽、回油槽、回油孔使其畅通,清理瓦背与合口面锈斑、污垢,并确认瓦号后应成对摆放。

⑨ 瓦键与上体键槽应配装,即检查键与槽侧面间隙不大于 0.2 mm,检查键露出抱轴孔面高度(即伸入瓦体高度)应为 5~6 mm。

(3)组装。

① 组装前应确认电机上体与下体的原出厂号及新编铭牌号是否相同,其中之一有误时应停止装配,同时确认轴瓦号应正确,确认轮对轴距准确,安放可靠。

② 将上瓦装入电机上体,同时检查键露出高度是否适当,并用瓦卡固定,用专用吊具吊入轮对抱轴颈上,电机另一端应安放可靠。

③ 将合口石棉垫黏于下体合口上,并再涂抹一层耐油密封胶。

④ 下瓦装入下体并吊起与上体合口对好位后,用风动扳手交叉均匀地紧固合口螺栓,用小刀除去合口端部外露的石棉垫,并在该处塞涂适量的密封胶。检查抱轴瓦的径向间隙为 0.2~0.6 mm,同一轴抱轴瓦的径向间隙差不大于 0.2 mm 以及抱轴瓦轴向总间隙应为 1.1~4 mm。

⑤ 将充分浸油后的集油器(毛线刷)组装于下体内,目视及手触检查刷头与轴颈可靠接触,刷架不得与轴接触,手压刷架时应灵活转动、无卡滞。

⑥ 在检查孔加油使油位达到油位透镜刻度的最高与最低之间。此时再打开副油箱上方加油螺栓并加满油,然后拧紧加油螺栓,紧固检查孔盖。

(4)检查与试验。

① 试运后检查抱轴瓦温度不许超过 50 ℃ + 0.6t(t 为环境温度)。各处密封良好,不得滴漏。

② 打开检查孔盖,检查集油器状态;检查油位应正常。

4. 技术安全及注意事项

(1)轴瓦在拆卸与组装时,不得随意抛掷,要轻拿轻放。
(2)在拆卸和组装抱轴承过程中,要注意相互间的配合,并注意吊装状态。
(3)放油和注油时不得随意抛洒。

七、轮轨润滑装置检修

1. 工装、量具、材料

轮轨润滑装置试验台、压缩空气装置、气焊设备、电焊设备、套筒扳手、弹簧卡钳、清洗油盘、毛刷、注油器、游标卡尺、内径千分尺、外径千分尺、汽油、砂布、细研磨膏、包装布、清洗剂、专用润滑油脂。

2. 轮轨润滑装置检修工艺过程

（1）解体。从转向架上依次拆下喷嘴、连接软管、油脂罐等，封堵相应的开放、风、油接头。

（2）清扫、检查与修理。

① 用清洗剂清洗管路部分、喷嘴、油脂罐外体，清洁度符合有关标准。

② 检查油脂罐状态。局部变形时调整，焊缝开裂时补焊；外螺纹应完好，否则需调整。

③ 喷嘴裂损变形严重时应更新，轻度损伤变形时可调整。

（3）组装。将状态良好的喷嘴、油脂罐、软管组装在转向架上。油脂罐加入4L专用润滑脂，拧紧外盖。

（4）检查与试验。

3. 技术安全及注意事项

（1）用汽油清洗时禁止烟火，工作场地保持清洁。

（2）风压试验应做到呼唤应答，注意人身安全。

八、基础制动装置检修

1. 工装、量具、材料

天车、压缩空气装置、试验装置、吊具、专用扳手、电动扳手、油枪、手锤、撬棍、清洗油盘、刻丝钳、螺丝刀、游标卡尺、内外卡钳、钢板尺、塞尺、测力计、汽油、砂布、棉丝、开口销、皮碗、橡胶密封套、橡胶密封罩、毛毡、润滑脂、清洗剂、机油。

2. 基础制动装置限度（见表4-5）

表4-5 基础制动装置限度表 mm

序号	名 称	原形	限 度	
			中修	禁用
1	制动机构各销磨耗量		不大于0.5	≥1.5
2	制动机构各销与套间距		不大于1.5	≥2.5
3	制动缸圆锥弹簧自由（178×3.5）、（178×2.85）	135^{+5}_{0}	不小于127	
4	单缸制动闸瓦间隙	6~9	6~9	

3. 基础制动装置检修工艺过程

（1）解体。

① 构架翻转后，用扳手松开管路接头，用风动扳手松动制动器的固定螺栓，用天车吊起制动器，取下螺栓，并将制动器吊放到指定地点。

② 先卸下闸瓦钎圆销取下闸瓦钎，再取下闸瓦；用手锤和撬棍打下螺销上的开口销，用专用扳手卸螺销螺母并打下螺销，取下闸瓦托；用手锤和扁铲打开止退垫片，用扳手卸下螺栓，取下闸瓦定位弹簧。

③ 用手锤和撬棍打下开口销并用专用扳手拧卸螺销螺母，打开螺销后取下闸瓦托杆和螺旋扭转弹簧。

④ 用扳手拆卸压盖及护罩螺钉，取下压盖护罩、滤尘网。打下手轮开口销，取下手轮，再用风动扳手拆卸压盖螺钉，取下压环及密封套。

⑤ 拆卸传动螺杆。用螺丝刀拨开橡胶密封罩与箱体的合口，再旋下传动螺杆，取下密封罩并放入专用工作台上。拆卸螺销。将管接头接通 0.3 MPa 压缩空气（或用撬棍）压缩圆锥弹簧，再用专用扳手卸上、下螺销螺母；打下螺销，撤除压力。拆卸条簧。用手扳紧条簧从卡口处取出。

⑥ 从箱体内顺着传动螺杆方向取出滑套、传动螺母及螺盖整体，并与相应的传动螺杆摆放在一起；随后取出箱内杠杆。

⑦ 分解滑套整体。用台虎钳夹住传动螺母，再用手锤和撬棍打下开口销，用螺丝刀拆下紧固螺钉，用扳手拆卸螺盖旋下棘轮。传动螺杆、传动螺母、滑套、棘轮应成套摆放，不得与其他部件混放。

⑧ 解体制动缸。用 24 mm 套筒扳手卸下制动缸连接螺栓，卸开制动缸，取下活塞及圆锥弹簧；卸下皮碗压板螺母，取下压板、皮碗，取下单毛毡防尘环。

（2）清扫、检查与修理。

① 用清洗剂清洗箱体、闸瓦托、外杠杆。用汽油清洗箱内各件，清洁度符合有关标准。

② 外观检查。螺销、螺母螺纹应完好，否则应修整；闸瓦托不得有裂损，否则须铲 60°～70° V 形坡口焊修，闸瓦钎穿销孔磨耗过大时应焊补；检查闸瓦定位弹簧及螺旋扭转弹簧不得有裂损，弹性应良好。

③ 检查制动缸内壁不但有锈蚀和磨痕，否则应用 00# 砂纸沿周向打磨光滑，拉伤者应更换；制动缸不得有裂损变形；螺纹应完好。

④ 检查圆锥弹簧不得有裂损、锈蚀；用钢板尺测量其自由高不小于 127 mm。

⑤ 检查滑套各件，更换不良注油杯，疏通油路；传动螺母内外棘轮、螺盖螺纹应完好，滑套与传动螺母配合应灵活。

⑥ 检查条簧性能。条簧一端固定，另一端用弹簧测力计加压 45～50 N，产生位移 20～22 mm，去掉载荷后条簧应能恢复原位。

⑦ 清洗棘钩并检查棘钩不得有裂损，弯角处及钩尖应良好，脱钩销等应完好，关节轴承不良时更换。

⑧ 外观检查箱内外全部螺杆、销杆，清除表面锈蚀，有裂纹时更换；用游标卡尺测量各销直径磨耗大于 0.5 mm 时及各销套间隙大于 1.5 mm 时，均需更换销或套。

⑨ 清扫箱外部污物，目视检查箱体不得有裂纹、损伤及变形；焊修开裂或箱体局部开裂时焊修，变形较大或裂损严重时更换。

（3）组装。

① 制动缸的组装。

用压板及螺钉将皮碗装在活塞上并对称紧固螺钉，在制动缸内壁及皮碗上均涂以润滑脂。

毛毡条更换时应将新品预先放在 13 号机油中浸泡，然后将毛毡条塞紧活塞上相应的凹槽内。用螺丝刀卡住皮碗并逐步转动，将皮碗装在缸体内，再将圆锥弹簧套在活塞杆上，组装时注意不要碰伤皮碗。压缩圆锥弹簧装上制动缸，用套筒扳手紧固连接螺栓。

② 滑套整体组装。

将传动螺母夹在台虎钳上，并涂以润滑脂，套上滑套，旋紧棘轮后装螺盖，三者彼此旋紧后再装沉头紧定螺钉；用油枪向滑套油杯中加注润滑脂。

③ 杠杆的组装。

分别将两杠杆放入箱体内，注意左右方向；将组装好的滑套摩擦面涂以润滑脂放入箱体内。接通 0.3 MPa 压缩空气压缩圆锥弹簧（或用撬棍），再先后穿好上下螺销（涂润滑脂），注意下部螺销中间应有两个隔套，上部螺销螺母应在非棘钩侧。装上垫片、螺母，用专用扳手紧固。

④ 装好脱钩杆及棘钩、条簧。注意棘钩应紧贴棘轮并位于棘轮宽度方向的中间位置。

⑤ 将橡胶密封罩套进传动螺杆上并涂油，再旋进传动螺母，二者配合转动应良好，用螺丝刀将密封罩与箱体卡合。

⑥ 装上闸瓦定位弹簧，紧固螺栓，打开止退垫片锁紧螺栓。

⑦ 将橡胶密封套及压环装上并紧固螺钉，然后套上手轮并穿好开口销。

⑧ 将扭簧卡组装在闸瓦托杆上，然后将闸瓦托杆、扭簧用螺销连接在固定支座上，组装扭簧卡时应使螺旋扭转弹簧插入部分相对转动灵活，使闸瓦托杆在尺寸 $f = 90$ mm（传动螺杆螺销中心与箱体外端面的距离）内处于自由状态。

⑨ 装上闸瓦托，穿上螺销、螺母（涂润滑脂），适当紧固后加装开口销。

⑩ 依次装上闸瓦、闸瓦钎、穿销等，闸瓦与闸瓦托圆弧接触不良时修磨闸瓦。

（4）检查与试验。

① 外观检查箱内外各部件紧固，防缓件完好，手动调节灵活，棘钩作用良好。

② 将检修完毕的单元制动器分别吊装到构架的相应位置上，接好风管及接通 0.6 MPa 的压缩空气，用肥皂水逐个检查制动器及风管路的泄漏。落车调平构架以后，调整闸瓦定位弹簧螺钉使闸瓦上、下端与轮踏面间隙均匀，间隙正常值为 6~9 mm，同时复查闸瓦方向是否正确。

③ 接通试验管路装置进行制动器制动和缓解的充风试验，检查其工作性能；当风压不超过 600 kPa，闸瓦与轮箍踏面间隙不超过 12 mm，在尺寸 $f = 60$~140 mm（闸瓦托螺销中心距箱体距离）范围内应满足下列要求：制动、缓解平稳，不得卡滞，缓解应到位；棘轮棘钩调整闸瓦间隙的作用须可靠，即闸瓦平均间隙大于 6 mm 时开始动作；制动缸在 450 kPa 风压时，保压 3 min，降压不得超过 0.2 kPa；制动、缓解试验后手动调节应进退灵活，不得卡滞。

（5）技术安全及注意事项。

① 汽油清洗时禁止烟火，工作场地保持清洁。

② 制动缸组装须保证缸内清洁，无污物。

③ 制动器检修、试验合格后，应进行涂漆。

④ 涂漆后的制动器应更换产品验收合格标牌。

复习思考题

1. 机车走行部的主要任务是什么?
2. 机车走行部的主要组成部分有哪些?
3. 简述韶山$_{4改}$型电力机车转向架的特点。
4. 简述韶山$_{4改}$型电力机车转向架受力顺序。
5. 简述韶山$_9$型电力机车转向架的特点。
6. 韶山$_9$型电力机车牵引装置主要组成部分有哪些?
7. 简述单元制动器的闸瓦间隙自动调整功能。
8. 简述蓄能制动器的功能和作用原理。
9. 简述 HXD_1 型电力机车转向架的主要技术特点。
10. 简述 HXD_1 型电力机车轮缘润滑装置的工作过程。
11. 简述 HXD_{3B} 型电力机车转向架的主要技术特点。
12. 简述 HXD_{3B} 型电力机车转向架的主要组成部分。
13. 简述 HXD_{3B} 型电力机车转向架力的传递过程。
14. 简述电力机车转向架检修工艺程序。
15. 简述转向架基础制动装置检修工艺程序。

项目五　机车空气管路系统

【项目目标】

通过本项目的学习，熟悉机车风源管路系统、机车控制管路系统和机车辅助管路系统的构成及工作原理；完成机车空气管路系统的故障分析和处理。

【项目任务】

任务　空气管路系统认知

任务　空气管路系统认知

【学习目标】

（1）认知机车风源管路系统设备、代号；
（2）掌握机车风源管路系统的工作过程；
（3）认知机车控制管路系统设备、代号；
（4）掌握机车控制管路系统的工作过程；
（5）认知机车辅助管路系统设备、代号；
（6）掌握机车辅助管路系统的工作过程；
（7）能完成机车空气管路系统的故障分析和处理。

【知识准备】

一、空气管路系统的组成及作用

机车空气管路系统直接关系到机车的运行安全，是机车的重要组成部分之一。空气管路系统按照作用原理分为风源系统、制动系统、控制管路系统、辅助管路系统。

（一）风源系统

风源系统的作用是为电力机车提供稳定、洁净、干燥的压缩空气，一般包括空气压缩机组、辅助压缩机组、无负荷阀、调压阀、止回阀、油水分离器、空气干燥器、总风缸及高压安全阀等。

（二）制动系统

电力机车制动系统主要满足机车调速和停车的需要，保证行车安全。

（三）控制管路系统

电力机车控制管路系统主要完成电空类接触器、转换开关等电器设备的作用和受电弓的升降、主断路器的闭合等，以保证机车的正常工作。

（四）辅助管路系统

辅助管路系统主要为机车上的一些辅助风动器械，包括撒砂器、风笛、雨刷器、轮缘润滑装置等提供压缩空气，使其正常工作，以保证机车的正常运行。

二、韶山$_{4改}$型电力机车空气管路系统

（一）韶山$_{4改}$型电力机车风源系统

电力机车风源系统可分为压缩空气的生产、压缩空气的控制、压缩空气的净化处理、压缩空气的储存以及总风的重联等5个环节。风源系统由主空气压缩机组、空气干燥器、压力控制器、总风缸止回阀、逆流止回阀、高压安全阀、启动电空阀、总风缸软管连接器、总风折角塞门、排水阀塞门和连接钢管等组成。韶山$_{4改}$型电力机车风源系统管路原理图如图5-1所示。

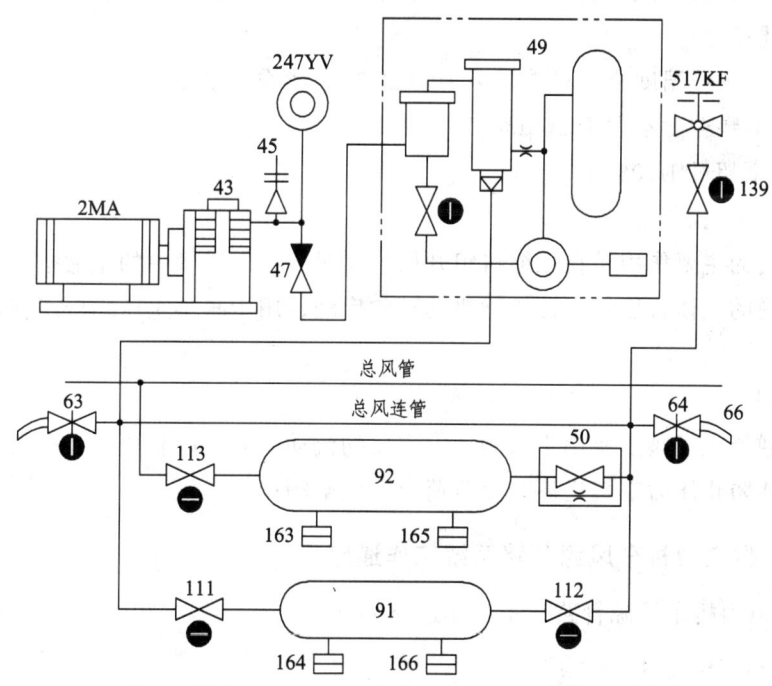

图 5-1 韶山$_{4改}$型电力机车风源系统管路原理图

43—空气压缩机；45—高压安全阀；47—止回阀；49—空气干燥器；50—逆流止回阀；63，64—总风折角塞门；
66—总风软管连接器；91，92—第一、第二主风缸；111，112，113，139—塞门；
163，164，165，166—排水阀；247YV—启动电空阀；
517KF—压力控制器；2MA—压缩机电机

1. 韶山$_{4改}$型电力机车风源系统各主要组成部分及功能

（1）空气压缩机组。

空气压缩机组包括空气压缩机及其驱动电动机。其功用是制造压缩空气，可靠地供给制动装置及机车辅助设备所需要的压缩空气。

（2）总风缸。

总风缸又称主风缸。其功用是储存压缩后的压缩空气，供各部位使用。机车上必须配备容量足够大的总风缸。工作中，总风缸内的压缩空气经总风缸管送至制动机系统、控制气路系统和辅助气路系统供使用。

（3）空气压力控制器。

空气压力控制器又称空气压力调节器。在韶山$_{4改}$型电力机车上采用YWK-50-C型，代号517KF。压力控制器的功用是控制空气压缩机的工作，使总风缸内经常保持一定范围的压力。当总风缸空气压力达到最大规定值时，自动切断空气压缩机电动机的电源电路，空气压缩机停止工作；当总风缸空气压力低于最小规定值时，自动闭合空气压缩机电动机的电源电路，空气压缩机恢复打风。

（4）空气干燥器。

空气干燥器主要用于去除主压缩机组生产的压缩空气中的油、水、尘埃及机械杂质等杂物。经过净化的空气，可避免机车车辆空气管系发生冻结和锈蚀现象等，使输入总风缸的压缩空气达到下述指标：

① 露点低于环境温度值：夏季低于10～20 ℃，冬季低于5～10 ℃。

② 含尘埃的颗粒度不大于20 μm。

③ 含油率不超过1/105。

（5）启动电空阀。

启动电空阀的主要作用是在压缩机组开始启动时，排出风管中的压缩空气，以消除启动时压缩机气缸内的气体背压，保证压缩机的正常启动，用于减小主压缩机组在启动过程中的启动负载。

（6）止回阀。

止回阀或逆流止回阀主要用于限制压力空气的流动方向，以防止压力空气向主空气压缩机气缸内逆流或防止压力空气逆流到无负荷启动电空阀排入大气。

2. 韶山$_{4改}$型电力机车风源管路系统工作通路

韶山$_{4改}$型电力机车风源管路系统工作通路如下：

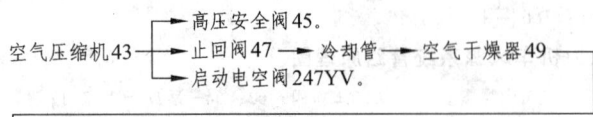

(二)韶山 4改型电力机车控制管路系统

1. 韶山 4改型电力机车控制管路系统组成

韶山 4改型电力机车控制管路系统由受电弓、升弓电空阀、主断路器、门联锁阀、辅助压缩机、膜板塞门、控制风缸、压力传感器组成,如图 5-2 所示。

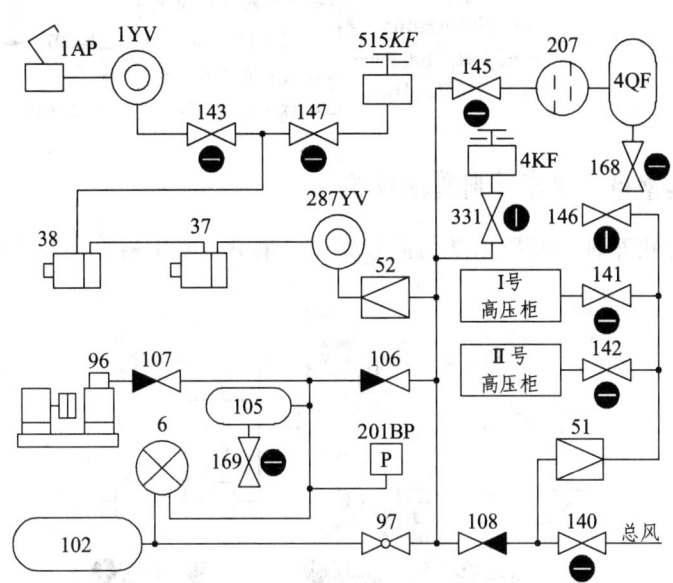

图 5-2 韶山 4改型电力机车控制管路系统原理图

1AP—受电弓;1YV—升弓电空阀;4QF—主断路器;6—双针风表;37,38—门联锁阀;51,52—调压阀;
96—辅助压缩机;97—膜板塞门;102—控制风缸;105—辅助风缸;106,107,108—止回阀;
140~143,145~147—塞门;168,169—排水塞门;207—分水滤清器;287YV—保护电空阀;
515KF—风压继电器;201BP—压力传感器;4KF—风压继电器;331—塞门

2. 韶山 4改型电力机车控制管路系统工作通路

韶山 4改型电力机车控制管路系统工作通路如下:

(1)电力机车控制管路系统正常供风时工作通路:

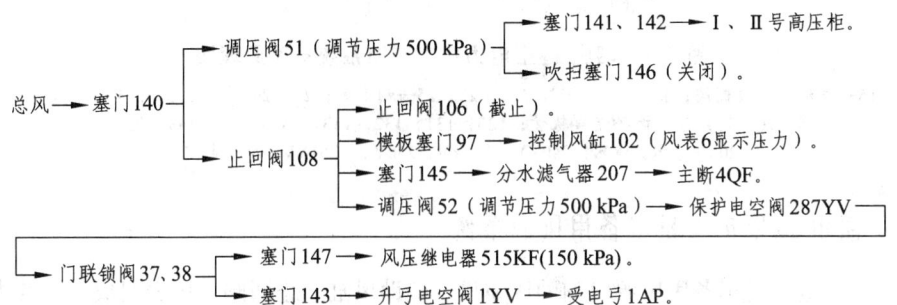

（2）库内停车由控制风缸供风的工作通路。

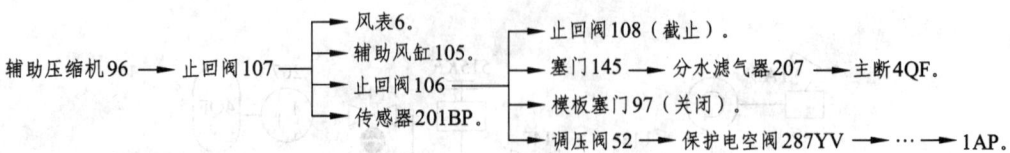

（3）库内较长时间停车后由辅助压缩机供风的工作通路：

辅助压缩机96 → 止回阀107 →
- 风表6。
- 辅助风缸105。
- 止回阀106 →
  - 止回阀108（截止）。
  - 塞门145 → 分水滤气器207 → 主断4QF。
  - 模板塞门97（关闭）。
  - 调压阀52 → 保护电空阀287YV → … → 1AP。
- 传感器201BP。

（三）韶山$_{4改}$型电力机车辅助管路系统

韶山$_{4改}$型电力机车辅助管路系统由撒砂器、风喇叭、刮雨器等辅助装置组成，如图5-3所示。

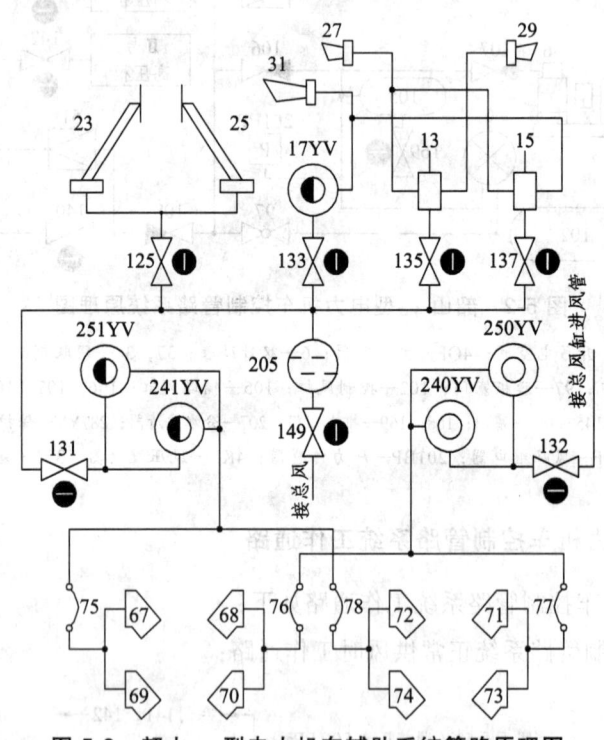

图5-3 韶山$_{4改}$型电力机车辅助系统管路原理图

13，15—手动喇叭控制阀；17TV—喇叭电空阀；23，25—刮雨器；27，29—高音喇叭；31—低音喇叭；75，76，77，78—撒砂连接软管；125，131，132，133，135，137，149—塞门；205—分水滤清器；240YV，241YV，250YV，251YV—撒砂电空阀

（四）韶山$_{4改}$型电力机车备用风源系统

韶山$_{4改}$型电力机车备用风源由辅助压缩机、辅助风缸、止回阀、风表组成，主要为解决长期停放机车时总风缸或控制风缸压力较低时而不能可靠升起受电弓和闭合主断路器的用风问题。

(五)辅助系统与控制系统常见故障

1. 使用辅助压缩机时泵风缓慢的原因

(1) 控制风缸膜板塞门97开放或漏风;
(2) 控制回路止回阀108窜风;
(3) 辅助风缸排水塞门169或主断路器储风缸排水阀168没关闭。

2. 用控制风缸供风时,打开膜板塞门97,风压下降很快的原因

(1) 如果辅助风缸压力自动上升与控制风缸压力一致,则止回阀106窜风;
(2) 止回阀108窜风。

三、韶山$_9$型电力机车空气管路系统

韶山$_9$型电力机车除机车用风外,还设置有向列车实行双管制供风的装置,满足提速客车上新增的空气弹簧、风动厕所、气动塞拉门等设备的用风需求。

(一)韶山$_9$型电力机车风源系统

1. 韶山$_9$型电力机车风源管路系统的组成

韶山$_9$型电力机车的风源管路系统主要由空气压缩机、高压安全阀、空气干燥器、调压阀、总风缸、压力开关、压力控制器、逆流止回阀及塞门等组成。其组成及原理如图5-4所示。

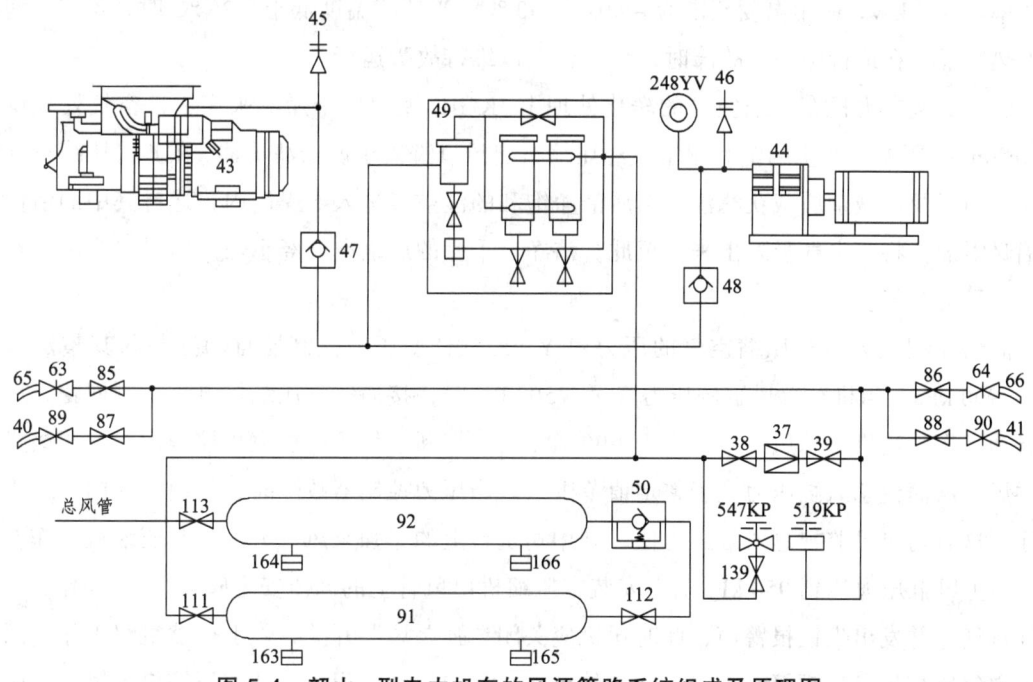

图5-4 韶山$_9$型电力机车的风源管路系统组成及原理图

43,44—空气压缩机;45,46—高压安全阀;47,48—止回阀;49—空气干燥器;63,64,89,90—供风折角塞门;40,41,65,66—供风软管;85,86,87,88—防缢塞门;37—调压阀;38,39,111,112,113,139—塞门;549KP—压力开关;547KP—压力控制器;50—逆流止回阀;91—第一总风缸;92—第二总风缸;163,164,165,166—排水塞门

2. 韶山₉型电力机车的风源管路系统工作通路

韶山₉型电力机车的风源管路系统工作通路如下：

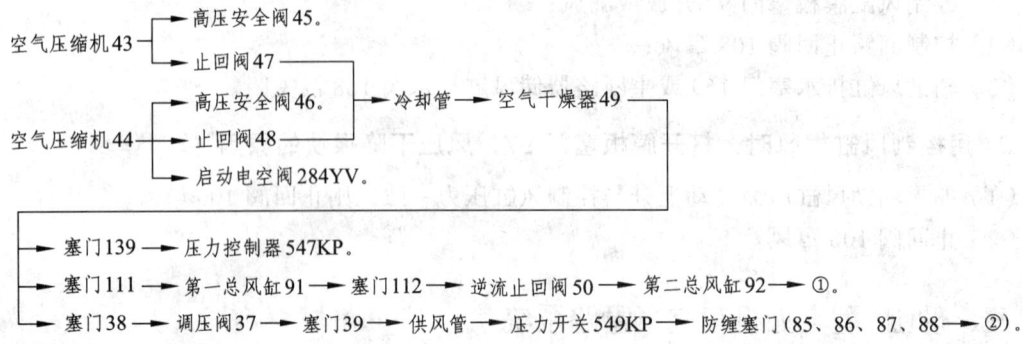

注：① 塞门113→总风管（机车供风）；
② 供风折角塞门63、64、89、90→总风软管连接器40、41、65、66→客车供风软管。

韶山₉型电力机车设有一台TSA-230A型螺杆压缩机43和一台V-2.4/9型空气压缩机44，TSA-230A型螺杆压缩机额定排气压力为900 kPa，排气量为2.4 m³/min，控制电压为DC 110 V，压缩机电机转速为2 955 r/min，轴功率为22 kW；V-2.4/9型空气压缩机额定排气压力为900 kPa，排气量为2.4 m³/min，控制电压为DC 110 V，压缩机电机转速为15 005 r/min，轴功率≤18.5 kW，适用温度范围为 -40 ~ +50 ℃，当环境温度低于 -25 ℃时，要使用润滑油加热装置。在运行中一台故障时，另一台可以维持故障运行。

韶山₉型电力机车压缩空气的净化处理由JKGID型双塔干燥器来完成，空气处理量为4.8 m³/min。压缩机产生的饱和湿空气经压缩机出风口进入干燥器滤清器，在此将压缩空气中的水、油污及机械杂质截获滤清，然后洁净饱和的湿空气进入干燥筒内，通过其中的活性氧化铝吸附剂，将其水气吸附出来。至此，洁净、干燥的压缩空气经干燥筒出风口排出，经管道向主风缸充气。

韶山₉型电力机车压缩空气的压力由YWK-50C型压力控制器自动控制。其整定值为750 ~ 900 kPa，当机车总风缸的压力降至750 kPa时，接通空气压缩机电机控制回路，压缩机启动工作；当机车总风缸压力大于900 kPa时，切断空气压缩机电机控制回路，压缩机停止供风，从而使总风缸压力处于整定值范围内。当压力控制器故障时，可通过塞门139将其切除，这时司机可监视总风缸压力值，利用司机台上的"强泵风"人工控制压缩机工作。另外，当主风缸压力达到950 kPa时，安装在压缩机出风管上的高压安全阀45、46动作，连续向外排气，并发出尖锐报警声，此时司机应关闭"强泵风"开关，停上压缩机组工作。因为机车空气压缩机启动频繁，为保证启动的可靠性，在启动过程中，活塞压缩机出风管上的启动电空阀（背压阀）动作排出风管中的压缩空气，以减少压缩机的启动负载，保证空压机的空载正常启动。

给客车供风的调压阀 37 整定值为 600 kPa，用于供风压力状态指示的压力开关 545KP 整定值为 600 kPa。可以通过司机台上的指示灯判断供风风压是否正常，或者从双管供风装置的风压表观察供风风压。

韶山₉型电力机车风源系统中经干燥净化处理后的压缩空气进入两个串联的总风缸储存，供机车制动机系统、控制管路系统及辅助管路系统使用。两个总风缸容积为 612 L，吊挂于机车车体底架下。

为防止机车总风缸 92 中的压缩空气在意外情况下大量流失，在风缸 91 与 92 之间加装了逆流止回阀 50；正常运行时，两风缸压力一致，当机车与车辆发生断钩事故时，总风缸 91 中的空气排出，而总风缸 92 中的空气只能通过 φ6 mm 逆流小孔缓慢排向大气，保证断钩时机车紧急停车时的用风。

（二）韶山₉型电力机车控制管路系统

1. 韶山₉型电力机车控制管路系统的组成

韶山₉型电力机车控制管路系统主要提供机车受电弓、主断路器及高压电器柜内的电空接触器、二位置转换开关等机车气动电器所需的压缩空气，以保证机车的安全、正常使用。它由辅助压缩机、控制风缸、辅助风缸、单向阀、调压阀、转换阀、分水滤气器、膜板塞门、截断塞门及连接钢管组成。其组成及原理如图 5-5 所示。

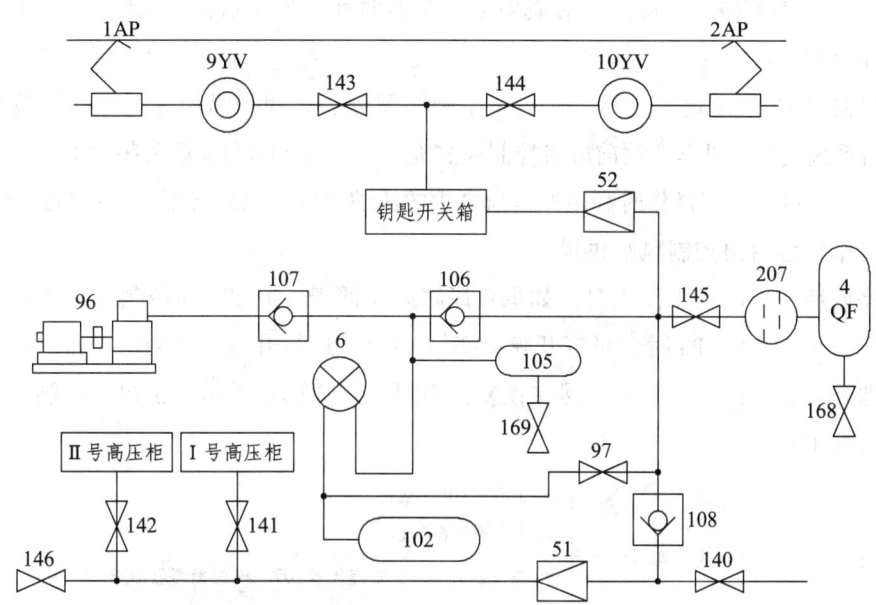

图 5-5 韶山₉型电力机车控制管路系统组成及原理图

6—风表；51，52—调压阀；96—辅助压缩机；97—膜板塞门；102—控制风缸；105—辅助风缸；106，107，108—止回阀；140，141，142，143，144，145，146—塞门；207—分水滤气器；4QF—主断路器；9YV，10YV—升弓电空阀；1AP，2AP—受电弓；168，169—排水塞门

2. 韶山$_9$型电力机车控制管路系统工作通路

韶山$_9$型电力机车控制管路系统的作用可分为以下3种工况：

（1）机车正常运用时由主风缸供风。

机车正常运用时，由总风缸直接向控制管路系统供风，其工作通路如下：

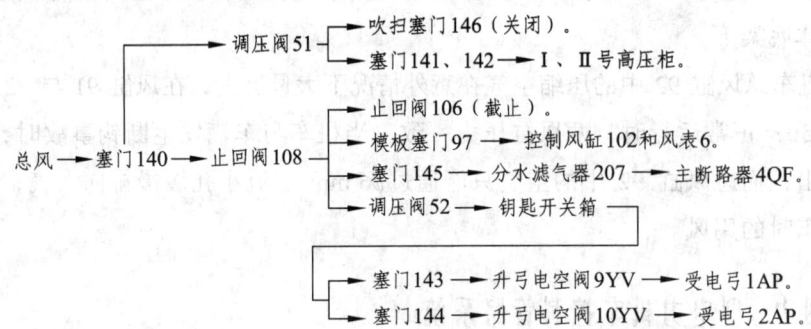

若在升弓时，任一高压室或变压器室门没关好，即安全联锁门钥匙没有全部在安全钥匙箱内放置到位，则钥匙开关箱不能开放升弓通路，压缩空气不能进入受电弓升弓风缸。受电弓升起后，钥匙开关箱内的钥匙取不出来，必须降弓后并且待钥匙开关箱内的安全联锁状态解除后才能取出各室的钥匙，这样就避免了在机车受电弓升起、机车带电情况下机车乘务员及检修人员误入高压区。

主断路器 4QF 有空气主断路器和真空主断路器两种，当控制管路风压大于 700 kPa 时，就能闭合分合闸控制电路。

控制风缸 102 的设置，是为了在机车主断路器分、合间操纵引起局部气压波动时，稳定控制管路系统气压。机车停放前应将控制风缸充风到大于 900 kPa 后关闭膜板塞门 97，以备机车再次使用升弓、合闸操作时利用控制风缸中的压缩空气，以减轻辅助压缩机组的负担。

（2）机车库停后由控制风缸供风工况。

机车停放后，再次投入使用时，如果总风缸风压低于 450 kPa 而控制风缸 102 内储存压缩空气的压力大于 600 kPa 时，可打开膜板塞门 97，来进行升弓、合闸的操作。在升弓、合闸后应立即开启主压缩机组打风，尽快恢复由总风缸供风的正常运用工况。控制风缸供风时的工作通路如下：

```
                     ┌─→ 止回阀108（截止）。
                     ├─→ 止回阀106（截止）。
控制风缸102 ─→ 截断塞门97 ─┤
                     ├─→ 塞门145 ─→ 分水滤气器207 ─→ 主断路器4QF。
                     └─→ 调压阀52 ─→ 钥匙开关箱 ─→ … ─→ 受电弓1AP、2AP。
```

控制风缸 102 内储存的压缩空气，经开放的膜板塞门 97 后分为四路：一路被止回阀 106 截止，不能进入辅助风缸；一路被止回阀 108 截止，不能进入总风缸；一路经过 145 塞门、分水滤气器207进入主断路器风缸供主断路器分、合闸用；一路经过调压阀52、钥匙开关箱，去往受电弓。此工况Ⅰ、Ⅱ号高压柜没有压缩空气。控制风缸的风压可通过管路上的双针压力表6观察。

（3）库停后由辅助压缩机供风工况。

机车停放时间较长，重新投入使用时，主风缸和控制风缸内风压力低于450 kPa，不能进行升弓、合闸操作时，需启动辅助压缩机供风，此时蓄电池电压不得低于90 V。

为了减轻辅助压缩机96工作负担，缩短打风时间，在启动辅助压缩机前，应关闭膜板塞门97，切除控制风缸102。当辅助风缸105内的压力大于600 kPa时，即可边打风边进行升弓、合闸操作。升弓、合闸后立即启动主压缩机组工作，恢复由总风缸供风的正常运用工况。待总风缸内压缩空气压力大于450 kPa后，停止辅助压缩机组工作。

辅助压缩机96供风时的工作通路如下：

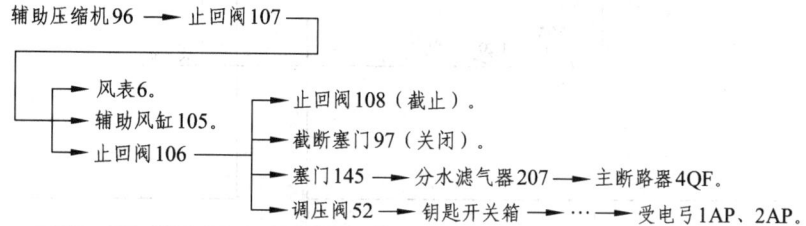

辅助风缸在此工况下，一方面起稳定、储存压缩空气的作用，另一方面对辅助压缩机产生的压缩空气进行冷却，使压缩空气中的水分析出。在每次使用辅助压缩机后（特别是低温状态下）必须打开辅助风缸下方的排水塞门169以排出冷凝水。

为了方便乘务人员操作，韶山$_9$型电力机车上设置了3个并联的辅助压缩机组控制开关，一个设在机车管路柜内，借助双针风表进行操作，另两个分别设在两端司机室内。

辅助压缩机96产生的压缩空气，经单向阀107后分为5路：一路进入辅助风缸105；一路被单向阀106截止；一路被膜板塞门97关闭；一路经塞门145、分水滤气器207后进入主断路器风缸；一路经调压阀52减压至700 kPa后经转换阀159，再分别通过塞门143、144向Ⅰ、Ⅱ端受电弓风缸供风。

（三）韶山$_9$型电力机车辅助管路系统

韶山$_9$型电力机车辅助管路系统用以改善机车运行条件、确保机车运行安全。它主要由撒砂器、喇叭、刮雨器、后视镜及其连接管路组成。其组成及原理如图5-6所示。各辅助装置均由总风缸直接供风，当某个装置发生故障或检修时，可将其相应的截断塞门关闭以切断风源。

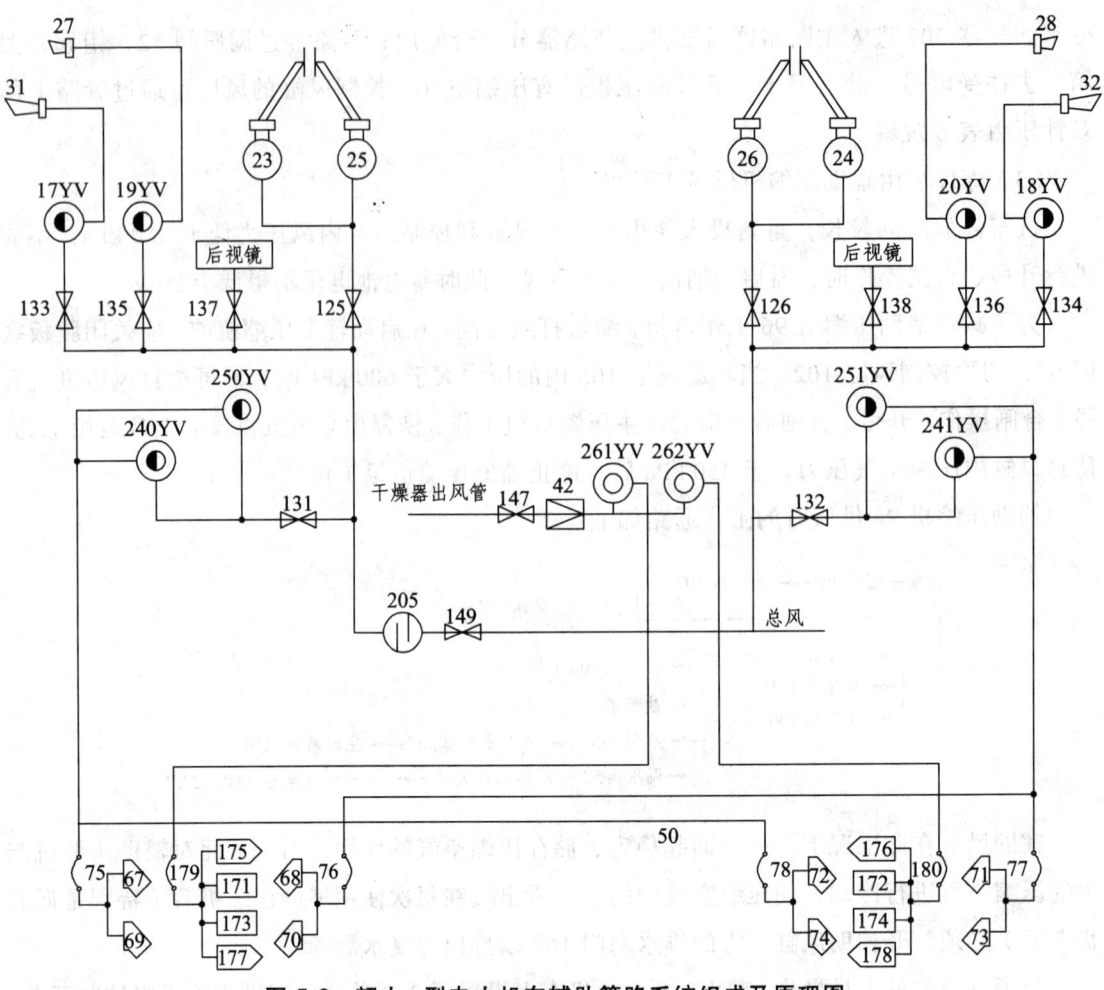

图 5-6 韶山₉型电力机车辅助管路系统组成及原理图

23～26—刮雨器；27，28—高音喇叭；32，33—低音喇叭；42—停放制动调压阀；67，74—撒砂器；75—78—撒砂器连接软管；125，126，131～138，147，149，150—截断塞门；131，133，135，137，171～174—轮喷油箱；175～178—轮喷喷嘴；179，180—轮喷连接软管；205，206—分水滤气器；17YV，18YV，19YV，20YV—喇叭电空阀；240YV，241YV，250YV，251YV—撒砂电空阀；261YV，262YV—轮喷电空阀

复习思考题

1. 电力机车空气管路系统的主要组成部分有哪几个？
2. 韶山₄改型电力机车风源系统的各主要组成部分及功能是什么？
3. 描述韶山₄改型电力机车风源管路系统的工作通路。
4. 描述韶山₄改型电力机车控制管路系统的工作通路。
5. 描述韶山₉型电力机车风源管路系统的工作通路。
6. 描述韶山₉型电力机车控制管路系统的工作通路。

项目六　机车牵引特性和制动能力分析

【项目目标】

通过本项目的学习，应能了解机车牵引力的形成；掌握机车的牵引特性、机车牵引力的计算标准和取值规定；熟悉机车功率特性；掌握列车制动问题解算的有关问题。

【项目任务】

任务一　机车牵引特性分析
任务二　机车制动能力分析

任务一　机车牵引特性分析

【学习目标】

（1）了解机车牵引力的形成；
（2）了解机车牵引力的分类；
（3）了解机车牵引特性曲线图中各曲线的意义；
（4）能识读机车牵引特性曲线图；
（5）熟悉机车牵引力的计算标准和取值规定；
（6）能按照机车牵引力和速度的取值规定进行各种条件下的合理取值。

【知识准备】

子任务一　机车牵引力

一、牵引力的形成

机车牵引力是由电力机车动力传动装置产生的、和列车运行方向相同、使列车启动或运行、其大小可由司机根据人为调节的外力。它是由机车动力装置发出的内力（不同类型机车的原动力装置不一样），经传动装置传递，通过轮轨间的黏着作用而产生的由钢轨作用于机车动轮轮周上的切线力。

电力机车牵引力的形成过程如下：

电气化铁路牵引供电系统中接触网上的 27.5~29 kV 单相交流电经机车受电弓、主断路器引入主变压器的原边绕组，再经动轮、钢轨，回到牵引变电所构成闭合回路；电力机车上的主变压器将高压交流电变为低压交流电，由次（副）边绕组经整流器整流后变为直流电供给牵引电动机（交-直传动电力机车），牵引电动机向外输出转矩，并通过驱动装置传递给机车动轮，再通过车轮和钢轨间的相互作用，形成钢轨对机车动轮沿切线方向的反作用力，这一作用于机车动轮轮周上的外力即为机车牵引力。所以，它的实质是电能变为机械能、内力引起外力的过程。如图 6-1 所示，机车通过轮对将质量压在钢轨上，在轮轨接触点 C，有一个钢轨对车轮的法向反作用力 N。当牵引电动机输出转矩 M_d 时，通过大小齿轮啮合，传递给动轮一个转矩 M。当 M 驱动动轮以圆心 O 旋转时，受到轮轨接触面间摩擦的阻碍。这时

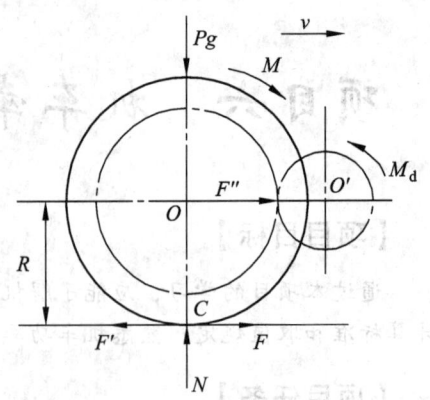

图 6-1　机车牵引力的形成

车轮与钢轨间产生作用力与反作用力，转化为 F' 和 F'' 力偶，由 F' 作用于钢轨，得到钢轨的反作用力 F，这是一个由钢轨作用于轮对的外力。F 阻碍了动轮与轨面间的滑动，由内力 F'' 推动动轮以 C 为瞬时转动中心滚动，并将外力传给轴箱，通过转向架及车体传至车钩牵引列车前进。根据物理学知识可知，只有外力才能使物体重心发生位移，因此，这个切线外力 F 就是机车牵引力，也称为轮周牵引力。

二、机车牵引力的分类

电力机车牵引力可以按照以下不同情况分类：

（一）按照能量转换过程限制关系分类

1. 牵引电动机牵引力

牵引电动机牵引力是指受到机车牵引电动机功率限制的机车轮周牵引力。

2. 黏着牵引力

黏着牵引力是指受到机车动轮和钢轨间的黏着条件限制的机车轮周牵引力。

（二）按照机车能量传递顺序分类

1. 指示牵引力

指示牵引力是假定原动机所做的指示功无损失地传到动轮上得到的机车牵引力。

2. 轮周牵引力

轮周牵引力是指实际作用在机车动轮轮周上的机车牵引力。

3. 车钩牵引力

车钩牵引力是指扣除机车阻力损耗后，实际作用于机车车钩上的机车牵引力。

三、黏着牵引力

机车动轮从牵引电动机（或万向轴）获得扭矩，通过轮轨间相互作用而在动轮轮周上产生切向反力，这种轮轨之间的相互作用称为黏着作用。显然，轮周牵引力 F 取决于回转力矩 M 的大小（见图 6-1），但是它又不可能随 M 任意增大。当 F 值增大到超过黏着作用允许的最大值时，车轮将发生空转，所以机车牵引力受动轮黏着条件的限制。我们把机车动轮与钢轨间的黏着能力而确定的牵引力，称为计算黏着牵引力，其值等于机车黏着质量与计算黏着系数的乘积，即

$$F_\mu = 1\,000 P_\mu \mu_j \tag{6-1}$$

式中　F_μ——计算黏着牵引力，kN；
　　　P_μ——机车计算黏着质量，t；
　　　μ_j——计算黏着系数。

机车的黏着质量是全部动轮对钢轨的压力，也就是各动轮承受机车质量的总和。计算黏着系数在性质上与静摩擦系数相近，其大小及影响因素将在牵引计算书中论述。

机车轮周牵引力的最大值 F_{max} 不能大于计算黏着牵引力 F_μ，即

$$F_{max} \leqslant F_\mu$$

四、黏着系数

计算黏着系数不同于（小于）理论黏着系数（轮轨间的静摩擦系数），它考虑了机车轴重和牵引力分配不均、运行中轴重增减载、牵引力的波动、轮轨间的滑动（纵向的和横向的）等不利因素的影响，并且主要与机车转向架结构、轮轨表面清洁状况和机车运行速度等因素有关。

影响计算黏着系数的因素比较复杂，不可能用理论方法计算，只能用专门试验得出的试验公式表达。试验公式表示在正常黏着条件下计算黏着系数和机车运行速度的关系。由经验公式表示的黏着系数称为计算黏着系数，只与车速有关。

欧洲铁路常用的计算黏着系数 μ_j 公式为

$$\mu_j = \frac{7.5}{v+44} + 0.161 \tag{6-2}$$

我国电力机车的计算黏着系数公式为

$$\mu_j = 0.24 + \frac{12}{100+8v} \tag{6-3}$$

以上公式中的 v 代表机车的运行速度（km/h）。

公式（6-3）中的计算黏着系数在正常条件下不需要撒砂就能实现，在恶劣条件下通过撒砂也能实现。必须指出，此公式只适用于交-直传动电力机车，对于交流传动机车，黏着系数有所增加，计算公式待定。

电力机车（三轴转向架）在曲线半径 R 小于 600 m 的线路上运行时，曲线上的计算黏着系数 μ_r 有所下降，可用下式计算：

$$\mu_r = \mu_j(0.67 + 0.00055R) \tag{6-4}$$

式中　μ_r——曲线上的计算黏着系数；
　　　R——曲线半径，m。

按计算黏着系数 μ_j 计算的黏着牵引力，称为机车计算黏着牵引力 F_μ，作为牵引计算的计算值，具体计算方法见公式（6-1）。

子任务二　机车功率

一、机车轮周功率

轮周牵引力在单位时间内所做的功称为轮周功率。

$$N_k = \frac{F_k \cdot v}{60 \times 60} = \frac{F_k \cdot v}{3\,600} \tag{6-5}$$

式中　N_k——轮周功率，kW；
　　　F_k——轮周牵引力，N；
　　　v——机车速度，km/h。

根据机车牵引特性曲线所表示的轮周牵引力与运行速度的关系，通过式（6-5）计算某型机车在各速度下的轮周功率，如表 6-1 所示。

表 6-1　电力机车轮周功率计算表

	v/km·h^{-1}	10	20	30	40	41.2	43	47.9	57.4	70	80	90	95
SS$_1$	F/kW	415.2	387.4	372.7	363.6	363	301.2	272.7	224.6	149.1	115.8	87.3	76.5
	N/kW	1 153	2 152	3 106	4 040	4 154	3 598	3 628	3 581	2 899	2 573	2 183	2 019
	v/km·h^{-1}	10	20	30	40	47	48	60	66	70	80	90	100
SS$_3$	F/kW	415.2	387.4	372.7	363.6	359	317.8	255.1	232.5	200.1	142.2	113.8	96.1
	N/kW	1 153	2 152	3 106	4 040	4 687	4 237	4 252	4 263	3 891	3 160	2 845	2 669
	v/km·h^{-1}	10	20	30	40	50	51.5	57	63.6	73.2	80	90	100
SS$_4$	F/kW	554.0	517.0	497.0	484.8	476.5	431.6	394.8	353.8	307.8	242.5	186.5	159.9
	N/kW	1 539	2 872	4 142	5 387	6 618	6 174	6 251	6 250	6 259	5 389	4 663	4 442
	v/km·h^{-1}	10	20	30	40	46	48	60	70	80	90	93.6	100
SS$_7$	F/kW	415.2	387.4	372.7	363.6	359.6	353.3	282.7	242.3	212.0	188.4	181.2	84.0
	N/kW	1 153	2 152	3 106	4 040	4 595	4 711	4 712	4 711	4 711	4 710	4 711	2 333

续表

6K	$v/\text{km}\cdot\text{h}^{-1}$	10	20	31.5	40	48	60	65	70	75	80	90	100
	F/kW	478.2	443.5	415.0	385.0	360.0	282.0	260.8	242.1	226.0	195.0	148.0	124.5
	N/kW	1 328	2 464	3 631	4 278	4 800	4 700	4 709	4 708	4 708	4 333	3 700	3 458
8G	$v/\text{km}\cdot\text{h}^{-1}$	10	20	30	40	49	50	57.6	67.5	77.8	80	90	100
	F/kW	560.1	526.2	504.3	487.0	474.0	455.0	403.4	338.2	292.4	275.2	215.4	185.4
	N/kW	1 556	2 923	4 203	5 411	6 452	6 319	6 454	6 341	6 319	6 116	5 385	5 150

根据表 6-1 中轮周功率和速度的关系可以绘出机车功率特性曲线，表中的轮周功率是机车最大轮周功率。同理，也可以用同样的方法绘出部分级位的功率特性曲线。

机车功率特性曲线能直观、形象地表示出轮周功率的大小和变化规律，以便对机车功率性能作出比较和评价。

子任务三　机车理想牵引特性

根据式（6-5）可得：

$$F_k \cdot v = 3\ 600 \times N_e \times \eta_{\text{辅}} \times \eta_{\text{传}} \tag{6-6}$$

当 N_e 等参数一定时，$F_k \cdot v$ 等于常数，即轮周牵引力 F_k 与机车速度 v 成反比关系，该关系曲线为双曲线，这个曲线称为等功率曲线。低速时牵引力大，随着速度的增加，牵引力逐渐降低，称这种性能为机车理想牵引特性。设置传动装置就是为使轮周牵引力与速度的关系接近理想牵引特性，从而使机车功率得到充分发挥。

机车理想牵引特性曲线不可能无限制地向两端延伸。在高速工况下，速度受到最大运用速度 $v_{\max}$ 的限制；在低速工况下，牵引力受到机车黏着条件（轮轨间不发生空转打滑）的限制。

子任务四　机车理想牵引特性曲线

将牵引电机牵引力和黏着牵引力与速度的关系绘在一张图上，即构成电力机车牵引特性曲线。电力机车的牵引特性曲线由专门试验得出。未经试验的新造机车，可参考由生产厂家提供的通过理论计算得出的"预期特性"曲线。"预期特性"曲线一般和试验曲线相当接近。图 6-2 就是"预期特性"曲线。电力机车牵引特性曲线［这些特性曲线是通过型式试验得到的，并由列车牵引计算规程（简称《牵规》）公布］图中带阴影的是黏着牵引力曲线，另有若干条标明级位的是牵引电动机牵引力曲线。在机车牵引特性曲线图上，满级位的牵引力曲线右上方有 3 条（Ⅰ级、Ⅱ级、Ⅲ级）磁场削弱工况下的牵引力曲线，连接最高级位满磁场和最深磁场削弱牵引力曲线上方的一段曲线是受牵引电机持续电流限制的牵引力。有些车型的磁场削弱是无级的，最外方的曲线是最深磁场削弱工况。SS_3型机车采用"准恒速"的调速方式，其牵引特性曲线图上所标"级位"数字乘以 10 是近似的，会有些误差。图 6-2 ~ 图 6-5 分别为 SS_3、SS_4、6K 和 8G 型电力机车牵引特性曲线图。

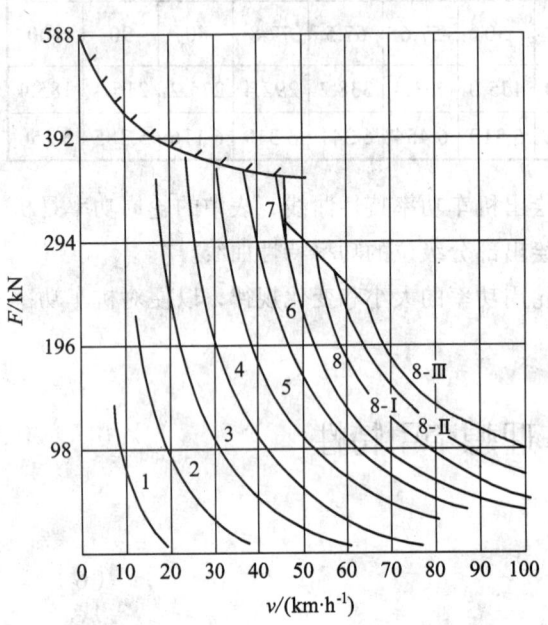

图 6-2　SS_3 型电力机车牵引特性曲线

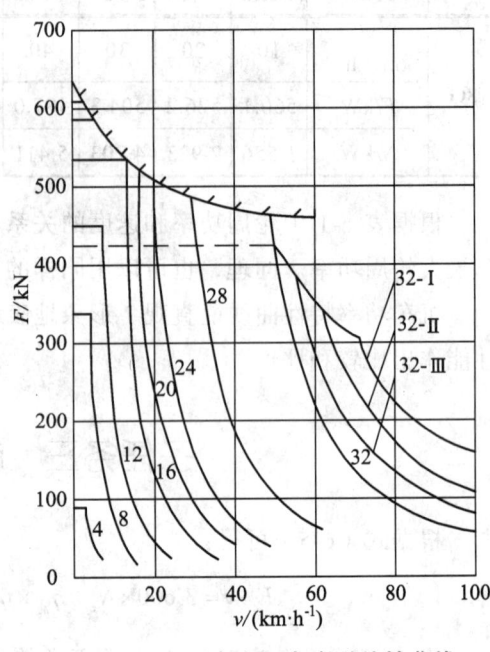

图 6-3　SS_4 型电力机车牵引特性曲线

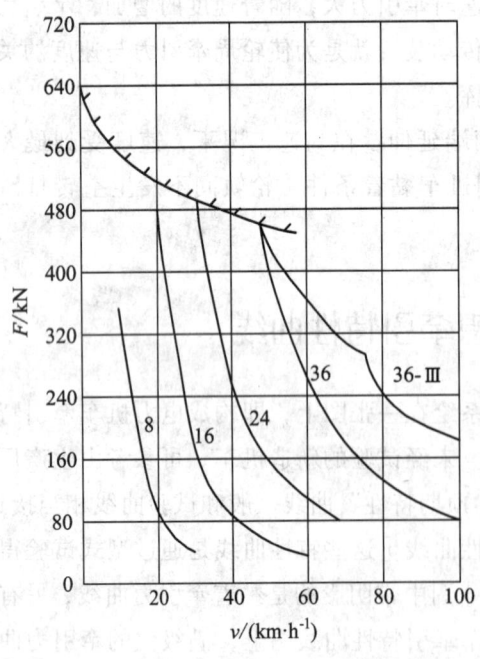

图 6-4　6K 型电力机车牵引特性曲线

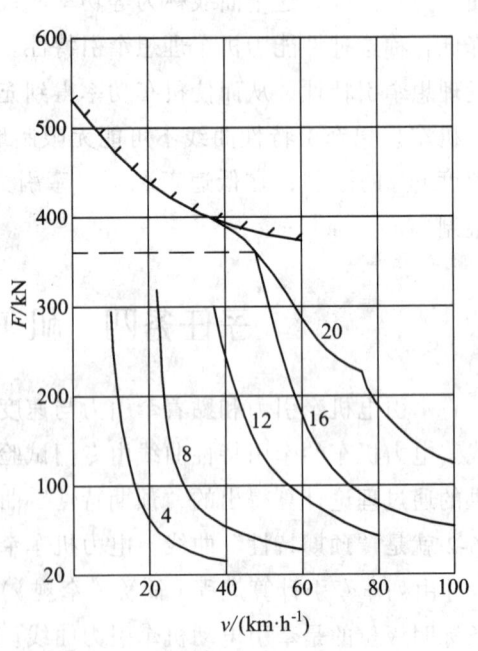

图 6-5　8G 型电力机车牵引特性曲线

子任务五　机车特征速度及特征牵引力

一、机车构造速度

　　机车结构（如零部件的强度、走行部的动力性能以及机车效率等）所允许的机车最高安全运行速度称为机车的构造速度，又称机车最高速度。韶山$_9$（韶山$_{9G}$）型电力机车最高速度为 170 km/h。机车构造速度必须与列车的最高允许速度及制动能力相适应。

二、持续速度和持续牵引力

　　机车主控制器（长时间）在最高手把位（全功率持续运行），车轮轮箍半磨耗条件下，受牵引电动机温升限制或机车冷却能力限制的最低速度称为持续速度。

　　当机车全功率运用时，持续速度低可获得大牵引力，但将引起牵引电动机电枢电流的增大。机车以持续速度运行时，牵引电动机的电枢电流称为持续电流，这时牵引电动机和发电机绕组的温升均在允许范围以内。当机车运行速度低于持续速度时，电机的电流超过了持续电流，电机绕组严重发热，电机绝缘的温升过高，这会影响使用期限，严重时会烧毁电机。

　　在全功率下，对应于持续电流的机车牵引力称为持续牵引力 F_c。

三、计算速度和计算牵引力

　　机车牵引规定质量的列车，在限制坡道上运行的最低速度称为计算速度。目前，我国机车的计算速度：客运机车为 25~30 km/h，货运机车为 20~30 km/h，调车机车及小运转机车为 8~10 km/h。

　　机车以计算速度通过限制坡道时，所能发挥的最大轮周牵引力称为计算牵引力。

　　计算速度如规定得过高，对于一定功率的机车，其计算牵引力就显得不足，而且据以计算的牵引质量也势必减少，从而使区间的列车对数增多。相反，如规定得过低，牵引质量虽可提高，但机车在坡道上容易发生空转，可能发生坡停或倒退等事故。同时，列车速度过低，占用区间的时间过长，也会影响线路的通过能力。因此，机车的计算速度需要综合运输经济、运输任务、线路状况、机车用途等各方面的因素加以确定。

　　对于电力机车通常取持续速度作为它的计算速度。

四、起动牵引力

　　机车牵引列车起动时，在一定的黏着条件下所能发挥的最大轮周牵引力称为机车起动牵引力 F_q。起动牵引力低于起动时的黏着牵引力，才能防止动轮发生空转。此外，起动牵引力还应保证所牵引的列车能在限制坡道上起动。

五、车钩牵引力

机车轮周牵引力克服机车本身的运行阻力以后，传到车钩处用于牵引列车运行的那部分牵引力称为车钩牵引力。

$$F_g = F_k - w_0' \times P_\mu \tag{6-7}$$

式中　F_g——机车车钩牵引力；
　　　F_k——机车轮周牵引力；
　　　w_0'——机车运行单位阻力；
　　　P_μ——机车黏着质量。

进行机车试验时，机车车钩处装有测力计，从测力计中可直接读出车钩牵引力的数值。

任务二　机车制动能力分析

【学习目标】

（1）了解机车制动力的产生；
（2）熟悉列车制动力实算法的计算方法；
（3）掌握列车制动力换算法的计算；
（4）熟悉影响列车制动力的因素；
（5）能完成列车换算制动率计算；
（6）掌握每百吨列车质量换算闸瓦压力的计算方法；
（7）能完成每百吨列车质量换算闸瓦压力的计算。

【知识准备】

子任务一　列车制动力的产生与限制

一、列车制动力的产生

由司机操纵制动装置引起的、可根据需要控制其大小、与列车运行方向相反的外力，称为制动力，用字母 B 表示（单位制动力用字母 b 表示）。

按照产生列车制动力的方法不同，列车制动方式主要可分为以下两类。

（一）摩擦制动

传统的摩擦制动指的是将空气压力通过机械传动装置传到闸瓦或闸片上，利用闸瓦与车轮踏面或闸片与制动盘的摩擦而产生制动力，故分为闸瓦制动和盘形制动两种。电磁轨道制动是另外一种摩擦制动。

1. 闸瓦制动

以压缩空气为动力，通过空气制动机将闸瓦压紧车轮踏面由摩擦产生制动力，是常速机车车辆采用的主要制动方式。

2. 盘形制动

以压缩空气为动力，通过空气制动机将闸片压紧装在车轴或车轮上的制动盘由摩擦产生制动力，从而减轻车轮踏面的热负荷，延长车轮的使用寿命，保证行车的安全。准高速和高速列车普遍采用这种制动方式，我国新造客车也采用盘形制动。

3. 电磁轨道制动

电磁轨道制动也叫磁轨制动，电磁轨道制动机安装在转向架两轮对之间的轨道上方，靠装在转向架上的升降风缸将电磁铁提起；使之与轨面保持一定距离。制动时将电磁铁放下至轨面，并接通励磁电流，使电磁铁以一定的吸力吸附在轨面上，制动电磁铁在轨面上滑行，通过磨耗板与轨面的滑动摩擦产生摩擦力而起制动作用。磁轨制动力不受轮轨黏着力的限制，是一种非黏着制动方式，如图 6-6 所示。

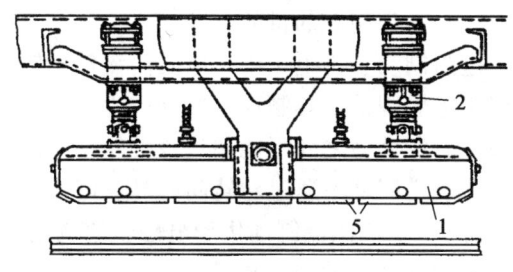

（a）电磁铁脱离轨面

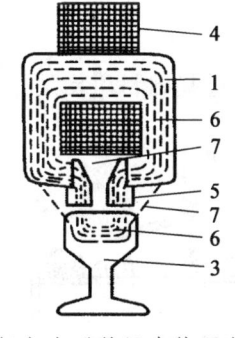

（b）电磁铁压在轨面上　　（c）制动时电磁铁与轨面产生摩擦力

图 6-6　电磁轨道制动

1—电磁铁；2—升降风缸；3—钢轨；4—励磁线圈；5—磨耗板；6—工作磁通；7—漏磁通

（二）电气制动

电气制动是指利用牵引电机的可逆性，将机车动能转化为电能而产生制动作用。电气制动包括电阻制动、加馈电阻制动、再生制动、电磁涡流制动等。

1. 电阻制动

利用电机的可逆性，把牵引电动机变为发电机，将列车的动能转换成电能，再由制动电阻变成热能，逸散到大气中去。电磁转矩成为阻碍牵引电机转子运行的动力，从而起到制动作用。

2. 加馈电阻制动

机车低速运行时，由外电源提供电能，和电阻制动产生的电能相叠加作用在制动电阻上，成为加馈电阻制动。

3. 再生制动

与电阻制动相似，同样利用电机的可逆性，只不过将牵引电动机改作发电机产生的电能通过逆变装置回送给电网。再生制动在高速动车组、交流传动电力机车中应用广泛。

4. 电磁涡流制动

电磁涡流制动是利用电磁铁和电磁感应体相对运动，在感应体中产生涡流，将列车的动能转换成电磁涡流并产生热能，达到制动的目的。

闸瓦制动、盘形制动、电阻制动、再生制动、电磁涡流转子制动，都是利用轮轨之间的黏着而转变成制动力，均属于黏着制动，其制动力要受产生制动力的那些车轴的轮轨间黏着力的限制。同一根轴上各种黏着制动力之和不能超过该轴轮轨间的黏着力。

电磁轨道制动和电磁涡流轨道制动不通过轮轨间的黏着起作用，属于非黏着制动，不受轮轨间黏着极限值的限制。其中，电磁涡流制动优于电磁轨道制动，因为它没有任何摩擦副。电磁制动目前在国外作为高速列车的辅助制动装置。

二、闸瓦制动力的形成与限制

在司机的操纵下，制动缸（见图 6-7）的空气压力通过基础制动装置的传递和扩大，使

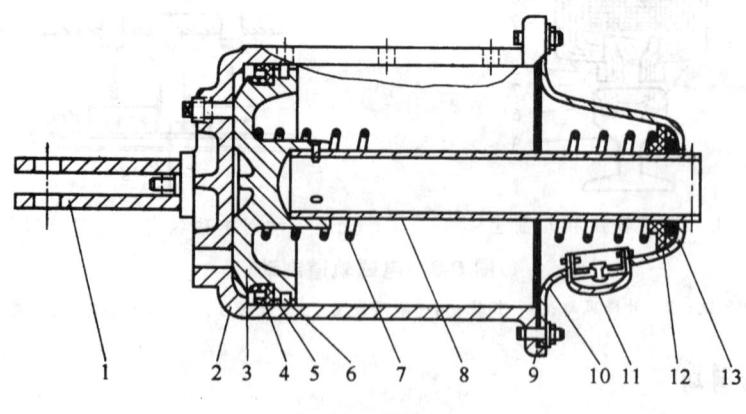

图 6-7 制动缸

1—制动缸后杠杆托；2—缸体；3—活塞；4—Y 形自封式皮碗；5—润滑套；6—毡托；7—缓解弹簧；8—活塞杆；9—前盖垫；10—前盖；11—滤尘器；12—弹簧座；13—滤尘套

闸瓦以大小为 K（kN）的压力作用于滚动的车轮踏面，引起与车轮回转方向相反的摩擦力 $K \cdot \varphi_k$（φ_k 为轮瓦间摩擦系数）。对于列车来说，此摩擦力是内力，它不能使列车运动状态发生变化，但它对车轮形成一个力矩，从而在轮轨接触点产生一个车轮对钢轨的纵向水平作用力 $K \cdot \varphi_k$，根据作用力与反作用力原理，必然引起一个钢轨对列车作用并阻碍列车运行的外力，即制动力，如图 6-8 所示。

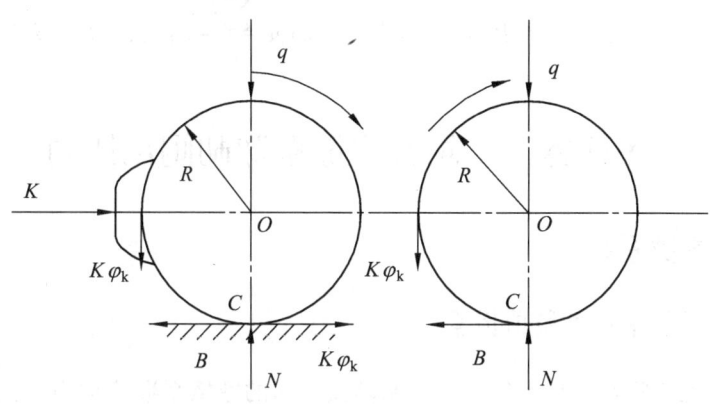

图 6-8　闸瓦制动力形成示意图

每块闸瓦产生的制动力也可写成：

$$B = K \cdot \varphi_k \tag{6-8}$$

式（6-8）说明，在不超过轮轨间黏着力的范围内，制动力的大小是由 K 和 φ_k 这两个数值来决定的。

由此可见，列车制动力与机车牵引力一样，也是发生在车轮踏面与钢轨间的外力，所不同的是，机车牵引力仅发生在机车动轮踏面与钢轨间，显然，列车制动力就有可能比机车牵引力大得多，这主要是因为两种力都受轮轨间黏着力的限制，而列车总重比机车动轮荷重大得多。

从制动力的形成过程可知，制动力是由轮瓦间摩擦力引起的钢轨对车轮的纵向水平反作用力，因此，它的大小要受到轮轨间黏着力的限制。如每轴作用在钢轨上的垂直载荷为 q_0，轮轨间的黏着系数为 μ_z，每轴上的闸瓦压力为 $\sum K$，故必须使

$$B_{\max} = \sum K \cdot \varphi_k \leq q_0 \cdot \mu_z \tag{6-9}$$

$$\frac{\sum K}{q_0} \leq \frac{\mu_z}{\varphi_k} \tag{6-10}$$

当闸瓦压力较小（如常用制动小减压量），$K \cdot \varphi_k$ 的值小于轮轨间的黏着力时，$K \cdot \varphi_k$ 就是当时的制动力。随着闸瓦压力的增大，制动力也增大。当制动力增大到轮轨间黏着力时，车轮就会被抱死不转而在钢轨上滑行。若轮轨间的滑动摩擦系数为 φ_d，则滑行时的制动力就完全变成轮轨间的滑动摩擦力，即 $B = K \cdot \varphi_d$。滑行时，虽然闸瓦压力很大，但制动力很小，反而延长了滑行距离，并造成车轮踏面擦伤。

分析公式（6-10）可知，在下面几种情况下容易发生轮轨滑行。

（1）当速度 v 较低时，尤其是在快停车时，由于此时黏着系数 μ_z 略大，φ_k 随 v 下降而急剧增加，故比值 $\dfrac{\mu_z}{\varphi_k}$ 下降，容易发生轮轨滑行。

（2）当轮轨接触面状况不好时，由于黏着系数下降，比值 $\dfrac{\mu_z}{\varphi_k}$ 低，容易发生轮轨滑行。

（3）当紧急制动时，由于闸瓦压力 K 值大，而使 $\dfrac{\sum K}{q_0}$ 增大，容易发生轮轨滑行。

子任务二　闸瓦摩擦系数和闸瓦压力

一、闸瓦摩擦系数

（一）影响闸瓦摩擦系数的因素

机车车辆闸瓦（闸片）与车轮踏面（制动盘）间的摩擦系数简称为闸瓦摩擦系数，用 φ_k 表示。当闸瓦压力一定时，制动力的大小和变化就决定于摩擦系数的大小和变化，此时闸瓦摩擦系数是直接影响列车制动力的主要因素，因此要求机车车辆的闸瓦摩擦系数要大并且要比较稳定。

闸瓦摩擦系数主要受到以下几方面因素的影响：

1. 闸瓦材质和制造工艺

目前，机车车辆上大多使用的是铸铁闸瓦。铸铁闸瓦中一般有碳、硅、锰、硫、磷 5 种添加成分，其中磷是对摩擦性能起主要作用的元素，适当提高含磷量，摩擦系数与耐磨性均可相应增加。1999 年 6 月以后，我国主要使用含磷量为 2.5 % ~ 5% 的高磷闸瓦取代含磷量为 0.7 % ~ 1.0 % 的中磷闸瓦。

此外，闸瓦的铸造工艺也影响着摩擦系数，用铁模浇铸的铸铁闸瓦，其摩擦系数就小于用砂模浇铸的闸瓦。

随着对铸铁闸瓦研究的不断深入，据国内外一些文献报道，铸铁闸瓦的浇铸温度、浇铸方法及闸瓦中所含的杂质，都会大大降低闸瓦的耐热性与导热性，使闸瓦易于熔化，对摩擦系数也必然会有影响，从而导致同一材质的闸瓦就可能有不同的摩擦系数。

2. 闸瓦压力

车轮单位面积上的闸瓦压力越大，闸瓦摩擦系数越小；反之摩擦系数越大。这是因为，闸瓦压力大时，摩擦产生的热量多，闸瓦温度升高，在接触面上可能形成因高温而变软的薄层，起着近似润滑剂的作用，因此降低了闸瓦摩擦系数。

3. 列车运行速度

铸铁闸瓦与车轮间的摩擦系数受列车运行速度的影响较大。列车速度高，闸瓦与车轮踏面摩擦的相对速度就大，在摩擦过程中产生的热量多，使闸瓦温度升高，摩擦系数减小。这明显不符合列车高速运行时需要有较大制动力保证安全的要求。而当列车速度降低,闸瓦摩擦系数反而增大,特别是在速度很低时,摩擦系数急剧上升,容易发生闸瓦抱死车轮,使车轮在钢轨上产生滑行,造成轮轨擦伤。

4. 列车制动初速度

当列车制动初速度较低时,闸瓦摩擦系数较高。当制动初速度较高时,由于闸瓦温度高,降低了闸瓦摩擦系数。

闸瓦摩擦系数还与气候、接触面状态等多方面因素有关。

(二)提高闸瓦摩擦系数的措施

闸瓦不但要有高且比较稳定的摩擦系数,还要求闸瓦具有良好的耐磨性和导热性,以及必要的机械强度。因此,需要采取各种措施改善闸瓦的摩擦性能。

1. 提高铸铁闸瓦中的含磷量

据研究,现在应用较为广泛的含磷量高的高磷铸铁闸瓦可明显减小甚至完全消除火花,制动效果好,但容易脆裂。我国普遍使用以钢背作为补强措施的高磷铸铁闸瓦。

2. 采用双侧制动或复式闸瓦

双侧制动即每一车轮两侧各有一块闸瓦。复式闸瓦是一个闸瓦托上安装两块或两块以上的闸瓦。采用双侧制动或复式闸瓦能增加闸瓦和车轮间的摩擦面积,减小闸瓦单位面积的闸瓦压力。根据试验,闸瓦单位面积的压力较小者,可获得良好的摩擦系数与较小的磨耗量;同时闸瓦单位面积的压力小,制动时的温度较低,由此而引起的闸瓦变形也较小,使闸瓦与车轮有较好的接触状态,得以提高其摩擦系数。据国外试验资料表明,采用复式闸瓦时制动距离比采用单式闸瓦可缩短 10%~15%。

3. 采用合成闸瓦

由于铸铁闸瓦摩擦系数较低,而且随速度增加而减小,耐磨性也较差,已不能满足铁路运输高速、重载和行车安全的要求,因而又研制出用非金属材料(石墨粉、石棉、矿渣、云母、黏土等)和金属粉末(铸铁粉、铜粉、铅粉和铅锌等氧化物)为填充料,用橡胶或树脂等黏性材料作为黏结剂,通过加热而成的合成闸瓦。与铸铁闸瓦相比,合成闸瓦的摩擦系数大而稳定,而且可以在制造时通过采用不同的配方和工艺进行调节,耐磨性也有显著提高,制动时的摩擦火花也小,可防止火灾。

(三)闸瓦摩擦系数的试验公式

影响闸瓦摩擦系数的因素多而且比较复杂,难以推导出闸瓦摩擦系数的理论计算公式,通常是利用综合试验结果得出的经验公式进行计算。

《牵规》规定,我国各型闸瓦和闸片的实算摩擦系数 φ_k 按下列各式计算:

中磷闸瓦：

$$\varphi_k = 0.64 \times \frac{K+100}{5K+100} \cdot \frac{3.6v+100}{14v+100} + 0.0007(110-v_0) \tag{6-11}$$

高磷闸瓦：

$$\varphi_k = 0.82 \times \frac{K+100}{7K+100} \cdot \frac{17v+100}{60v+100} + 0.0012(120-v_0) \tag{6-12}$$

低磨合成闸瓦：

$$\varphi_k = 0.25 \times \frac{K+500}{6K+500} \cdot \frac{4v+150}{10v+150} + 0.0006(100-v_0) \tag{6-13}$$

高磨合成闸瓦或闸片：

$$\varphi_k = 0.41 \times \frac{K+200}{4K+200} \cdot \frac{v+150}{2v+150} \tag{6-14}$$

式中　K——每块闸瓦或闸片的压力，kN；
　　　v——列车运行速度，km/h；
　　　v_0——制动初速度，km/h。

上述几种闸瓦的使用情况是，高磷铸铁闸瓦（以下简称高磷闸瓦）在普通货车和最高速度120 km/h的客车（以下简称普通客车）上普遍采用；中磷铸铁闸瓦（以下简称中磷闸瓦）在少数机车上采用；低磨合成闸瓦在少数机车上和个别普通客车上使用；高磨合成闸瓦在部分机车和客货车上使用；高磨合成闸片在装有盘形制动的客车、动车组上使用。新造的最高速度为120 km/h的客车也有采用盘形制动和高磨合成闸片的。此外，还有一些机车和动车组使用粉末冶金闸瓦，尚缺正规的摩擦系数公式，其摩擦系数大致相当于高磨合成闸瓦的80%，近年来新造重载货车和行包快运车辆采用新型高磨合成闸瓦，其摩擦系数的平均值比原高磨合成闸瓦提高23%。

二、闸瓦压力

（一）闸瓦压力的计算

机车、车辆每块闸瓦的实算闸瓦压力K按下式计算：

$$K = \frac{\frac{\pi}{4}d_z^2 \cdot p_z \cdot \eta_z \cdot \gamma_z \cdot n_z}{n_k \times 10^6} \tag{6-15}$$

盘形制动每块闸片的实算闸片压力K'按下式计算：

$$K' = \frac{\pi}{4}d_z^2 \cdot p_z \cdot \eta_z \cdot \gamma_z \cdot 10^{-6} \tag{6-16}$$

闸片压力K'作用在制动盘的平均摩擦半径r_z上，为了制动力计算的方便，需要按下式将它换算成车轮踏面上的压力K：

$$K = \frac{r_z}{R_c} \cdot K' \tag{6-17}$$

式中　d_z——制动缸直径，mm；
　　　p_z——制动缸空气压力，kPa；
　　　η_z——基础制动装置计算传动效率；
　　　γ_z——制动倍率；
　　　n_z——制动缸数；
　　　n_k——闸瓦数；
　　　r_z——制动盘摩擦半径，mm；
　　　R_c——车辆车轮直径，mm。

1. d_z、γ_z、n_z、n_k、r_z、R_c

这些都是与制动机结构有关的参数，对于一定的机车、车辆来说是固定值，均可由客货车的制动倍率、制动参数表中查出。

2. η_z

传动效率是指实际闸瓦总压力与理论计算闸瓦压力的比值。

《牵规》规定在制动计算中不采用实测传动效率，而采用一种人为规定的假定值，称为计算传动效率，并且规定其取值为：机车及客车闸瓦制动均取 0.85；货车闸瓦制动取 0.90；客车盘形制动及其踏面制动单元取 0.90。

计算闸瓦压力 K 值用的是计算传动效率，所以算出的 K 值称为实算闸瓦压力（而不叫实际闸瓦压力），据此试验得出的摩擦系数称为实算摩擦系数（而不叫实际摩擦系数），只有用计算传动效率算出的闸瓦压力才能和实算摩擦系数配套使用，而实测传动效率不管多么正确，根据它算出的实际闸瓦压力也不能与《牵规》公布的实算摩擦系数配套使用。

3. p_z

（1）紧急制动。

制动缸空气压力 p_z 与各型制动机的构造尺寸有关，运用中的列车施行紧急制动时，制动缸空气压力 p_z 见表 6-2。

表 6-2　紧急制动时制动缸空气压力　　　　　　　　　　kPa

制动机类型		列车管空气压力 p_1	
		500	600
K1 及 K2 型		360	420
GK 型	重车位	360	420
	空车位	190	190

续表

制动机类型		列车管空气压力 p_1	
		500	600
120 型	重车位	350	410
	空车位	190	190
103 型	重车位	360	420
	空车位	190	230
L3 型、GL3 型关闭附加风缸，104 型			420
机车各型分配阀		450	450

（2）常用制动。

常用制动的制动缸压力与列车管减压量 r（kPa）有关。其关系式如下：

各型机车：

$$P_z = 2.5r \tag{6-18}$$

客货车三通阀，GK 型、120 型制动机重车位：

$$P_z = 3.25r - 100 \tag{6-19}$$

103 型制动机重车位、104 型制动机：

$$P_z = 2.6r - 10 \tag{6-20}$$

GK 型、120 型制动机空车位：

$$P_z = 1.8r - 42 \tag{6-21}$$

103 型制动机空车位：

$$P_z = 1.4r \tag{6-22}$$

例 6-1 现有一采用 120 型制动机、四轴单侧闸瓦制动的 C_{70} 型敞车，其制动缸直径为 254 mm，制动倍率为 11.2，列车管空气压力为 500 kPa，求该车辆在列车紧急制动时空、重车位的闸瓦压力。

解 根据已知条件：$d_z = 254$ mm，$\gamma_z = 11.2$，$n_z = 1$；四轴单侧闸瓦 $n_k = 8$，$\eta_z = 0.9$，p_z 查表 6-2 得：制动缸空气压力重车位 350 kPa，空车位 190 kPa。

重车位：$$K = \frac{\frac{\pi}{4} \times 254^2 \times 360 \times 1 \times 11.2 \times 0.9}{8 \times 10^6} = 23.0 \text{（kN）}$$

空车位：$$K = \frac{\frac{\pi}{4} \times 254^2 \times 190 \times 1 \times 11.2 \times 0.9}{8 \times 10^6} = 12.1 \text{（kN）}$$

(二)制动率

制动率是闸瓦压力与重力之比,即每千牛重力上所具有的闸瓦压力。机车、车辆的制动能力不能仅以总闸瓦压力来表示,只有制动率才能准确地表示制动能力。它是衡量机车车辆制动能力大小的一个重要参数,制动率过大会造成车轮滑行,过小则制动力不足。制动率按研究对象不同分为以下3种:

1. 轴制动率 δ_0

$$\delta_0 = \frac{\sum K}{q_0 \cdot g} \tag{6-23}$$

式中 $\sum K$ ——作用在一个轮对上的全部闸瓦压力,kN;
q_0 ——一个轮对的质量,t。

2. 车辆制动率 δ

$$\delta = \frac{\sum K}{q \cdot g} \tag{6-24}$$

式中 $\sum K$ ——一辆车的全部闸瓦压力,kN;
q ——一辆车的质量,t。

如按重车计算则 δ 大,如按空车计算则 δ 小。这就使得空车制动能力大,容易发生滑行,而重车制动能力不足,不能保证行车安全。因此,现代货车上都装有空重车调整装置,可根据需要来调整空重车的制动率。

3. 列车制动率 ϑ

$$\vartheta = \frac{\sum K}{(P+G)g} \tag{6-25}$$

式中 $\sum K$ ——列车的全部闸瓦压力,kN;
$P+G$ ——列车质量,t。

ϑ 是牵引计算中的重要指标,它表示列车所具有的制动能力。如果机车车辆所有轴上都装有闸瓦,每块闸瓦压力都相等,每轴上的质量大体也是均匀的,则列车制动率等于轴制动率。由于列车中常挂有制动失效的车辆(关门车),故列车制动率往往小于车辆制动率。在制动计算中,关门车的闸瓦压力不计。

子任务三 列车制动力的计算

一、列车制动力的实算法

列车制动力 B 是包括机车和车辆所有起制动作用的闸瓦所形成的制动力总和。因为不同类型的机车车辆制动条件下,闸瓦压力各不相同,摩擦系数也不同,所以,必须分别求出各种车辆的制动力后才能算它们的总和。

设机车和各型车辆每块闸瓦的压力分别为 K_1、K_2、…、K_n,和它们相对应的摩擦系数分别为 φ_{k1}、φ_{k2}、…、φ_{kn},则列车制动力为

$$B = \varphi_{k1} \cdot \sum K_1 + \varphi_{k2} \cdot \sum K_2 + \cdots + \varphi_{kn} \cdot \sum K_n = \sum(\varphi_k \cdot \sum K) \quad (6\text{-}26)$$

列车单位制动力为

$$b = \frac{1\,000\sum(\varphi_k \sum K)}{(P+G)g} \quad (6\text{-}27)$$

例 6-2 SS_{7E} 型电力机牵引一列 30 辆的 C_{70} 敞车和 20 辆 G_{60A} 型罐车组成的重货物列车,$G = 3\,500$ t,司机施行紧急制动,列车制动初速 $v_0 = 60$ km/h,求当列车速度降至 $v = 40$ km/h 时的列车制动力和单位制动力(列车管空气压力为 500 kPa)。

解 (1)按式(6-15)计算各型车辆每块闸瓦的实算闸瓦压力 K。

SS_{7E} 型电力机车为双侧制动的六轴电力机车,$d_z = 190$ mm,$\gamma_z = 4$,$n_z = 24$,$n_k = 24$,由表 6-2 查出 $p_z = 450$ kPa,η_z 取 0.85,则

$$K = \frac{\frac{\pi}{4} \times 190^2 \times 450 \times 24 \times 12 \times 0.85}{24 \times 10^6} = 43.4 \text{ (kN)}$$

C_{70} 型敞车紧急制动时每块闸瓦的闸瓦压力 K 在例 6-1 中已求出为 23.0 kN。

G_{60A} 型罐车的 $d_z = 356$ mm,$\gamma_z = 9$,$n_z = 1$,$n_k = 8$,由表 6-2 查出 $p_z = 360$ kPa,$\eta_z = 0.90$,则 G_{60A} 型罐车紧急制动时每块闸瓦的压力为

$$K = \frac{\frac{\pi}{4} \times 356^2 \times 360 \times 1 \times 9.0 \times 0.9}{8 \times 10^6} = 36.3 \text{ (kN)}$$

(2)按式(6-11)计算各型车辆的实算闸瓦摩擦系数 φ_k。

SS_{7E} 型机车:

$$\varphi_k = 0.64 \times \frac{43.4+100}{5 \times 43.4+100} \cdot \frac{3.6 \times 40+100}{14 \times 40+100} + 0.000\,7 \times (110-60) = 0.132$$

C_{70} 型敞车:

$$\varphi_k = 0.64 \times \frac{23.0+100}{5 \times 23.0+100} \cdot \frac{3.6 \times 40+100}{14 \times 40+100} + 0.000\,7 \times (110-60) = 0.170$$

G_{60A} 型罐车:

$$\varphi_k = 0.64 \times \frac{36.3+100}{5 \times 36.3+100} \cdot \frac{3.6 \times 40+100}{14 \times 40+100} + 0.000\,7 \times (110-60) = 0.150$$

(3)根据每种车型的实算闸瓦压力和实算摩擦系数,求列车制动力 B。

$$\begin{aligned} B &= 43.4 \times 24 \times 0.132 + 23.0 \times 8 \times 30 \times 0.170 + 36.3 \times 8 \times 20 \times 0.150 \\ &= 1\,947.1 \text{ (kN)} \end{aligned}$$

（4）根据列车制动力和列车总重求列车单位制动力 b。

$$b = \frac{B \times 10^3}{(P+G) \cdot g} = \frac{1\ 947.1 \times 1\ 000}{(138 + 3\ 500) \times 9.81} = 54.9 \text{（N/kN）}$$

二、换算摩擦系数和换算闸瓦压力

（一）换算摩擦系数

在实算法中因为要为列车中每型车辆计算出相应的闸瓦压力和摩擦系数，因此列车制动力的计算过程是烦琐的。

为了简化列车制动力的计算，不管列车中同一种摩擦材料有多少种实算闸瓦压力值，都采取一个固定实算闸瓦压力的实算摩擦系数作为标准，这个摩擦系数称为换算摩擦系数 φ_h。

换算摩擦系数是人为确定的，在确定时所选用的固定闸瓦压力值，从理论上完全可以任意采用，但实际上应考虑尽量与现有各型车辆的实际闸瓦压力相接近。我国目前各型车辆的闸瓦压力的加权平均值约 25 kN，因此，可用 $K = 25$ kN 分别代入公式（6-11）～（6-14）等得出 φ_h 的计算公式：

高磷闸瓦：

$$\varphi_h = 0.372 \times \frac{17v + 100}{60v + 100} + 0.001\ 2 \times (120 - v_0) \tag{6-28}$$

中磷闸瓦：

$$\varphi_h = 0.306 \times \frac{3.6v + 100}{14v + 100} + 0.000\ 7 \times (110 - v_0) \tag{6-29}$$

低磨合成闸瓦：

$$\varphi_h = 0.202 \times \frac{4v + 150}{10v + 150} + 0.000\ 6 \times (100 - v_0) \tag{6-30}$$

高磨合成闸瓦的换算摩擦系数 φ_h，按每块闸瓦的实算闸瓦压力 $K = 20$ kN 计算，则

$$\varphi_h = 0.322 \times \frac{v + 150}{2v + 150} \tag{6-31}$$

盘形制动合成闸片的换算摩擦系数 φ_h，按每块闸片的实算闸片压力 $K' = 20$ kN 折算到车轮踏面的 K 值计算，则

$$\varphi_h = 0.358 \times \frac{v + 150}{2v + 150} \tag{6-32}$$

从上述公式可以看出，换算摩擦系数仍是一个随速度变化的数值，并且仍与制动初速有关。为使用方便，可按上述公式预先计算出不同制动初速、不同速度时的换算摩擦系数列成表，以供计算时选用。公式（6-28）～（6-32）对应于表 6-3～表 6-7，表中 v 与 v_0 的单位均为 km/h。

表 6-3 高磷闸瓦换算摩擦系数表

v	v_0											
	120	110	100	90	80	70	60	50	40	30	20	10
5	0.172	0.184	0.196	0.208	0.220	0.232	0.244	0.256	0.268	0.280	0.292	0.304
10	0.143	0.155	0.167	0.179	0.191	0.203	0.215	0.227	0.239	0.251	0.263	0.275
15	0.132	0.144	0.156	0.168	0.180	0.192	0.204	0.216	0.228	0.240	0.252	
20	0.126	0.138	0.150	0.162	0.174	0.186	0.198	0.210	0.222	0.234	0.246	
25	0.122	0.134	0.146	0.158	0.170	0.182	0.194	0.206	0.218	0.230		
30	0.119	0.131	0.143	0.155	0.167	0.179	0.191	0.203	0.215	0.227		
35	0.118	0.130	0.142	0.154	0.166	0.178	0.190	0.202	0.214			
40	0.116	0.128	0.140	0.152	0.164	0.176	0.188	0.200	0.212			
45	0.115	0.127	0.139	0.151	0.163	0.175	0.187	0.199				
50	0.114 0	0.126 0	0.138 0	0.150 0	0.162 0	0.174 0	0.186 0	0.198				
55	0.113 2	0.125 2	0.137 2	0.149 2	0.161 2	0.173 2	0.185 2					
60	0.112 6	0.124 6	0.136 6	0.148 6	0.160 6	0.172 6	0.184 6					
65	0.112 1	0.124 1	0.136 1	0.148 1	0.160 1	0.172 1						
70	0.111 6	0.123 6	0.135 6	0.147 6	0.159 6	0.171 6						
75	0.111 2	0.123 2	0.135 2	0.147 2	0.159 2							
80	0.110 8	0.122 8	0.134 8	0.146 8	0.158 8							
85	0.110 5	0.122 5	0.134 5	0.146 5								
90	0.110 2	0.122 2	0.134 2	0.146 2								
95	0.110 0	0.122 0	0.134 0									
100	0.109 8	0.121 8	0.133 8									
105	0.109 6	0.121 6										
110	0.109 4	0.121 4										
115	0.109 2											
120	0.109 1											

表 6-4 中磷闸瓦换算摩擦系数表

v	v_0											
	120	110	100	90	80	70	60	50	40	30	20	10
5	0.240	0.247	0.254	0.261	0.268	0.275	0.282	0.289	0.296	0.303	0.310	0.317
10	0.195	0.202	0.209	0.216	0.223	0.230	0.237	0.244	0.251	0.258	0.265	0.272
15	0.170	0.177	0.184	0.191	0.198	0.205	0.212	0.219	0.226	0.233	0.240	
20	0.154	0.161	0.168	0.175	0.182	0.189	0.196	0.203	0.210	0.217	0.224	
25	0.143	0.150	0.157	0.164	0.171	0.178	0.185	0.192	0.199	0.206		
30	0.135	0.142	0.149	0.156	0.163	0.170	0.177	0.184	0.191	0.198		
35	0.129	0.136	0.143	0.150	0.157	0.164	0.171	0.178	0.185			
40	0.125	0.132	0.139	0.146	0.153	0.160	0.167	0.174	0.181			
45	0.121	0.128	0.135	0.142	0.149	0.156	0.163	0.170				
50	0.118	0.125	0.132	0.139	0.146	0.153	0.160	0.167				
55	0.115	0.122	0.129	0.136	0.143	0.150	0.157					
60	0.113	0.120	0.127	0.134	0.141	0.148	0.155					
65	0.111	0.118	0.125	0.132	0.139	0.146						
70	0.109	0.116	0.123	0.130	0.137	0.144						
75	0.108	0.115	0.122	0.129	0.136							
80	0.106	0.113	0.120	0.127	0.134							
85	0.105	0.112	0.119	0.126								
90	0.104	0.111	0.118	0.125								
95	0.103	0.110	0.117									
100	0.102	0.109	0.116									
105	0.101	0.108										
110	0.101	0.108										
115	0.100											
120	0.099											

表 6-5 低磨合成闸瓦换算摩擦系数表

v	v_0											
	120	110	100	90	80	70	60	50	40	30	20	10
5	0.160	0.166	0.172	0.178	0.184	0.190	0.196	0.202	0.208	0.214	0.220	0.226
10	0.142	0.148	0.154	0.160	0.166	0.172	0.178	0.184	0.190	0.196	0.202	0.208
15	0.129	0.135	0.141	0.147	0.153	0.159	0.165	0.171	0.177	0.183	0.189	
20	0.121	0.127	0.133	0.139	0.145	0.151	0.157	0.163	0.169	0.175	0.181	
25	0.114	0.120	0.126	0.132	0.138	0.144	0.150	0.156	0.162	0.168		
30	0.109	0.115	0.121	0.127	0.133	0.139	0.145	0.151	0.157	0.163		
35	0.105	0.111	0.117	0.123	0.129	0.135	0.141	0.147	0.153			
40	0.102	0.108	0.114	0.120	0.126	0.132	0.138	0.144	0.150			
45	0.099	0.105	0.111	0.117	0.123	0.129	0.135	0.141				
50	0.097	0.103	0.109	0.115	0.121	0.127	0.133	0.139				
55	0.095	0.101	0.107	0.113	0.119	0.125	0.131					
60	0.093	0.099	0.105	0.111	0.117	0.123	0.129					
65	0.092	0.098	0.104	0.110	0.116	0.122						
70	0.090	0.096	0.102	0.108	0.114	0.120						
75	0.089	0.095	0.101	0.107	0.113							
80	0.088	0.094	0.100	0.106	0.112							
85	0.087	0.093	0.099	0.105								
90	0.086	0.092	0.098	0.104								
100	0.085	0.091	0.097									
105	0.084	0.090										
110	0.083	0.089										
115	0.083											
120	0.082											

表 6-6 高磨合成闸瓦换算摩擦系数表

v	5	10	15	20	25	30	35	40	45	50	55	60
φ_h	0.312	0.303	0.295	0.288	0.282	0.276	0.271	0.266	0.262	0.258	0.254	0.250
v	65	70	75	80	85	90	95	100	105	110	115	120
φ_h	0.247	0.244	0.242	0.239	0.236	0.234	0.232	0.230	0.228	0.226	0.225	0.223

表 6-7　高磨合成闸片换算摩擦系数表

v	5	10	15	20	25	30	35	40	45	50	55	60
φ_h	0.347	0.337	0.328	0.320	0.313	0.307	0.301	0.296	0.291	0.286	0.282	0.278
v	65	70	75	80	85	90	95	100	105	110	115	120
φ_h	0.275	0.272	0.269	0.266	0.263	0.260	0.258	0.256	0.254	0.252	0.250	0.248
v	125	130	135	140	145	150	155	160				
φ_h	0.246	0.244	0.243	0.241	0.240	0.239	0.237	0.236				

（二）换算闸瓦压力

因机车车辆的实际闸瓦压力并不等于换算摩擦系数中所取的固定值，因而以换算摩擦系数 φ_h 代替实际摩擦系数后，为保持制动力不变，必须使下式成立：

$$K_h \cdot \varphi_h = K \cdot \varphi_k$$

即

$$K_h = \frac{\varphi_k}{\varphi_h} \cdot K$$

将各种类型闸瓦的 φ_k 和 φ_h 公式代入上式，并略去制动初速一项，化简后可得

高磷闸瓦：

$$K_h = 2.2 \times \frac{K+100}{7K+100} \cdot K \tag{6-33}$$

中磷闸瓦：

$$K_h = 1.8 \times \frac{K+100}{5K+100} \cdot K \tag{6-34}$$

低磨合成闸瓦：

$$K_h = 1.24 \times \frac{K+500}{6K+100} \cdot K \tag{6-35}$$

高磨合成闸瓦：

$$K_h = 1.273 \times \frac{K+200}{4K+200} \cdot K \tag{6-36}$$

盘形制动闸片折算到车轮踏面的换算闸瓦压力：

$$K_h = 1.145 \times \frac{K+200}{4K+200} \cdot K \tag{6-37}$$

例 6-3 已知 C_{70} 型敞车重车位紧急制动时的实算闸瓦压力为 33.6 kN，求它的换算闸瓦压力。

解 将 $K = 23.0$ kN 代入式（6-34）可得

$$K_h = 1.8 \times \frac{23.0 + 100}{5 \times 23.0 + 100} \times 23.0 = 23.7 \text{（kN）}$$

由于实际运行中的列车是由各种类型的车辆混编而成的，不同类型的车辆实算闸瓦压力不同，因此在用换算法计算制动力时，还需要先将各型车辆的实算闸瓦压力换算成换算闸瓦压力，这样计算还是很复杂。为了计算方便，把全国所有的机车车辆分成各个类型，按各型车辆所占的比重，加权平均，事先将其换算闸瓦（闸片）压力算出列成表，计算列车制动力时即可直接从该表中查出各型机车车辆紧急制动时的换算闸瓦力。

三、列车制动力的换算法

（一）列车换算制动率

列车换算制动率 ϑ_h 是列车总闸瓦压力与列车重力之比，即平均分配到列车单位重力上的换算闸瓦压力数。

$$\vartheta_h = \frac{\sum K_h}{(P+G) \cdot g} = \frac{\sum K_h' + \sum K_h''}{(P+G) \cdot g} \tag{6-38}$$

式中　$\sum K_h$ ——全列车换算闸瓦压力的总和，kN；

　　　$\sum K_h'$ ——机车换算闸瓦压力的总和，kN；

　　　$\sum K_h''$ ——车辆换算闸瓦压力的总和，kN。

列车换算制动率 ϑ_h 是列车换算闸瓦压力和列车重力的比值。该值乘以 $100g$（现场近似计算时可乘以 1 000），即是每百吨列车质量换算闸瓦压力。

（二）列车制动力的换算法

如果一列列车的闸瓦类型相同，可把列车中所有机车车辆的换算闸瓦压力加起来，统一乘以该型闸瓦换算摩擦系数，就可方便地求出列车制动力。这种简化计算方法称为列车制动力的换算法。

1. 紧急制动计算

（1）列车总制动力。

当列车中制动摩擦材料为同一品种时，共用一个换算摩擦系数，它与全列车总换算闸瓦压力的乘积就是列车的总制动力。

$$B = \varphi_h \cdot \sum K_h \tag{6-39}$$

式中　φ_h ——换算摩擦系数。

（2）列车单位制动力的计算公式。

$$b = \frac{B \times 1000}{(P+G) \cdot g} = \frac{1000\varphi_h \sum K_h}{(P+G) \cdot g} \text{（N/kN）}$$

其中
$$\frac{\sum K_h}{(P+G) \cdot g} = \vartheta_h$$

则
$$b = 1000\vartheta_h \cdot \varphi_h \text{（N/kN）} \tag{6-40}$$

2. 列车常用制动计算

当列车施行常用制动时，列车单位制动力 b_c 小于（最大等于）紧急制动时列车单位制动力 b。二者的比值称为常用制动系数 β_c，即

$$\beta_c = \frac{b_c}{b} \leqslant 1 \tag{6-41}$$

$$b_c = \beta_c b = 1000\vartheta_h \varphi_h \beta_c \text{（N/kN）} \tag{6-42}$$

常用制动时，不同列车管减压量 r 的常用制动系数值列于表 6-8 中。

表 6-8 常用制动系数

列车管减压量 r/kPa		50	60	70	80	90	100	110	120	130	140	150	160	170
旅客列车	$p_1 = 600$ kPa	0.19	0.29	0.39	0.47	0.55	0.61	0.69	0.76	0.82	0.88	0.93	0.98	1.00
货物列车	$p_1 = 600$ kPa	0.17	0.28	0.37	0.46	0.53	0.60	0.67	0.73	0.78	0.83	0.88	0.93	0.96
	$p_1 = 500$ kPa	0.19	0.32	0.42	0.52	0.60	0.68	0.75	0.83	0.89	0.95	—	—	—

注：p_1 为列车管空气压力。

（三）多种摩擦材料并存时列车制动力的计算

随着我国机车车辆制动技术的发展和新型摩擦材料的采用，同一列车中的机车、车辆可能采用不同材料的闸瓦（或闸片），它们具有不同的换算摩擦系数，列车总制动力应当是各种闸瓦的换算闸瓦压力之和与该种闸瓦的换算摩擦系数乘积的总和，即

$$B = \varphi_{h1} \cdot \sum K_{h1} + \varphi_{h2} \cdot \sum K_{h2} + \cdots + \varphi_{hn} \cdot \sum K_{hn} = \sum(\varphi_h \cdot \sum K_h) \text{（kN）} \tag{6-43}$$

式中，K_{h1}、φ_{h1} 代表机车的闸瓦制动；K_{h2}、φ_{h2} 代表车辆的盘形制动；K_{h3}、φ_{h3} 代表车辆的闸瓦制动，等等。

列车单位制动力：

$$b = \frac{1000\sum(\varphi_h \sum K_h)}{(P+G)g} = 1000\sum(\varphi_h \cdot \vartheta_h) \text{（N/kN）} \tag{6-44}$$

因为不同摩擦材料的换算摩擦系数不同，对列车制动起的作用不同，换算闸瓦压力不能

直接简单地相加起来。这样，对于整个列车就没有统一的换算制动率，会出现多个换算制动率。这给实际应用带来不便，有些问题甚至根本无法计算。这就得由列车制动力的二次换算法解决。

（四）列车制动力的二次换算法

为了进一步解决多种摩擦材料并存时列车制动力的计算，可以采用列车制动力的二次换算法。这种方法的实质是：根据制动力等效原则，给出各种摩擦材料换算闸瓦压力之间的换算系数。换算系数是指该种材料的换算摩擦系数与基准型摩擦材料换算摩擦系数的比值。普通客货列车将以高磷闸瓦为主，就以高磷闸瓦为基型；快速旅客列车以盘形制动方式为主，就以高磨合成闸片为基型。不同摩擦材料换算闸瓦压力的二次换算系数列于表 6-9 中，按照这种关系折算，全列车就可以有统一的换算制动率。

表 6-9 不同摩擦材料换算闸瓦压力的二次换算系数

类别	基型		
	高磷（中磷）闸瓦	高磨合成闸片	高磨合成闸瓦
高磷（中磷）闸瓦	1.0	0.56	0.63
高磨合成闸片	1.8	1.0	1.1
高磨合成闸瓦	1.6	0.9	1.0
低磨合成闸瓦	0.8	0.45	0.5
粉末冶金闸瓦	1.3	0.7	0.8

用二次换算法计算列车制动力，全列车的换算摩擦系数按基型摩擦材料的数值取，折算为基型摩擦材料的换算闸瓦压力值可以从《技规》有关表格中查得，如表 6-10 和表 6-11 所示。

表 6-10 机车的计算质量及每台换算闸瓦压力表

种类	机型	计算质量/t	闸瓦种别	每台换算闸瓦压力/kN
电力	SS_1、SS_3、SS_6	138	铸铁	700 <435> 《355》
	SS_{3B}、SS_{6B}	138	高磨合成	300（480）《240》
	SS_4、SS_{4G}、SS_{4B}	184	高磨合成	400（640）《325》
	SS_7	138	铸铁	840 <525> 《425》
	SS_{7E}、SS_9	126	高磨合成	340[305]（540）
	SS_8	88（无列车供电）90（有列车供电）	粉末冶金	280[195]（360）
	DJ_1	184	高磨合成	500（800）《405》
	6K	138	铸铁	780<485>《395》
	8G	184	高磨合成	380（605）《305》
	8K	184	高磨合成	400（640）《325》

续表

种类	机型	计算质量/t	闸瓦种别	每台换算闸瓦压力/kN
内燃	DF	124	铸铁	550<340>《275》
	DF_2	110	铸铁	500<310>《250》
	DF_4	135	铸铁	650<405>《330》
	DF_{4B}、DF_{4C}	138	铸铁	650<405>《330》
	DF_{4D}	138	铸铁	650[360]
	DF_{4E}（双节）	276	铸铁	1300<810>《660》
	DF_5、DF_7	135	铸铁	650<405>《330》
	DF_{7B}	135（外走廊）138（内走廊）	低磨合成	720（575）<360>《290》
	DF_{7C}	135	低磨合成	720（575）<360>《290》
	DF_{7D}	138（山区型132）	低磨合成	720（575）<360>《290》
	DF_8	138	铸铁	650<405>《330》
	DF_{8B}	150	粉末冶金	450（585）<365>《295》
	DF_{11}	138	铸铁	650[360]
	DF_{11G}（双节）	276	铸铁	1300[725]
	DFH_2	60	铸铁	400<250>《200》
	DFH_3	85	铸铁	550[305]
	DFH_5	84	铸铁	500<310>《250》
	BJ	90	铸铁	560[310]
	ND_2	118	铸铁	560[310]
	ND_3	126	铸铁	640<400>《325》
	ND_5	134	高磨合成	420（670）《545》
	NY_6、NY_7	134	铸铁	500[280]

注：换算闸瓦压力栏中，括号外是原闸瓦的换算压力值；（ ）内是折算成铸铁闸瓦的换算压力值；< >内是折算成高磨合成闸瓦的换算压力值；《 》内是折算成新高磨合成闸瓦的换算压力值；[ ]内是折算成高磨合成闸片的换算压力值。

表 6-11 车辆换算闸瓦压力表

车辆类型		闸瓦（片）种别	每辆换算闸瓦（片）压力/kN		
			自动制动机列车主管压力/kPa		手制动机
			500	600	
客车	L3型、GL3型制动机（关闭附加风缸）、104型制动机，踏面制动	铸铁闸瓦		330	80
	25型客车，104型、F8型制动机，踏面制动	铸铁闸瓦		360	80
	104型、F8型制动机，盘形制动 单层	高磨闸片		190	80
	104型、F8型制动机，盘形制动 双层	高磨闸片		220	80

续表

车辆类型		闸瓦（片）种别	每辆换算闸瓦（片）压力/kN		手制动机
			自动制动机列车主管压力/kPa		
			500	600	
动车组	内燃动车组（120～180 km/h），踏面制动	高磨闸瓦		240	80
	电力动车组（140～200 km/h），盘形制动	高磨闸片		220	80
货车	25 t 轴重重载货车，120型制动机，踏面制动	重车位	新高磨闸瓦	180（350）<220>	200（390）<245>	50
		空车位		90（175）<110>	100（195）<120>	40
	18 t 轴重快速行邮车辆，120型制动机，踏面制动	重车位	新高磨闸瓦	150（295）<185>	170（330）<205>	40
		空车位		70（135）<85>	80（155）<95>	40
	特快行邮车辆，盘形制动	重车位	高磨闸片		200（360）	80
		空车位				
	标记载重61 t 货车，120型、103型制动机，踏面制动	重车位	高磨闸片	160（255）《130》	180（285）《145》	40
		空车位		80（125）《65》	90（140）《70》	40
	标记载重50 t 及其以上（包括载重40 t 的冷藏车），GK型、120型、103型制动机，踏面制动	重车位	铸铁闸瓦	250<155>《125》	280<175>《140》	40
		空车位		160<100>《80》	160<100>《80》	40

注：① 换算闸瓦压力栏中，括号外是原闸瓦（片）的换算压力值；（ ）内是折算成铸铁闸瓦的换算压力值；<>内是折算成高磨合成闸瓦的换算压力值；《》内是折算成新高磨合成闸瓦的换算压力值。
② 货车改造的代用客车，每辆换算闸瓦压力按货车计算。
③ 装有空重车手动调整装置的车辆，车辆总重（自重＋载重）达到40 t 时，按重车位调整。
④ 旅客列车自动制动机列车主管压力为600 kPa，其他列车为500 kPa，长大下坡道区段的自动制动机列车主管压力由各铁路局规定。

例 6-4 SS_{7E} 型电力机车牵引 $G = 4\,500$ t 的货物列车，编组 60 辆，其中标记载重 60 t，装有 GK 型、120 型制动机的重车 55 辆、空车 3 辆、关门车 2 辆（车辆按高磷闸瓦计算，列车管空气压力为 500 kPa）。求：该列车的列车换算制动率；该列车每百吨列车质量换算闸瓦压力（按现场近似计算）；列车在速度 $v_0 = 80$ km/h 时施行紧急制动，当速度降至 $v = 30$ km/h 时的列车制动力和单位制动力；在前述条件下，当实行减压 100 kPa 的常用制动时，列车的制动力和单位制动力。

解 （1）求列车换算制动率。

由表 6-10 查得 SS_{7E} 型电力机车计算质量 P 为 126 t，所采用的高磨合成闸瓦每台换算闸瓦压力为 340 kN。因货车用高磷铸铁闸瓦，两者要合并计算闸瓦压力，即以高磷铸铁闸瓦为基型，需要把机车的高磨合成闸瓦换算闸瓦压力换算为高磷铸铁闸瓦换算闸瓦压力。取表 6-10 中 SS_{7E} 型机车换算成高磷闸瓦压力值为 540 kN。

从表 6-11 中查出该型车辆每辆换算闸瓦压力，重车位 250 kN，空车位 160 kN，关门车不计换算闸瓦压力。

全列车的换算闸瓦压力为

$$\sum K_h = 540 + 250 \times 55 + 160 \times 3 = 14\,770 \text{ (kN)}$$

列车换算制动率：

$$\vartheta_h = \frac{\sum K_h}{(P+G) \cdot g} = \frac{14\,770}{(126 + 4\,500) \times 9.81} = 0.325$$

（2）每百吨列车质量换算闸瓦压力为

$$1\,000 \times \vartheta_h = 1\,000 \times 0.325 = 325 \text{ (kN)}$$

（3）制动初速度 $v_0 = 80$ km/h 时施行紧急制动，速度降至 $v = 30$ km/h 时的列车总制动力；由题可知：$v_0 = 80$ km/h、$v = 30$ km/h，查表6-3得：$\varphi_h = 0.167$。

列车总制动力：

$$B = \varphi_h \cdot \sum K_h = 0.167 \times 14\,770 = 2\,466.59 \text{ (kN)}$$

（4）常用制动减压 100 kPa 时的列车单位制动力：

$$b = \frac{B \times 1\,000}{(P+G) \cdot g} = \frac{2\,466\,590}{(126 + 4\,500) \times 9.81} = 54.3 \text{ (N/kN)}$$

或

$$b = 1\,000\vartheta_h \cdot \varphi_h = 1\,000 \times 0.325 \times 0.167 = 54.3 \text{ (N/kN)}$$

由表 6-8 查出，列车管减压 100 kPa 时，常用制动系数 $\beta_c = 0.68$，故：

$$b_c = \beta_c \cdot b = 0.68 \times 54.3 = 36.9 \text{ (N/kN)}$$

复习思考题

1. 简述机车牵引力的定义及其分类。
2. 以交-直流传动电力机车为例，简述其牵引力的形成过程。
3. 简述韶山$_3$型电力机车牵引特性曲线图中曲线的种类。
4. 名词解释
（1）机车轮周功率；
（2）机车构造速度；
（3）计算速度；
（4）计算牵引力；
（5）持续速度；
（6）持续牵引力；
（7）起动牵引力；

（8）车钩牵引力。
5. 简述列车制动力的定义，并根据其产生方法的不同对其进行分类。
6. 简述列车在什么情况下易发生滑行。
7. 简述影响闸瓦摩擦系数的因素。
8. 简述提高闸瓦摩擦系数的措施。
9. 什么是列车换算制动率？每百吨列车质量换算闸瓦压力如何计算？
10. 韶山$_{4G}$型电力机车牵引一列$G=4\,000\,t$的货物列车，编组55辆。其中，标记载重50 t，装有GK型制动机的重车50辆、空车2辆、关门车3辆（车辆按高磷闸瓦计算，列车管定压500 kPa）。求：列车换算制动率及每百吨列车质量上的换算闸瓦压力（按现场近似计算）。
11. 韶山$_7$型电力机车牵引一列$G=5\,000\,t$的货物列车，编组60辆。其中，标记载重50 t，装有GK型制动机的重车55辆、空车3辆、关门车2辆（车辆按高磷闸瓦计算，列车管定压500 kPa）。求：列车换算制动率及每百吨列车质量上的换算闸瓦压力（按现场近似计算）。

参考文献

[1] 王冰. 电力机车总体[M]. 北京：中国铁道出版社，2008.
[2] 王学明. 铁道机车总体技术[M]. 成都：西南交通大学出版社，2009.
[3] 张有松，朱龙驹. 韶山$_4$型电力机车[M]. 北京：中国铁道出版社，2001.
[4] 杨永林. 韶山$_{7E}$型电力机车[M]. 北京：中国铁道出版社，2008.
[5] 余卫斌. 韶山$_9$型电力机车[M]. 北京：中国铁道出版社，2005.
[6] 杨志强. 电力机车检修项目教程[M]. 北京：中国铁道出版社，2012.
[7] 王连森. 交流电力机车检修基础[M]. 成都：西南交通大学出版社，2014.
[8] 张曙光. HXD$_1$型电力机车[M]. 北京：中国铁道出版社，2009.
[9] 张曙光. HXD$_2$型电力机车[M]. 北京：中国铁道出版社，2009.
[10] 张曙光. HXD$_3$型电力机车[M]. 北京：中国铁道出版社，2009.
[11] 鲍维千. 机车总体及转向架[M]. 北京：中国铁道出版社，2012.
[12] 莫坚. 电力机车检修[M]. 北京：中国铁道出版社，2008.